KB111116

신주 사마천 사기 19

송미자세가

진세가

이 책은 롯데장학재단의 지원을 받아 번역, 출간되었습니다.

신주 사마천 사기 19 / 송미자세가 · 진세가

초판 1쇄 인쇄   2022년 6월 15일
초판 1쇄 발행   2022년 6월 30일

지은이   (본문) 사마천
             (삼가주석) 배인 · 사마정 · 장수절
번역 및 신주 한가람역사문화연구소 사기연구실

펴낸이   이덕일
펴낸곳   한가람역사문화연구소

등록번호   제2019-000147호
주소   서울특별시 종로구 김상옥로17 대호빌딩 신관 305호
전화   02) 711-1379
팩스   02) 704-1390
이메일   hgr4012@naver.com

ISBN   979-11-90777-29-2   94910

값은 뒤표지에 있습니다.

세계 최초
삼가주석
완역

신주 사마천 사기

⑲

송미자세가
진세가

지은이
본문_ 사마천
삼가주석_ 배인·사마정·장수절

번역 및 신주
한가람역사문화연구소 사기연구실

한가람역사문화연구소

차례

사기 제39권 史記卷三十九
진세가 晉世家

新註史記

원 사료는 중화서국中華書局 발행의 《사기》와 영인본 《백납본사기百衲本史記》를 기본으로 삼고, 인터넷 사료로는 대만 중앙연구원 역사어언연구소歷史語言研究所에서 제공하는 한적전자문헌자료고漢籍電子文獻資料庫의 《사기》를 참조했다.

일러두기

❶ 네모 상자 안의 글은 사기 본문 및 삼가주석 서문의 글이다.
❷ 한글 번역문 바로 아래 한문 원문을 실어 쉽게 대조할 수 있게 했다.
❸ 삼가주석 아래 신주를 실어 우리 연구진의 새로운 해석을 달았다.
❹ 사기 분문뿐만 아니라 삼가주석도 필요할 경우 신주를 달았다.
❺ 직역을 원칙으로 삼고 의역은 최대한 피했다.
❻ 한문 원문의 ( )는 빠져야 할 글자를, [ ]는 추가해야 할 글자를 나타낸다.

《사기》〈세가〉에 관하여

1. 〈세가〉의 여섯 유형

《사기》〈본기本紀〉가 제왕들의 사적이라면 〈세가世家〉는 제후들의 사적이다. 〈본기〉가 모두 12편으로 1년의 열두 달을 상징한다면 〈세가〉는 모두 30편으로 한 달을 상징한다. 훗날 북송北宋의 구양수歐陽修(1007~1072)가 《신오대사新五代史》를 편찬하면서 〈열국세가列國世家〉 10편을 저술했지만 반고班固는 《한서漢書》를 편찬할 때 〈열전〉만 저술하고 〈세가〉는 두지 않았다. 반고는 천하의 군주는 황제 1인이라고 다른 왕들의 존재를 인정하지 않았지만, 사마천은 〈세가〉를 설정해 각 지역의 제후도 독자적 영역을 가진 군주로 인정했다. 따라서 〈세가〉는 사마천이 역사를 바라보는 독특한 시각이 담긴 체제이다. 물론 《사기》의 중심은 〈본기〉로 제왕들이 중심이자 축이지만 그 중심이자 축은 혼자서는 기능하지 못하고 다른 기구들의 보좌가 있어야 제 역할을 할 수 있는데, 그중에서 제후로서 보좌한 인물들의 사적이 〈세가〉이다.

사마천이 〈세가〉를 편찬할 수 있었던 제도의 뿌리는 주나라의 봉건제라고 할 수 있다. 주나라는 제후들을 분봉할 때 공작, 후작, 백작, 자작, 남작의 다섯 작위를 주었는데 이들이 기본적으로 〈세가〉에 분류될 수 있는 제후들이다. 그러나 사마천은 주나라 이래의 수많은 제후 중에서 일부를 추려 30편의 〈세가〉를 저술했다. 〈세가〉는 대략 여섯 유형으로 나눌 수 있다.

〈세가〉의 유형별 분류

유형	목록	편수	내용
1	오태백吳太伯, 제태공齊太公, 노주공魯周公, 연소공燕召公, 관채管蔡, 진기陳杞, 위강숙衛康叔, 송미자宋微子, 진晉, 초楚, 월왕구천越王句踐, 정鄭	12	주나라 초기 분봉 제후
2	조趙, 위魏, 한韓, 전경중완田敬仲完	4	춘추전국 시기 제후가 된 인물들
3	공자孔子	1	유학의 종주
4	진섭陳涉	1	진秦 멸망 봉기의 단초
5	외척外戚, 초원왕楚元王, 형연荊燕, 제도혜왕齊悼惠王, 양효왕梁孝王, 오종五宗, 삼왕三王	7	한나라 외척 및 종친
6	소상국蕭相國, 조상국曹相國, 유후留侯, 진승상陳丞相, 강후주발絳侯周勃	5	한나라 초 개국공신

2. 〈세가〉의 대부분은 동이족 혈통

여섯 유형 중 가장 중요한 것은 제1유형으로 모두 열두 편이다. 주로 주나라 초기에 분봉된 제후들의 사적인데, 제1유형을 특징하는 가장 중요한 요소는 혈통이다. 사마천은 열두 편의 〈세가〉를 모두 오제의 후손으로 설정했다. 사마천이 《사기》를 지은 가장 중요한 목적은 황제黃帝를 시작으로 삼는 한족漢族의 천하사를 서술하려는 것이었는데, 이 목적을 더욱 세밀하게 이루려는 이유로 〈세가〉를 서술한 것이다. 사마천은 《사기》에서 동이족의 역사를 한족의 역사로 대체하고자 했는데, 〈세가〉도 이 목적 내에서 벗어나서는 안 되었다.

이런 의도에서 사마천은 〈세가〉의 대부분을 주나라 왕실의 후예로 설정했다. 상商(은)나라는 동이족 국가임이 명확했기에 상나라를 꺾고 중원을 차지한 주나라를 한족의 역사를 만든 최초의 나라로 간주하고 대부분의 〈세가〉를 주나라 왕실의 후예로 설정한 것이다. 이것은 비단 사마천의 의도뿐만 아니라 주나라 자체에도 이런 성격이 있었다. 주나라는 상나라를 꺾고 중원을 차지한 후 자국의 수도를 천하의 중심이라고 인식하기 시작했다. 여기에서 하락河洛이란 개념이 나온다. 낙양 북쪽으로 흐르는 황하黃河에서 하河 자를 따고 수도 낙양洛陽에서 낙洛 자를 딴 것이 '하락河洛'인데, 이곳이 주나라의 중심부였고 이 지역을 주족周族들이 중국中國이라고 부른 것이 중국의 탄생이었다.

그러나 〈세가〉의 시조 대부분을 주나라 왕실의 후예로 만들어 한족漢族의 역사를 서술하려는 사마천의 의도가 성공을 거두기는 쉽지 않았다. 해석이 사실을 너무 뛰어넘었기 때문이다. 역사의 사실을 바꾸는 것은 쉽지 않은 일이어서 사마천이 서술한 〈세가〉의 이면을 연구하면 각 나라의 시조들이 사실은 한족이 아니라 동이족임을 간파할 수 있다.

특히 주나라의 시조 후직后稷도 한족이 아닌 동이족이라는 점에서 사마천의 의도가 성공을 거두기는 쉽지 않은 일이었다. 후직에 대해 《사기》〈주본기〉에서는 후직의 어머니 강원姜原이 제곡帝嚳의 원비元妃라고 말하고 있는데, 오제의 세 번째 제왕인 제곡은 동이족 소호少昊 김천씨의 손자로 동이족임이 명확하다. 그러므로 그 후예인 주나라 왕실은 동이족의 후예인 것이다. 그러니 사마천이 〈세가〉의 대부분을 주 왕실의 후예로 설정해 한족의 역사를 만들려고 했던 의도는 처음부터 빗나갈 수밖에 없었다. 사마천의 이런 의도를 간파하는 역사학자가 나타난다면 말이다.

주나라 시조 후직이 동이족이라면 사마천이 주왕실의 후예로 설정한 〈세가〉의 주요 인물들인 오태백, 노주공, 연소공, 관채(관숙 선, 채숙 도) 위강숙, 진강숙, 정환공 등도 모두 동이족의 후예일 수밖에 없다.

이는 실제의 혈통을 바꾸는 것이 얼마나 어려운 것인가를 말해주는 것이다. 〈세가〉의 두 번째 주인공인 제태공 여상이 동이족이라는 점이 이를 말해준다. 여상이 살았다는 '동해 위쪽[東海上]'에 대해서 배인裵駰이 《집해》에서 "《여씨춘추呂氏春秋》에는 '동이東夷의 땅이다.'라고 했다."고 쓴 것처럼 제태공은 명백한 동이족이자 상나라의 후예였다. 또한 진기(진陳나라와 기杞나라)는 맹자가 동이족이라고 말했던 순임금의 후예이고, 송미자는 동이족 국가였던 은나라 왕족이니 동이족일 수밖에 없다. 사마천은 초나라의 시조를 전욱 고양의 후손으로 설정했다. 전욱은 황제黃帝의 손자이자 창의昌意의 아들인데, 창의는 어머니와 아버지가 같은 형 소호의 동생이므로 역시 동이족이다. 월왕 구천은 우禹임금의 후예로 설정했는데, 남조南朝 유송劉宋의 유의경劉義慶이 5세기에 편찬한 《세설신어世說新語》에서 "우禹는 동이족이고 주나라 문왕은 서강西羌족이다."라는 구절이 있는 것처럼 하夏, 상商, 주周는 모두 이족夷族의 국가였다. 이는 중국의 삼대, 즉 하, 상, 주의 역사가 동이족의 역사임을 말해준다.

〈세가〉의 가장 중요한 제1유형에 속하는 열두 편의 주인공들은 모두 동이족의 후예였다. 사마천은 주나라부터는 한족이 역사의 주인공인 것처럼 서술했지만 서주西周가 멸망하는 서기전 771년의 사건에 대해 〈정세가〉에서 "견융犬戎이 유왕幽王을 여산驪山 아래에서 살해하고 아울러 정환공도 살해했다."라고 말하는 것처럼 이족夷族들은 제후국뿐만 아니라 주나라 왕실의 운명을 좌우할 정도로 주나라 왕실 깊숙이 뒤섞여 살았다. 동이족의 역사를 배제하면 〈세가〉를 이해할 수 없고, 〈세가〉가 존재할 수도 없다.

3. 유학적 관점의 〈세가〉 배열과 〈공자세가〉

사마천은 제후가 아니었던 공자를 세가 반열에 포함시킬 정도로 유학을 높였다. 비록 〈화식貨殖열전〉 등을 《사기》에 편찬해 의義보다 이利를 앞세웠다는 비판도 받았지만 사마천과 아버지 사마담司馬談은 기본적으로 유학자였다. 이런 사마천의 의도는 〈세가〉를 오태백부터 시작한 것에서도 드러난다. 유학에서 최고의 가치로 여겼던 선양禪讓을 높이기 위해서 주周나라 고공단보의 장남이지만 후사를 동생 계력에게 양보한 오태백을 〈세가〉의 첫 번째로 설정한 것이다.

그러나 〈세가〉는 각국의 시조를 모두 오제나 주나라 왕실의 후예로 설정한 모순이 드러난다. 태백과 동생 중옹이 도주한 형만은 지금의 강소성江蘇省 소주蘇州로 비정하는데, 태백과 중옹이 주나라 강역이 아니었던 남방 오나라의 군주가 되었다는 서술은 많은 검증이 필요하다. 마찬가지로 월나라에 대해 "월왕 구천은 그 선조가 우禹임금의 먼 자손으로 하후夏后 제소강帝少康의 서자庶子이다."라고 말하고 있는데 하나라 강역이 아니었던 월나라의 시조를 하나라 시조의 후손으로 설정한 것도 많은 검증이 필요하다.

4. 흥망성쇠의 역사

〈세가〉는 사실《사기》의 어느 부분보다 역동적이다. 사마천은 비록 제왕은 아니었지만 한 나라를 세우거나 다스렸던 군주들의 흥망성쇠를 현장감 있게 전해주었다. 한 제후국이 어떻게 흥하고 망하는지는 지금도 많은 교훈과 생각거리를 준다. 진晉나라가 일개 호족들이었던 위魏, 한韓, 조趙씨의 삼진三晉에 의해 멸망하는 것이나, 제나라를 세운 태공망 여씨呂氏의 후손들이 전씨田氏들에 의해 멸망하고 선조들의 제사마저 폐해지는 장면 등은 내부를 장악하지 못한 왕실의 비극적 종말을 보여준다.

또한 같은 동이족이자 영성嬴姓이었던 진秦과 조趙의 양측 100만여 군사가 전사하는 장평지전長平之戰은 때로는 같은 혈통이 다른 혈통보다 더 적대적임을 말해주는 사례이다. 이 장평지전으로 진나라와 1대 1로 맞서는 국가가 사라졌고, 결국 진秦나라가 중원을 통일했다. 만약 장평지전이 없었다면 중원은 현재의 유럽처럼 여러 나라가 공존하는 대륙으로 남을 수 있지 않았을까라는 의문이 든다.

이렇게 중원을 통일한 진나라가 일개 농민이었던 진섭陳涉의 봉기로 무너지는 것은 한 필부匹夫의 한이 역사를 바꾼 사례라는 점에서 동서고금의 위정자들이 새겨야 할 교훈이 아닐 수 없다.

〈세가〉는 한나라 왕실 사람들도 그리 행복한 인생은 아니었다는 사실을 잘 말해주고 있다. 황후들의 운명 또한 그리 행복하지 않았다는 사실을

〈외척세가〉는 잘 보여주고 있다. 특히 한문제가 훗날 소제의 생모 구익부인을 죽이는 장면은 미래의 황제를 낳은 것이 행복의 시작이 아니라 개인적 불행의 정점이라는 점에서 역사의 냉혹함을 느끼게 한다.

효경제孝景帝의 다섯 명의 비妃에게서 난 열세 명의 아들에 대해 서술한 〈오종세가五宗世家〉 역시 황제의 아들이라는 신분이 때로는 축복이 아니라 저주일 수도 있다는 사실을 잘 말해준다. 무제의 세 아들 유굉劉閎, 유단劉旦, 유서劉胥에 대해 서술한 〈삼왕세가三王世家〉도 마찬가지이다. 〈삼왕세가〉는 청나라 양옥승梁玉繩이《사기지의》에서 저소손褚少孫이 끼워 넣은 것이라고 비판했지만, 이와는 별도로 세 아들은 모두 풍요로운 땅에 봉해졌지만 나라가 없어지거나 자살해야 했으니 이 또한 고귀한 혈통일수록 겸손하고 자제해야 한다는 역사의 교훈을 말해주고 있다.

〈세가〉에서 서술한 각국, 각 제후 명칭과 연도는 그간 숱한 논쟁의 대상이 되어 왔다. 학자들에 따라서 1~2년 정도씩 차이가 나는 경우가 적지 않았다. 우리 해역진은 현재 중국 학계에서 인정하는 연표를 기본으로 서술했다. 그러나 이런 연표들이 다른 사료와 비교 검증했을 때 실제 연도와 다른 경우도 적지 않았다. 이 경우 〈수정 연표〉를 따로 제시했다. 〈수정 연표〉 작성은 이 분야를 오래 연구한 이시율 해역자가 주로 작성했고, 다른 해역자들의 검증도 거쳤음을 밝힌다.

사기 제38권 史記卷三十八

송미자세가 宋微子世家

신주 송미자는 성은 자子이고 씨는 송宋이며 이름은 계啓이다. 상왕商王 제을帝乙의 장자이자 상商의 마지막 군주 제신帝辛(주왕紂王)의 형이다. 동이족이다. 상나라가 망한 후, 송미자는 주무왕에 의해서 상의 옛 수도인 지금의 하남성 상구시商丘市 수양구睢陽區에 있던 상구商丘에 봉해져서 송宋나라를 건립하게 되었다. 작위는 공작으로 천자의 예악을 사용해 상 왕조의 제사를 모시게 되었다. 송나라의 개국시조가 되어 후대에 송미자 宋微子라고 불렸다. 그가 죽은 후 동생 중연中衍이 뒤를 이었는데, 그가 송미중宋微中이다. 공자는 '은나라의 어진 세 사람(삼인三仁)' 중 한 사람으로 꼽았다. 송국 국도인 상구 서남쪽에 미자묘微子墓와 미자사微子祠가 있다.

송 군주 세계(시기는 모두 서기 전)

1. 서주西周 시기

송미자宋微子 → 송미중宋微仲 → 송공계宋公稽 → 송정공宋丁公 →

송민공宋愍公 → 송양공宋煬公 → 송여공宋厲公 → 송희공宋釐公 →

송혜공宋惠公(830~800) → 송애공宋哀公(800)

2. 춘추春秋 시기

송대공宋戴公(799~766) → 송무공宋武公(765~748) → 송선공宋宣公(747~729) →

송목공宋穆公(728~720) → 송상공宋殤公(719~711) → 송장공宋莊公(710~692) →

송민공宋閔公(691~682) → 송폐공宋廢公(682) → 송환공宋桓公(681~651) →

송양공宋襄公(650~637) → 송성공宋成公(636~620) → 송소공宋昭公(619~611) →

송문공宋文公(610~589) → 송공공宋共公(588~576) → 송평공宋平公(575~532) →

송원공宋元公(531~517) → 송경공宋景公(516~453)

3. 전국戰國 시기

송후소공宋後昭公(452~404) → 송도공宋悼公(403~396) →

송휴공宋休公(395~373) → 송벽공宋辟公(372~370) →

송척성군宋剔成君(369~329) → 송왕언宋王偃(328~286)

은나라 멸망

미자微子 개開[1]는 은殷나라 제을帝乙의 맏아들이며 제주帝紂(주왕
紂王)의 서형庶兄이다.[2]

주紂는 즉위하고 나서 현명하지 못하고 정치를 하면서 음란했다.
미자가 이를 자주 간언했지만 주왕紂王은 듣지 않았다. 조이祖伊
는 주周나라 서백西伯 창昌이 덕을 닦고 기국阞國[3]을 멸망시키자,
재앙이 닥칠 것을 두려워해서 주왕紂王에게 알렸다. 이에 주왕紂王
이 말했다.

"내가 살아 있지만 수명은 하늘에 달려 있는 것이 아니겠는가? 이
를 어찌하겠는가?"

微子開[1]者 殷帝乙之首子而帝紂之庶兄也[2] 紂旣立 不明 淫亂於政 微
子數諫 紂不聽 及祖伊以周西伯昌之修德 滅阞國[3] 懼禍至 以告紂 紂
曰 我生不有命在天乎 是何能爲

① 微子開미자개

집해 공안국이 말했다. "미微는 기내畿內(왕도 주위 500리 이내 땅을 말함) 나라
이름이다. 자子는 작위 (자작)이다. 주왕紂王의 경사卿士였다."

孔安國曰 微 畿内國名 子 爵也 爲紂卿士

색은 살펴보니 《상서》〈미자지명微子之命〉에서 말한다. "미자 계啓에게
은나라의 뒤를 잇게 명했다." 지금 여기의 '개開'라는 이름은 한漢나라 경
제景帝의 휘諱를 피한 것이다.

按 尙書微子之命篇云命微子啓代殷後 今此名開者 避漢景帝諱也

신주 한나라 경제景帝의 이름이 유계劉啓이므로 이를 피해 계啓를 개開
로 썼다는 뜻이다.

② 殷帝乙之首子而帝紂之庶兄也은제을지수자이제주지서형야

색은 살펴보니 《상서》에서 또한 은왕의 원자元子이고 주왕紂王의 형이
라고 했다. 살펴보니 《여씨춘추》에는 미자가 태어날 때는 어머니가 아직
첩이었고, 비妃가 되어서 주왕을 낳았다고 했다. 그러므로 미자는 주왕
에게 어머니가 같은 서형庶兄이 된다.

按 尙書亦以爲殷王元子而是紂之兄 按 呂氏春秋云生微子時母猶爲妾 及爲妃
而生紂 故微子爲紂同母庶兄

신주 사마천은 주왕의 서형庶兄이라고 했지만 《여씨춘추呂氏春秋》는
어머니가 같은데 미자 계는 그의 어머니가 후궁 시절에 낳았고 주는
정비 시절에 낳아서 주가 태자가 되었다고 말한다. 《여씨춘추》에서는
"주와 어머니가 같은 형제는 세 명인데, 장자가 미자 계이고, 둘째가 중연
中衍이고, 그 다음이 수덕受德이다. 수덕이 곧 주紂로서 가장 어렸다. 주의
모친이 미자 계와 중연을 낳았을 때는 아직 첩이었고, 처妻가 되어서 주를
낳았다. 주의 부친과 모친은 미자 계를 태자로 삼으려 했으나 태사太史가
법에 의거해 쟁론하면서 '처妻의 아들을 두고 첩의 아들을 두는 것은 옳지
않습니다.'라고 하였다."

③ 阢國기국

집해 서광이 말했다. "阢는 '기耆'로 발음한다."

徐廣曰 阢音耆

색은 阢의 발음은 '기耆'이고, 기耆는 곧 여黎이다. 추탄생본에서 말한다. "耆는 '여黎'로 발음한다." 공안국이 말했다. "여黎는 상당군 동북쪽에 있고 곧 지금의 여정黎亭이 이곳이다."

阢音耆 耆即黎也 鄒誕本云耆音黎 孔安國云黎在上黨東北 即今之黎亭是也

이에 미자는 주왕紂王을 헤아려보니 끝내 간언이 받아들이지 않으리라고 여기고 죽거나 떠나려고 했다. 하지만 스스로 결단하지 못하고 태사太師와 소사少師[1]에게 물었다.

"은나라는 덕으로 다스리지 못해서 사방이 잘 다스려지지 않습니다.[2] 우리의 선조 탕湯임금께서는 윗세상의 덕으로 정사를 베푸셨는데[3] 주왕은 술에 젖고 부인의 말만 쓰니 탕임금의 덕을 아래[4] 세상에서 어지럽히고 무너뜨리는 것입니다.

於是微子度紂終不可諫 欲死之 及去 未能自決 乃問於太師少師[1]曰 殷不有治政 不治四方[2] 我祖遂陳於上[3] 紂沈湎於酒 婦人是用 亂敗湯德於下[4]

① 太師少師태사소사

집해 공안국이 말했다. "태사는 삼공三公이고 기자箕子이다. 소사는 고경孤卿이고 비간比干이다."

孔安國曰 太師 三公 箕子也 少師 孤卿 比干也

② 不治四方불치사방

집해 공안국이 말했다. "은나라가 정치로 사방의 일을 다스리지 못하니 장차 반드시 망할 것이라는 말이다."

孔安國曰 言殷不有治政四方之事 將必亡也

③ 我祖遂陳於上아조수진어상

집해 마융이 말했다. "아조我祖는 탕임금이다." 공안국이 말했다. "탕임금이 그의 공을 이루고 상세上世에 힘을 펼쳤다는 말이다."

馬融曰 我祖 湯也 孔安國曰 言湯遂其功 陳力於上世也

④ 下하

집해 마융이 말했다. "하下는 아래 세상이다."

馬融曰 下 下世也

> 은나라는 이미 소인 대인 할 것 없이 초야草野에서 도둑질을 하면서 간사한 짓을 좋아하고,① 경사卿士들은 법도가 아닌 것을 가르치고 본받아② 모두가 죄를 짓고 있습니다. 이에 사유四維를 지켜서 작록을 얻은 자가 없고,③ 미천한 백성마저 이에 아울러 일어나 서로 원수처럼 적대하고 있습니다.④ 이제 은나라는 그 법도와 제도를 잃었습니다. 마치 물을 건너는데 나루도 강가도 없는 것과

같습니다.⑤ 은나라는 마침내 멸망할 때에 이르렀고 지금에 이른 것입니다.⑥"

殷既小大好草竊姦宄① 卿士師師非度② 皆有罪辜 乃無維獲③ 小民乃竝興 相爲敵讎④ 今殷其典喪 若涉水無津涯⑤ 殷遂喪 越至于今⑥

① 草竊姦宄초절간귀

[집해] 공안국이 말했다. "초야에서 도둑질하고 또 안팎에서 간사한 짓을 한다."

孔安國曰 草野盜竊 又爲姦宄於外內

② 卿士師師非度경사사사비도

[집해] 마융이 말했다. "단지 소인이 간사한 짓을 배우는 것이 아니라, 경사卿士 이하가 도리어 서로 가르치고 본받는 것이 법도가 아니었다."

馬融曰 非但小人學爲姦宄 卿士已下轉相師效 爲非法度

③ 獲획

[집해] 정현이 말했다. "획獲은 얻는 것이다. 여러 신하가 모두 죄가 있는데, 그의 작록을 또 떳떳하게 얻는 자가 없다. 자주 서로 공격하고 빼앗는다는 말이다."

鄭玄曰 獲 得也 群臣皆有是罪 其爵祿又無常得之者 言屢相攻奪

④ 小民乃竝興 相爲敵讎소민내병흥 상위적수

[집해] 공안국이 말했다. "경사卿士가 이미 어지러우니 서민들이 각각

일어나 함께 원수가 되었다. 화동和同하지 않는다는 말이다."

孔安國曰 卿士旣亂 而小民各起 共爲敵讎 言不和同

⑤ 今殷其典喪 若涉水無津涯금은기전상 약섭수무진애

집해 서광이 말했다. "다른 판본에는 '물을 건너는데 운항할 배가 없다.'로 되어 있는데 위태한 것을 말한다. 배인은 전典을 국가의 법전이라고 했다."

徐廣曰 一作防水無舟航 言危也 駰謂典 國典也

색은 《상서》에는 '전典'이 '윤淪'으로 되어 있다. 전자篆字가 바뀌어서 그 뜻이 또한 다르다. 서광이 말했다. "전典은 국전國典이다." 喪의 발음은 '상[息浪反]'이다.

尙書典作淪 篆字變易 其義亦殊 徐廣曰典 國典也 喪音息浪反

⑥ 越至于今월지우금

집해 마융이 말했다. "월越은 어於이다. 이에 이르렀고 지금에 도달했다."

馬融曰 越 於也 於是至矣 於今到矣

이어서 말했다.
"태사와 소사여!① 내가 장차 일어나 떠나야 할까요?② 우리 집안을 지키는 데 목숨을 바쳐야 할까요?③ 지금 그대들이 그 까닭을 나에게 알려주지 않는다면,④ 고꾸라져 (의가 아닌 곳으로) 떨어질 것이니 어찌해야 하오?⑤"

> 曰 太師 少師^① 我其發出往^② 吾家保于喪^③ 今女無故告^④予 顚躋 如之
> 何其^⑤

① 太師 少師태사 소사

집해 마융이 말했다. "거듭 불러서 알린 것이다."

馬融曰 重呼告之

② 我其發出往아기발출왕

집해 정현이 말했다. "발發은 '일어남'이다. 주紂의 재앙과 실패가 이와
같으니, 나는 장차 일어나 떠나갈 것이다."

鄭玄曰 發 起也 紂禍敗如此 我其起作出往也

색은 왕往은 《상서》에서 '광狂'으로 되어 있다. 대개 또한 《금문상서》
의 뜻이 다를 뿐이다.

往 尙書作狂 蓋亦今文尙書意異耳

③ 吾家保于喪오가보우상

집해 서광이 말했다. "일설에는 '어시가보於是家保'라고 한다." 살펴보
니 마융이 말했다. "경대부卿大夫를 가家라고 일컫는다."

徐廣曰 一云 於是家保 駰案 馬融曰卿大夫稱家

④ 今女無故告금녀무고고

집해 왕숙이 말했다. "나에게 알리려는 뜻이 없으니, 이는 미자가 가르
침을 요구한 것이다."

王肅曰 無意告我也 是微子求教誨也

⑤ 顚躋 如之何其전제 여지하기

집해 마융이 말했다. "제躋는 추墜(떨어짐)와 같다. 의가 아닌 곳에 굴러 떨어질 것이 두려운데 어찌해야 마땅한가?" 정현이 말했다. "기其는 어조語助이다. 제나라와 노나라 사이에서는 발성이 '희姬'와 같다.《예기》에서는 '하거何居'라고 했다."

馬融曰 躋猶墜也 恐顚墜於非義 當如之何也 鄭玄曰 其 語助也 齊魯之間聲如姬 記曰 何居

신주 《예기》〈단궁〉에는 정현의 주석이 있는데,《사기》본문의 '하기何其'와《예기》의 '하거何居'가 같은 뜻이란 얘기다. 또 그 주장에 따르면, '하거何居'를 '하희'라고 읽어야 한다.

태사가 말했다.

"왕자여! 하늘이 재앙을 무겁게 내려 은나라를 망하게 하려는데① 주왕은 이에 두려워하지 않고 장로長老들을 등용하지 않습니다.② 지금 은나라 백성조차 천지신명에게 지내는 제사도 깔보고 있습니다.③ 지금이라도 진실하게 나라 다스리는 법을 깨달아 나라가 잘 다스려진다면 몸이 죽더라도 한이 없을 것입니다. 죽더라도 주왕은 끝내 다스리는 법을 깨닫지 못할 것이니, 떠나느니만 못합니다.④"

(미자는) 마침내 도망쳤다.

太師若曰 王子 天篤下菑亡殷國① 乃毋畏畏 不用老長② 今殷民乃陋淫

神祇之祀③ 今誠得治國 國治身死不恨 爲死 終不得治 不如去④ 遂亡

① 王子 天篤下菑亡殷國왕자 천독하재망은국

[집해] 공안국이 말했다. "미자는 제을帝乙의 아들이므로 '왕자'라고 했

다. 하늘이 주紂를 낳아서 어지럽게 만들었으니 이것은 재앙을 내린 것

이다." 정현이 말했다. "소사가 대답하지 않은 것은 그 뜻이 반드시 죽겠

다는데 있었다."

孔安國曰 微子 帝乙子 故曰 王子 天生紂爲亂 是下菑也 鄭玄曰 少師不答 志在

必死

[정의] 菑의 발음은 '재災'이다.

菑音災

[신주] 菑를 치로 발음하면 묵정밭이다.

② 乃毋畏畏 不用老長내무외외 불용노장

[집해] 공안국이 말했다. "위로는 하늘의 재앙을 두려워하지 않고 아래

로는 어진 이를 두려워하지 않고 나이 많은 어른을 거역하고 그의 가르

침을 쓰지 않았다."

孔安國曰 上不畏天菑 下不畏賢人 違戾耆老之長 不用其教

③ 殷民乃陋淫神祇之祀은민내음신기지사

[집해] 서광이 말했다. "일설에는 '금은민침신희今殷民侵神犧'(지금 은나라 백

성들이 신의 희생을 침범함)라고 했고, 또 다른 판본에는 '누음침신기陋淫侵神

祇'(하늘의 신과 땅의 신을 깔보고 더럽게 침범함)라고 했다." 살펴보니 마융이 말하기를 "천天을 신神이라고 하고 지地를 기祇라고 했다."

徐廣曰 一云今殷民侵神犧 又一云陋淫侵神祇 駰案 馬融曰天曰神 地曰祇

색은   누음陋淫은 《상서》에서 '양절攘竊'이라고 했다. 유씨(유흠)가 말했다. "누음陋淫은 '깔보고 더럽힘'과 같다고 했다."

陋淫 尚書作攘竊 劉氏云陋淫猶輕穢也

④ 終不得治 不如去종불득치 불여거

신주   미자는 그가 어찌해야 주왕紂王을 바로잡을지 몰라서 태사인 기자에게 자신이 죽어서 왕을 깨우치게 해야 할지, 아니면 떠나야 할지를 물어본 것이다. 그것에 대해 태사 기자는 "왕자께서 스스로 죽어서 깨우치게 하려 해도 주紂는 끝내 다스림을 얻지 못할 것이니, 떠나느니만 못합니다."라고 말한 것이다.

기자箕子①는 주왕紂王의 친척②이다. 주왕이 처음에 상아 대롱③을 만들자 기자가 탄식해 말했다.

"저이가 상아 대롱을 만들었으니 반드시 옥 술잔을 만들 것이다. 옥 술잔을 만들게 되면 반드시 먼 지방의 진귀한 물건들을 실어 오게 할 것이다. 수레와 말과 궁실의 사치가 이로부터 시작해 점점 떨쳐내지 못할 것이다."

주왕이 음란한 짓을 하자, 기자가 간언했는데 듣지 않았다. 어떤 사람이 말했다.

"떠나는 게 좋겠습니다."

기자가 말했다.

"사람이 신하가 되어 간언해 듣지 않는다고 떠난다면 이는 군주의 잘못을 부추기고 스스로 백성들에게서 기쁨을 빼앗는 것이니, 나는 차마 하지 못하겠다."

이에 머리를 풀고 미친 척하며 천한 신분이 되었다. 마침내 숨고 비파를 타며 스스로 슬퍼했는데 이것이 전해져 '기자조箕子操'(기자의 가락)[④]라고 한다.

箕子[①]者 紂親戚也[②] 紂始爲象箸[③] 箕子歎曰 彼爲象箸 必爲玉桮 爲桮 則必思遠方珍怪之物而御之矣 輿馬宮室之漸自此始 不可振也 紂爲淫泆 箕子諫 不聽 人或曰 可以去矣 箕子曰 爲人臣諫不聽而去 是彰君之惡而自說於民 吾不忍爲也 乃被髮詳狂而爲奴 遂隱而鼓琴以自悲 故傳之曰箕子操[④]

① 箕子기자

집해 마융이 말했다. "기箕는 나라 이름이다. 자子는 작위(작爵)이다."

馬融曰 箕 國名也 子 爵也

② 紂親戚也주친척야

색은 기箕는 나라이고 자子는 작위(작爵)이다. 사마표는 기자의 이름을 서여胥餘라고 했다. 마융과 왕숙은 기자를 주紂의 제부諸父라고 했다. 복건과 두예는 주紂의 서형庶兄이라고 했다. 두예는 말했다. "양국 몽현에 기자묘가 있다."

箕 國 子 爵也 司馬彪曰箕子名胥餘 馬融王肅以箕子爲紂之諸父 服虔杜預以爲紂之庶兄 杜預云梁國蒙縣有箕子冢

신주 기자의 무덤이 있는 양국梁國 몽현蒙縣은 지금 하남성 상구시商丘市에 있다. 이곳은 송국宋國에서 조국曹國으로 가는 길목에 있는데 옛 송나라 변경 지역일 것이다. 옛 기록에서 서화西華라는 곳이다. 현재도 상구시에 기자묘가 남아 있다. 《좌전》 노희공釐公 33년(서기전 627)경에 "진인晉人이 적인狄人을 기箕에서 물리쳤다."라는 기사가 있다. 명나라 《일지록日知錄》에는 이 기사에 대해 "(산서성) 태원太原 양읍현陽邑縣 남쪽에 (적인이 공격한) 기성箕城이 있다고 하는데 그르다. 양읍현은 지금의 태곡현太谷縣에 있다."라고 말하고 있다. 현재 한국 강단사학은 기자의 도읍지가 위만의 도읍지이고 이곳이 곧 한사군 중 낙랑군이라면서 현재의 평양이라고 비정하지만, 이는 아무런 사료적 근거가 없다. 중국에서 현재 한국 강단사학의 이런 역사 날조를 이용해서 기자가 조선반도를 1,000년 가량 다스렸다고 왜곡하는 중이다. 위 기사들을 종합하면 은나라를 떠난 기자는 산서성으로 갔다가 옛 송나라 지역인 상구로 돌아와서 생을 마쳤다고 볼 수 있다. 그래서 현재 하남성 상구의 옛 송나라 지역에 무덤이 있는 것이다.

③ 象箸상저

색은 箸의 발음은 '쟉[持略反]'이다. 살펴보니 아래에 이르기를 '위상저 필위옥배爲象箸 必爲玉杯'라고 했는데, 잔과 대롱[箸]의 일은 서로 비슷하다. 《주례》에는 육준六尊인 희犧, 상象, 저箸, 호壺, 태泰, 산山이 있다. 저준箸尊은 땅에 닿는데 발이 없는 것이다. 유씨(유흠)는 발음이 '져[直廬反]'라고 했고, 배杯와 저箸는 또한 먹을 때 사용하는 물건이니 또한 아울러 통한다.

箸音持略反 按 下云爲象箸必爲玉杯 杯箸事相近 周禮六尊有犧象著壺泰山 著
尊者 著地無足是也 劉氏音直慮反 則杯箸亦食用之物 亦竝通

신주 저箸는 젓가락을 뜻하기도 하지만 잔을 받치기 위한 대롱을 뜻하
기도 한다. 등잔을 올리기 위해 등잔 대가 필요하듯, 술잔을 올리기 위해
술잔 대가 필요한 것이다. 《주례》에서 육준의 하나라고 했으니 대롱 달
린 술잔으로도 볼 수 있다.

④ 箕子操기자조

집해 《풍속통의》에서 말한다. "그 길이 닫히고 막히니 이를 근심하고
지은 것인데, 그 곡조를 명해서 操操(가락)라고 한다. 操操는 재앙을 만나
고 피해를 당해 곤란하고 궁핍하며 비록 뜻을 잃은 것을 원망하고 한탄
하지만, 오히려 예의를 지키며 두려워하지 않고 떨지 않으며, 도를 즐기
고 그의 지조를 고치지 않음을 말한다."

風俗通義曰 其道閉塞憂愁而作者 命其曲曰操 操者 言遇菑遭害 困厄窮迫 雖
怨恨失意 猶守禮義 不懼不慴 樂道而不改其操也

왕자 비간比干도 주왕紂王의 친척이다. 기자의 간언을 듣지 않고
노예로 삼은 것을 보고 곧 일러 말했다.
"군주에게 과실이 있는데 죽음으로써 간쟁하지 않는다면 백성이
무슨 죄인가?"
이에 곧은 말로써 주왕에게 간언하자 주왕이 화가 나서 말했다.

"내가 듣자니 성인聖人의 심장에는 7개의 구멍이 있다고 했는데 진실로 있는 것인가?"

이에 마침내 왕자 비간을 살해해 그의 심장을 갈라 보았다.

미자가 말했다.

"아버지와 자식은 뼈와 살로 이어져 있고 신하와 군주는 의로써 이어져 있는 것이다. 그러므로 아버지에게 허물이 있어서 자식이 세 번 간언했는데 듣지 않으면 울부짖으면서 따른다. 그러나 사람으로서 신하 된 자가 세 번 간언했는데 듣지 않으면 그 의는 떠나는 것이 옳다."

이에 태사와 소사가 미자에게 떠날 것[①]을 권해 마침내 떠나갔다.

王子比干者 亦紂之親戚也 見箕子諫不聽而爲奴 則曰 君有過而不以死爭 則百姓何辜 乃直言諫紂 紂怒曰 吾聞聖人之心有七竅 信有諸乎 乃遂殺王子比干 刳視其心 微子曰 父子有骨肉 而臣主以義屬 故父有過 子三諫不聽 則隨而號之 人臣三諫不聽 則其義可以去矣 於是太師少師乃勸微子去[①] 遂行

① 微子去미자거

[집해] 당시에 왕자 비간이 이미 죽었는데 소사라고 이른 것은 잘못된 것 같다.

時比干已死 而云少師者似誤

주나라 무왕이 주왕紂王을 공격해서 은나라를 이기자 미자는 그
의 제기를 가지고 군문軍門으로 가서 웃옷을 벗어 몸을 드러내고
는 손을 뒤로 묶게 했다.[①] 그리고 왼쪽으로 양을 끌고 오른쪽으
로 띠를 잡고 무릎으로 기어서 앞으로 나아가 고했다. 이에 무왕
이 미자를 석방하고 그의 지위를 옛날과 같게 했다.

무왕이 주왕의 아들 무경녹보武庚祿父를 봉해 은나라의 제사를
계속하게 하고 관숙과 채숙을 시켜서 보좌해 돕게 했다.

周武王伐紂克殷 微子乃持其祭器造於軍門 肉袒面縛[①] 左牽羊 右把茅
膝行而前以告 於是武王乃釋微子 復其位如故 武王封紂子武庚祿父以
續殷祀 使管叔蔡叔傅相之

① 肉袒面縛육단면박

색은 육단肉袒은 한쪽 어깨의 옷을 내려서 살을 드러낸 것이다. 면박
面縛의 '박縛'은 손을 뒤로 묶고 얼굴은 앞으로 향하게 하는 것이다. 유
씨는 "면面은 곧 배背"라고 하였는데, 뜻이 또한 점점 멀어지게 되었다고
했다.

肉袒者 袒而露肉也 面縛者 縛手于背而面向前也 劉氏云面即背也 義亦稍迂

신주 항복, 복종하겠다는 의미이다. 즉 잘못을 인정하고 벌을 청하는
형식을 취한 것이다.

홍범구주

무왕이 은나라를 이기고 나서 기자를 찾아가 물었다. 무왕이 말했다.

"오호라! 저 하늘은 은밀하게 아래 백성을 안정시켜서 서로 어울려 살도록 했는데[1] 나는 그 일정한 규율이 펼쳐지는 바를 모르겠소.[2]"

기자가 대답했다.

"옛날에 곤鯀이 홍수를 막으려다 오행五行의 질서를 어지럽게 펼치니,[3] 천제天帝께서 크게 노하셔서 홍범의 아홉 가지를 따르지 못하게 하시어 일정했던 규율이 혼잡해졌다고 합니다.[4] 곤鯀이 죽임을 당하고 우禹가 그의 뒤를 계승해 치수를 시작하자[5] 하늘이 우禹에게 홍범구주(9개 조항의 큰 법)를 주어서 일정한 규율이 있게 되었습니다.[6]"

武王旣克殷 訪問箕子 武王曰 於乎 維天陰定下民 相和其居[1] 我不知其常倫所序[2] 箕子對曰 在昔鯀陻鴻水 汨陳其五行[3] 帝乃震怒 不從鴻範九等 常倫所斁[4] 鯀則殛死 禹乃嗣興[5] 天乃錫禹鴻範九等 常倫所序[6]

① 維天陰定下民 相和其居유천음정하민 상화기거

집해 공안국이 말했다. "하늘은 말을 하지 않아도 묵묵히 아래의 백성들을 안정시키고 그들의 사는 곳을 알맞게 도와서 늘 살 수 있는 밑천을 가지게 한다."

孔安國曰 天不言而默定下民 助合其居 使有常生之資也

② 我不知其常倫所序아부지기상륜소서

집해 공안국이 말했다. "나는 하늘이 백성을 안정시키는 일정한 도리의 순서를 알지 못하니, 어디에서 연유하는지 물은 말이다."

孔安國曰 言我不知天所以定民之常道理次序 問何由

③ 鯀陻鴻水 汩陳其五行곤인홍수 골진기오행

집해 공안국이 말했다. "인陻은 색塞(막다)이다. 골汩은 어지럽히는 것이다. 물을 다스리는 도를 잃었으니, 곧 오행을 어지럽게 편 것이다."

孔安國曰 陻塞 汩亂也 治水失道 是亂陳五行

신주 곤鯀은 우임금의 아버지인데 제전욱의 아들이란 견해도 있고, 5세손이란 견해도 있다. 사성姒姓인데 황하에 홍수가 범람하자 치수를 담당했는데, 제방을 이용해 다스리려 했지만 9년이 지나도 막지 못해서 순임금이 우산羽山에서 죽였다고 한다. 곤은 또한 성곽을 만든 인물이라고 한다.

④ 帝乃震怒～常倫所斁제내진노～상륜소두

집해 서광이 말했다. "다른 판본에는 '석釋' 자로 되어 있다." 살펴보니 정현이 말했다. "제帝는 천天이다. 하늘은 곤이 이렇게 하자 이에 진동하고 위엄으로 노해서 천도天道의 대법大法 아홉 가지를 주지 않았다. 왕의 말은 늘 있던 도가 무너진 이유를 물은 것이다."

徐廣曰 一作釋 駰案 鄭玄曰帝 天也 天以鯀如是 乃震動其威怒 不與天道大法
九類 言王所問所由敗也

⑤ 鯀則殛死 禹乃嗣興곤즉극사 우내사흥

集解 정현이 말했다. "《춘추전》에는 '순임금이 죄를 다스려 곤鯀을 죽이고 인재를 등용해 우禹를 일으켰다.'고 한다."

鄭玄曰 春秋傳曰 舜之誅也殛鯀 其擧也興禹

⑥ 天乃錫禹鴻範九等 常倫所序천내석우홍범구등 상륜소서

集解 공안국이 말했다. "하늘이 우임금에게 주어 낙수洛水에서 서서가 나왔다. 신귀神龜가 등에 글자를 지고 나왔는데 등에 배열된 숫자가 1~9까지 있었다. 우임금이 마침내 그로 인해 정리하여 아홉 가지를 성취했다."

孔安國曰 天與禹 洛出書也 神龜負文而出 列於背 有數至于九 禹遂因而第之
以成九類

新註 낙서洛書와 하도河圖이다. 《주역》의 기본이 된다. 하도는 복희씨가 황하에서 얻은 그림으로 《주역》〈팔괘八卦〉의 바탕이 되었다.

첫째는 오행五行입니다. 둘째는 오사五事입니다. 셋째는 팔정八政입니다. 넷째는 오기五紀입니다. 다섯째는 황극皇極입니다. 여섯째는 삼덕三德입니다. 일곱째는 계의稽疑(의문을 점치는 일)입니다. 여덟째는 서징庶徵(여러 징조)입니다. 아홉째는 오복五福(다섯 가지의 복)을

부려 누리게 하고[①] 육극六極(여섯 가지 화)을 부려서 두렵게 하는 것입니다.[②]

初一曰五行 二曰五事 三曰八政 四曰五紀 五曰皇極 六曰三德 七曰稽疑 八曰庶徵 九曰嚮用五福[①] 畏用六極[②]

① 嚮用五福향용오복

신주 오복五福이란 오래 사는 것, 부유하게 되는 것, 건강한 것, 선행을 베풀어 덕을 쌓는 것, 질병과 고통 없이 살다가 인생을 마치는 것을 말한다.

② 畏用六極외용육극

집해 마융이 말했다. "하늘은 여섯 가지 화를 부려 사람을 두렵게 한다는 말이다."

馬融曰 言天所以畏懼人用六極

신주 《상서》〈홍범洪範〉에서 "육극六極은 첫째 비명에 죽거나 요절하는 것이고, 둘째 질병이고, 셋째 근심이고, 넷째 가난한 것이고, 다섯째 악惡이고, 여섯째 약弱이다."라고 했다. 악惡은 포악한 성품을 말하고 약弱은 지나치게 나약한 것을 말한다.

오행이란 첫째가 수水이고, 둘째가 화火이고, 셋째가 목木이고, 넷째가 금金이고, 다섯째가 토土입니다.[①] 물은 적시면서 내려가는 것이고, 불은 타면서 오르는 것이며,[2] 나무는 굽거나 곧기도 하고,[3] 쇠는 변화를 따르며,[4] 흙은 심고 가꾸는 것입니다.[5]

五行 一曰水 二曰火 三曰木 四曰金 五曰土[1] 水曰潤下 火曰炎上[2] 木曰曲直[3] 金曰從革[4] 土曰稼穡[5]

① 一曰水~五曰土일왈수~오왈토

[집해] 정현이 말했다. "이곳의 수數는 본래 여러 음과 양이 태어나는 순서이다."

鄭玄曰 此數本諸陰陽所生之次也

[신주] 오행의 상생相生과 상극相剋의 원리 중에 상생의 원리 순서라는 말이다.

② 水曰潤下 火曰炎上수왈윤하 화왈염상

[집해] 공안국이 말했다. "그들이 스스로 그렇게 되는 일정한 성질이라는 말이다."

孔安國曰 言其自然之常性也

[신주] '만물이 스스로 그렇게 된다'는 것은 본연의 성질을 가리키는 것이다.

③ 木曰曲直목왈곡직

[집해] 공안국이 말했다. "목木은 휘어서 굽힐 수 있고 곧게 할 수 있다는 것이다."

孔安國曰 木可揉使曲直也

④ 金曰從革금왈종혁

집해 마융이 말했다. "쇠의 성질은 사람이 하는 바에 따라서 다시 녹일 수 있다는 것이다."

馬融曰 金之性從人 而更可銷鑠

⑤ 土曰稼穡토왈가색

집해 왕숙이 말했다. "심는 것을 '가稼'라고 하고, 거두는 것을 '색穡'이라고 한다."

王肅曰 種之曰稼 斂之曰穡

적시면서 내려가는 것은 짠맛을 만들고,① 타면서 오르는 것은 쓴맛을 만들며,② 굽거나 곧은 것은 신맛을 만들고,③ 변화를 따르는 것은 매운맛을 만들며,④ 심고 거두는 것은 단맛을 만듭니다.⑤

潤下作鹹① 炎上作苦② 曲直作酸③ 從革作辛④ 稼穡作甘⑤

① 潤下作鹹윤하작함

집해 공안국이 말했다. "물은 소금이 생산되는 곳이다."

孔安國曰 水鹵所生

② 炎上作苦염상작고

집해 공안국이 말했다. "불에 탄 기운의 맛이다."

孔安國曰 焦氣之味

③ 曲直作酸곡직작산

집해 공안국이 말했다. "나무 열매의 성질이다."

孔安國曰 木實之性

④ 從革作辛종혁작신

집해 공안국이 말했다. "쇠 기운의 맛이다."

孔安國曰 金氣之味

⑤ 稼穡作甘가색작감

집해 공안국이 말했다. "단맛은 온갖 곡식에서 나온다. 오행五行 이하
는 기자가 펼친 바이다."

孔安國曰 甘味生於百穀 五行以下 箕子所陳

오사五事(다섯 가지 일)란 첫째는 몸가짐이요, 둘째는 말씨요, 셋째는
보는 것이요, 넷째는 듣는 것이요, 다섯째는 생각하는 것입니다. 몸
가짐은 공손해야 하고, 말씨는 이치를 따라야 하고,① 보는 것은 밝
아야 하고, 듣는 것은 총명해야 하고, 생각은 슬기로워야 합니다.②
공손하면 엄숙하게 되고, 이치를 따르면 다듬어지게 되고,③ 밝으
면 깨닫게 되고, 총명하면 꾀가 있게 되고,④ 슬기로우면 꿰뚫게
됩니다.⑤

五事 一曰貌 二曰言 三曰視 四曰聽 五曰思 貌曰恭 言曰從① 視曰明 聽
曰聰 思曰睿② 恭作肅 從作治③ 明作智 聰作謀④ 睿作聖⑤

① 言曰從언왈종

집해 마융이 말했다. "말을 하면 마땅히 부려서 따르게 하는 것이다."

馬融曰 發言當使可從

② 睿예

집해 마융이 말했다. "예睿는 통通이다."

馬融曰 睿 通也

③ 從作治종작치

집해 마융이 말했다. "영令이 나오면 따르게 되니, 다스림이 만들어지는 까닭이다."

馬融曰 出令而從 所以爲治也

④ 聰作謀총작모

집해 공안국이 말했다. "꾀하는 바를 반드시 이룩하도록 살핀다." 마융이 말했다. "위가 총명하면 아래는 그 계책으로 나아간다."

孔安國曰 所謀必成審也 馬融曰 上聰則下進其謀

⑤ 睿作聖예작성

집해 공안국이 말했다. "일에 통하지 않는 것이 없는 것을 성聖이라고 이른다."

孔安國曰 於事無不通 謂之聖

팔정八政(여덟 가지 정치)이란 첫째는 먹는 것이요, 둘째는 재물이요, 셋째는 제사 지내는 일이요, 넷째는 땅을 관장하는 일이요,[1] 다섯째는 백성을 가르치는 일이요,[2] 여섯째는 죄를 다스리는 일이요,[3] 일곱째는 손님을 접대하는 일이요,[4] 여덟째는 군사를 주관하는 일입니다.[5]

八政 一曰食 二曰貨 三曰祀 四曰司空[1] 五曰司徒[2] 六曰司寇[3] 七曰賓[4] 八曰師[5]

① 司空사공

집해 마융이 말했다. "사공은 성곽을 관장하고 빈터를 주관하여 백성을 거주하게 한다."

馬融曰 司空 掌營城郭 主空土以居民

신주 전국시대 이후 사공 직책은 어사御使라 하여 감찰을 담당했다. 한漢나라 때는 사공을 '어사대부'라고 했으며 3공三公(승상, 태위, 어사대부) 중의 하나가 되었다.

② 司徒사도

집해 공안국이 말했다. "일반 백성을 주관해 예의를 가르친다."

孔安國曰 主徒衆 敎以禮義

③ 司寇사구

집해 마융이 말했다. "도적을 처벌하는 것을 주관한다."

馬融曰 主誅寇害

④ 賓빈

집해 정현이 말했다. "제후들이 조회하는 관청을 관장한다."

鄭玄曰 掌諸侯朝覲之官

⑤ 師사

집해 정현이 말했다. "군사의 관직을 관장한다."

鄭玄曰 掌軍旅之官

오기五紀(다섯 가지 기紀)①란 첫째는 해[歲]이고, 둘째는 달[月]이며, 셋째는 날[日]이고, 넷째는 별들의 운행[星辰]이며,② 다섯째는 역법의 계산[曆數]입니다.③

五紀① 一曰歲 二曰月 三曰日 四曰星辰② 五曰曆數③

---

① 기紀

신주 원래 '기紀'는 12년을 말한다. 목성이 태양을 한 바퀴 도는 것이 약 12년인데, 그래서 목성을 세성歲星이라 한다. 하지만 넓은 의미의 기紀는 곧 시간의 흐름을 말한다. 시간의 흐름을 아는 것은 일월성진日月星辰의 움직임이고 그를 계산하는 것이 역법이다.

② 星辰성신

집해 마융이 말했다. "성星은 28수宿이다. 신辰은 해와 달이 모이는 곳이다." 정현이 말했다. "성星은 5성이다."

馬融曰 星 二十八宿 辰 日月之所會也 鄭玄曰 星 五星也

③ 曆數역수

집해 공안국이 말했다. "역수曆數는 절기節氣의 헤아림이다. 달력을 만들어 시간을 공경하도록 백성들에게 준다."

孔安國曰 曆數 節氣之度 以爲曆數 敬授民時

황극皇極(제왕이 천하를 다스리는 법칙)이란 임금이 그 법칙을 크게 세우는 것인데[①] 제때에 다섯 가지 복을 거두어서 백성에게 널리 베푼다면[②] 백성은 그 법칙을 제때에 따르기 때문에[③] 하늘이 임금에게 내려서 법칙을 지키게 한 것입니다.[④]

무릇 그 백성이 사악한 무리를 짓지 않고 관리들이[⑤] 사사로운 덕을 지니지 않는 까닭은 임금이 법칙을 시행하기 때문입니다.[⑥]

皇極 皇建其有極[①] 斂時五福 用傅錫其庶民[②] 維時其庶民于女極[③] 錫女保極[④] 凡厥庶民 毋有淫朋 人[⑤]毋有比德 維皇作極[⑥]

① 皇建其有極황건기유극

집해 공안국이 말했다. "태중太中의 도道가 그 안에 있어 크게 세워지면 구주九疇의 의의義가 행해지는 것을 이른다."

孔安國曰 太中之道 大立其有中 謂行九疇之義

② 斂時五福 用傅錫其庶民염시오복 용부석기서민

집해 마융이 말했다. "마땅히 이 오복五福의 도를 거두어서 모든 백성에게 베풀어 준다."

馬融曰 當斂是五福之道 用布與衆民

③ 維時其庶民于女極유시기서민우여극

집해 마융이 말했다. "곧 오복을 잘 거두므로 모든 백성은 당신에게서 중정中正을 취하여 마음으로 따른다."

馬融曰 以其能斂是五福 故衆民於汝取中正以歸心也

④ 錫女保極석녀보극

집해 정현이 말했다. "또 당신에게 내려서 중정의 도를 지키게 한 것이다."

鄭玄曰 又賜女以守中之道

⑤ 人인

신주 백성의 개념은 크게 둘이 있다. 하나는 인人이고 하나는 민民이다. 인人은 지배자의 성안에 사는 인간들로 지배층, 또는 관리를 말한다. 민民은 성 밖에 사는 인간들로 피지배층을 말한다.

⑥ 凡厥庶民～維皇作極범궐서민～유황작극

집해 공안국이 말했다. "백성이 착하면 곧 음란함이 없어져 붕당朋黨의 악이 끝나고 주나라의 덕과 견주게 되니 천하가 모두 크게 중정中正의 도를 세우게 된다."

孔安國曰 民有善則無淫過朋黨之惡 比周之德 惟天下皆大爲中正也

무릇 그 백성 중 계책이 있고 행함이 있고 지조가 있으면, 그대는 그를 염두에 두십시오.① 법칙에 맞지 않더라도 크게 잘못을 저지르지 않으면 임금은 받아들여야 합니다.② 편안한 안색으로 '나는 덕을 좋아합니다.'라고 하거든 그대는 녹봉을 내리십시오.③ 그리하면 사람들은 임금의 법칙을 따를 것입니다.④

홀아비와 과부를 업신여기지 마시고, 높고 사리에 밝은 이를 (쓰는 것) 두려워하지 마십시오.⑤ 관리 중 능력이 있고 행함이 있는 자를 추천받아 실행하게 한다면 나라는 창성할 것입니다.⑥

凡厥庶民 有猷有爲有守 女則念之① 不協于極 不離于咎 皇則受之② 而安而色 曰予所好德 女則錫之福③ 時人斯其維皇之極④ 毋侮鰥寡而畏高明⑤ 人之有能有爲 使羞其行 而國其昌⑥

① 凡厥庶民~女則念之범궐서민~여즉념지

집해 마융이 말했다. "무릇 백성 중에는 계책이 있고 행함이 있고 지조가 있으면 마땅히 그것을 시행할 것이냐를 생각하여 염두에 두고 취사선택해야 한다."

馬融曰 凡其衆民有謀有爲 有所執守 當思念其行有所趣舍也

② 不協于極~皇則受之불협우극~황즉수지

집해 공안국이 말했다. "무릇 백성의 행동이 비록 중정中正에 합하지는 않으나 죄악에는 걸리지 않으면 모두 나아가 써서 대법大法을 받아들일 수 있게 해야 한다는 것이다."

孔安國曰 凡民之行雖不合於中 而不罹於咎惡 皆可進用大法受之

③ 而安而色~女則錫之福이안이색~여즉석지복

[집해] 공안국이 말했다. "당신은 마땅히 당신 안색을 편안하게 해서 아랫사람에게 겸손하라는 말이고, 관리 중에 나는 좋아하는 것이 덕이라고 말하거든 당신은 곧 작록을 주어야 한다."

孔安國曰 女當安女顏色 以謙下人 人曰我所好者德也 女則與之爵祿

④ 時人斯其維皇之極시인사기유황지극

[집해] 공안국이 말했다. "중정中正에 부합되지 않는 관리라도 당신이 복을 주면 관리는 이것을 옳게 여겨 오직 큰 중정으로 힘써 나아갈 수 있다는 말이다."

孔安國曰 不合于中之人 女與之福 則是人此其惟大之中 言可勉進也

⑤ 毋侮鰥寡而畏高明무모환과이외고명

[집해] 마융이 말했다. "높고 사리에 밝은 이를 드러내게 총애하면 법칙을 굽히지 않고 경외하게 된다."

馬融曰 高明顯寵者 不枉法畏之

⑥ 人之有能有爲~而國其昌인지유능유위~이국기창

[집해] 왕숙이 말했다. "그 행동으로 나아가게 해서 정치를 맡기면 국가는 번창하게 된다는 것이다."

王肅曰 使進其行 任之以政 則國爲之昌

무릇 그 중정中正을 따르는 관리에게는 풍부한 녹과 좋은 처우를 해주십시오.① 그대가 좋은 능력을 지닌 사람을 나라에 등용하지 않으면 관리들은 죄를 저지를 것입니다.② 그들이 덕을 좋아하지 않는데도 그대가 복을 내린다면 그들은 도리어 그대에게 재앙을 가져다줄 것입니다.③ 치우치지 않고 기울어짐도 없이 임금의 정의를 지키십시오.④ 혼자만 좋아하는 마음 없이⑤ 임금의 도리를 지킬 것이며, 혼자만 미워하는 마음 없이 임금의 도의를 지키십시오.

凡厥正人 旣富方穀① 女不能使有好于而家 時人斯其辜② 于其毋好 女雖錫之福 其作女用咎③ 毋偏毋頗 遵王之義④ 毋有作好⑤ 遵王之道 毋有作惡 遵王之路

① 凡厥正人 旣富方穀범궐정인 기부방곡

집해 공안국이 말했다. "정직한 관리는 이미 작록으로 부유하게 하는 것이 마땅하고, 또 선도善道로써 대접하는 것이 마땅하다."

孔安國曰 正直之人 旣當爵祿富之 又當以善道接之

② 女不能使有好于而家 時人斯其辜여불능사유호우이가 시인사기고

집해 공안국이 말했다. "중정을 따르는 관리가 나라에 호감을 가질 수 없게 한다면 이 사람은 거짓으로 죄를 얻어서 떠나갈 것이다."

孔安國曰 不能使正人有好於國家 則是人斯其詐取罪而去也

③ 于其毋好～其作女用咎우기무호～기작녀용구

|집해| 정현이 말했다. "당신의 집안사람 중에 좋은 사람이 없다면 비록 작록을 주더라도 그 행동은 당신에게 악하게 쓰일 것이다. 천자가 백성에게 원망을 맺게 되는 것을 이른다."

鄭玄曰 無好於女家之人 雖錫之以爵祿 其動作爲女用惡 謂爲天子結怨於民

④ *毋偏毋頗* 遵王之義무편무파 존왕지의

|집해| 공안국이 말했다. "편偏은 평등하지 않고 파頗는 바르지 않은 것이다. 마땅히 선왕의 바른 의를 따라 백성을 다스리라는 말이다."

孔安國曰 偏 不平 頗 不正 言當循先王正義以治民

⑤ 好호

|집해| 마융이 말했다. "호好는 사사로이 좋아하는 것이다."

馬融曰 好 私好也

치우치지 않고 편드는 일이 없으면 왕의 길은 넓어질 것입니다.① 편드는 일이 없고 치우치지 않으면 왕의 길은 평평할 것입니다.② 뒤집힘이 없고 기우는 일이 없으면 왕의 길은 바르고 곧을 것입니다.③ 그 법칙이 있는 곳으로 모여들고,④ 그 법칙이 있는 곳으로 돌아올 것입니다.⑤

毋偏毋黨 王道蕩蕩① 毋黨毋偏 王道平平② 毋反毋側 王道正直③ 會其有極④ 歸其有極⑤

---

① 毋偏毋黨 王道蕩蕩무편무당 왕도탕탕

집해 공안국이 말했다. "개벽開辟이라는 말이다." 정현이 말했다. "당黨은 붕당이다."

孔安國曰 言開辟也 鄭玄曰 黨 朋黨

신주 탕탕蕩蕩은 널찍한 것이다.

② 毋黨毋偏 王道平平무당무편 왕도평평

집해 공안국이 말했다. "분별해서 다스린다는 말이다."

孔安國曰 言辨治也

③ 毋反毋側 王道正直무반무측 왕도정직

집해 마융이 말했다. "반反은 도를 되돌리는 것이다. 측側은 기울어지는 것이다."

馬融曰 反 反道也 側 傾側也

④ 會其有極회기유극

집해 정현이 말했다. "군주는 마땅히 중정을 지닌 관리를 만나고 모아서 신하로 삼아야 하는 것을 이른다."

鄭玄曰 謂君也當會聚有中之人以爲臣也

⑤ 歸其有極귀기유극

집해 정현이 말했다. "신하는 마땅히 중정을 지닌 군주에게 나아가 그를 섬기는 것을 이른다."

鄭玄曰 謂臣也當就有中之君而事之

이상의 말은 임금의 법칙을 베푸는 말로,[①] 법칙에는 온화할 때도 있고 훈계할 때도 있으니, 이는 천제의 뜻에 따라야 합니다.[②] 모든 백성이 법칙을 베푸는 말[③]을 따르고 실행한다면[④] 천자의 광명이 더해짐으로써[⑤] 천자는 백성의 부모가 되고 천하의 임금이 될 것입니다.[⑥]

曰王極之傅言[①] 是夷是訓 于帝其順[②] 凡厥庶民 極之傅言[③] 是順是行[④] 以近天子之光[⑤] 曰天子作民父母 以爲天下王[⑥]

① 曰王極之傅言왈왕극지부언

집해 마융이 말했다. "왕이 된 자는 마땅히 임금의 법칙을 힘을 다해 시행해서 신하에게 그의 말이 베풀어지게 하는 것이다."

馬融曰 王者當盡極行之 使臣下布陳其言

② 是夷是訓 于帝其順시이시훈 우제기순

집해 마융이 말했다. "이것은 큰 중정을 지켜서 항상 행하고 이를 천하의 교훈으로 삼음으로써 하늘의 이치에 따르는 것이다."

馬融曰 是大中而常行之 用是教訓天下 於天爲順也

③ 凡厥庶民 極之傅言범궐서민 극지부언

집해 마융이 말했다. "또한 임금의 법칙을 펴는데 힘을 다하면 그 말이 위에 펼쳐질 것이다."

馬融曰 亦盡極敷陳其言於上也

④ 是順是行시순시행

집해 왕숙이 말했다. "백성이 위에 말씀을 드려서 중정을 얻으면 곧 따라서 행하는 것이다."

王肅曰 民納言於上而得中者 則順而行之

⑤ 以近天子之光이근천자지광

집해 왕숙이 말했다. "근近은 익益과 같다. 백성의 말을 따라 행하면 천자의 광채를 더하기 때문이다."

王肅曰 近猶益也 順行民言 所以益天子之光

⑥ 曰天子作民父母 以爲天下王왈천자작민부모 이위천하왕

집해 왕숙이 말했다. "정치와 교화가 중정에 힘쓰면 백성이 착하게 되고 이것이 쓰이어 백성의 부모가 되기 때문에, 천하에 돌아갈 곳이 있게 된다."

王肅曰 政敎務中 民善是用 所以爲民父母 而爲天下所歸往

삼덕三德(세 가지 덕)이란 첫째가 바르고 곧게 다스리는 것이요,① 둘째가 강한 것으로 다스리는 것이요, 셋째가 부드러운 것으로 다스리는 것입니다.② 세상이 평강平康할 때는 바르고 곧게 다스리고,③ 세상이 억세어서 따르지 않을 때는 강강剛하게 다스리고,④ 화순한 시대에는 유순하게 다스리고,⑤ 침잠한 자는 강강剛하게 다스려야 하고,⑥ 뜻이 높고 사리에 밝은 자는 부드럽게 다스려야 하는

것입니다.⑦

三德 一曰正直① 二曰剛克 三曰柔克② 平康正直③ 彊不友剛克④ 內友
柔克⑤ 沈漸剛克⑥ 高明柔克⑦

① 正直정직

집해 정현이 말했다. "중정을 따라 바르게 사는 사람이다."

鄭玄曰 中平之人

② 二曰剛克 三曰柔克이왈강극 삼왈유극

집해 정현이 말했다. "극克은 능能이다. 강한 것은 부드럽게 할 수 있고
부드러운 것은 강하게 할 수 있으니 너그럽거나 사나운 것을 서로 구제
해 잘 다스려 공을 세우는 것이다."

鄭玄曰 克 能也 剛而能柔 柔而能剛 寬猛相濟 以成治立功

③ 平康正直평강정직

집해 공안국이 말했다. "세상이 평안하면 정직한 사람을 등용해 다스
려야 한다는 것이다."

孔安國曰 世平安 用正直治之

④ 彊不友剛克강불우강극

집해 공안국이 말했다. "우友는 순順이다. 세상이 강어彊禦해서 순종
치 않으면 강剛한 것으로써 능히 다스려야 한다는 것이다."

孔安國曰 友 順也 世彊禦不順 以剛能治之

⑤ 內友柔克내우유극

집해 공안국이 말했다. "세상이 화순할 때는 부드러운 것으로써 다스려야 한다는 것이다."

孔安國曰 世和順 以柔能治之也

색은 내內는 마땅히 '섭燮'이 된다. 섭燮은 화和이다.

內 當爲燮 燮 和也

⑥ 沈漸剛克심점강극

집해 마융이 말했다. "심沈은 음陰이다. 잠潛은 복伏이다. 어두운데 엎드려 도모하는 것이다. 난신적자가 하루아침과 하룻저녁에 젖어든 것이 아니니 군주와 부모에게 거역하려는 마음이 없어야 하고, 거역하려는 마음이 있다면 주벌해야 함을 이른다."

馬融曰 沈 陰也 潛 伏也 陰伏之謀 謂賊臣亂子非一朝一夕之漸 君親無將 將而誅

색은 《상서》에는 '침잠沈潛'으로 되어 있다. 여기서 '점漸' 자라 한 것은 그 뜻이 마땅히 마융의 주석에 의거한 것이다.

尚書作沈潛 此作漸字 其義當依馬注

신주 《상서》에는 '침잠극강沈潛剛克'(침잠한 땅은 강경한 방법으로 일을 성립시킬 수 있음)으로 되어 있는데, 그 주석인 전傳에 "침잠沈潛은 땅을 이르니 비록 유순하나 또한 강함이 있어서 금석을 낼 수 있다.[沈潛 謂地 雖柔亦有剛 能出金石]"라고 설명하고 있다.

⑦ 高明柔克고명유극

집해 마융이 말했다. "고명한 군자는 또한 덕으로써 품어야 한다."

馬融曰 高明君子 亦以德懷也

신주 《상서》에서 '고명유극高明柔克(고명한 하늘은 유순한 방법으로 다스림)'으로 되어 있는데 주석인 전傳에 "고명은 하늘을 이르니 하늘은 강덕하지만 또한 유덕이 있어서 사시의 순서를 간섭하지 않으니 곧 신하는 강직함을 가지고 군주를 바로 잡아야 마땅하고, 군주 또한 유순한 마음으로 신하의 말을 받아들여야 마땅하다.[高明謂天 言天爲剛德 亦有柔克 不干四時 喩臣當執剛以正君 君亦當執柔以納臣]"라고 설명하고 있다.

오직 임금만이 복을 내리고, 오직 임금만이 위엄을 부리며, 오직 임금만이 옥식玉食을 할 수 있습니다.[1] 신하는 복을 내릴 수도, 위엄을 부릴 수도, 옥식을 누릴 수도 없습니다. 신하가 복을 내리고 위엄을 부리고 미식(옥식)을 누리게 되면 그 해害가 집안에 미치고 나라에 재난을 가져옵니다. 그래서 다스리는 자는 치우치고 비뚤어지며 백성은 제 분수를 지키지 않아 어긋나게 될 것입니다.[2]

維辟作福 維辟作威 維辟玉食[1] 臣無有作福作威玉食 臣有作福作威玉食 其害于而家 凶于而國 人用側頗辟 民用僭忒[2]

---

① 維辟作福~維辟玉食유벽작복~유벽옥식

집해 마융이 말했다. "벽辟은 군君이다. 옥식玉食은 미식美食이다. 왕[王者]이라고 하지 않은 것은 제후에 관련되었기 때문이다." 정현이 말했다. "복을 내린다는 것은 오로지 작위와 상을 내리는 것이다. 위엄을 부린다는 것은 오로지 형벌을 주는 것이다. 옥식을 누린다는 것은 진미珍味를 갖추는 것이다."

馬融曰 辟 君也 玉食 美食 不言王者 關諸侯也 鄭玄曰 作福 專爵賞也 作威 專 刑罰也 玉食 備珍美也

② 民用僭忒민용참특

집해 공안국이 말했다. "벼슬자리에 있으면서 단정하고 공평하지 못하면 아래 백성은 분수가 지나쳐져서 어긋나게 된다."

孔安國曰 在位不端平 則下民僭差

계의稽疑(의문을 점치는 일)는 거북점과 시초蓍草로 점치는 사람을 뽑아 세워서① 그들에게 점을 치도록 명하는 것입니다. 비가 내릴지 날이 갤지 날씨가 오락가락할지② 안개가 낄지③ 날씨가 안정될지를 알아내고, 정괘貞卦와 회괘悔卦를 풀어 알아내게 하는 것입니다.④ 무릇 칠七은 복卜 다섯 가지와 점占 두 괘(정貞과 회悔)를 사용하여 길흉을 정합니다.⑤ 이 사람들을 세워 거북점과 시초점을 치게 한 다음에⑥ 세 사람이 점을 쳐서 점괘가 같게 나온 두 사람의 말을 따르십시오.⑦

稽疑 擇建立卜筮人① 乃命卜筮 曰雨 曰濟 曰涕② 曰霧③ 曰克 曰貞 曰悔④ 凡七 卜五 占之用二 衍貣⑤ 立時人爲卜筮⑥ 三人占則從二人之言⑦

① 擇建立卜筮人택건립복서인

공안국이 말했다. "거북점을 복ト이라고 하고, 시초점을 서筮라고 한다. 의문이 있는 일을 조사해 바르게 하는데, 마땅히 깨달은 점쟁이를 가려 뽑아 그들을 세우는 것이다."

孔安國曰 龜曰卜 蓍曰筮 考正疑事 當選擇知卜筮人而建立之

② 涕체

《상서》에는 '歝𡇒'으로 되어 있다.

尚書作歝𡇒

涕는 '역亦'으로 발음한다. 《상서》에는 '歝𡇒'으로 되어 있다. 공안국이 말했다. "기氣가 오락가락하면서 또한 연속된 것이다." 지금 이 문장에 '체涕'로 되어 있는데, 이것은 겉울음과 속울음이 서로 연속되는 모양이다.

涕音亦 尙書作歝𡇒 孔安國云氣駱驛亦連續 今此文作涕 是涕泣亦相連之狀也

③ 霧무

서광이 말했다. "다른 판본에는 '이洟'이고 '피被'이다."

徐廣曰 一曰洟 曰被

霧는 '몽蒙'으로 발음한다. 그래서 '몽蒙'과 '무霧'는 또한 통한다. 서광이 본 판본에서는 '체涕'는 '이洟'로 되어 있고 '몽蒙'은 '피被'로 되어 있다는데, 뜻은 통하고 글자가 변한 것이다.

霧音蒙 然蒙與霧亦通 徐廣所見本涕作洟 蒙作被 義通而字變

④ 曰貞 曰悔왈정 왈회

《상서정의尙書正義》에서 "내괘內卦를 정貞, 외괘外卦를 회悔라고 한다."라고 되어 있다. 괘卦는 6효爻로 이루어지는데, 아래 3효를 내괘[貞], 위의 3효를 외괘[悔]라고 한다.

⑤ 衍貣연특

집해 정현이 말했다. "거북점은 다섯 점을 치는데 사용하며, 우雨, 제濟, 역圛, 무霧, 극克을 이른 것이다. 두 연특衍貣은 정貞과 회悔를 이른다. 장차 점쟁이를 세워 이에 먼저 조짐의 괘가 명명하는 것을 분별한다. 조짐과 괘의 이름은 총 일곱 가지이다. 거북점은 다섯 가지를 사용하고 역易은 두 가지를 사용한다. 이러한 도道를 살펴서 이에 세운다. 우雨는 조짐의 몸체이고 날씨는 비 오는 것 같은 일이다. 제濟는 비가 그쳐서 구름의 기가 위에 있는 것 같은 일이다. 역圛은 색이 눅눅했다 쨍하는 것이다. 무霧는 기가 풀리지 않고 답답하고 어두운 것이다. 극克은 햇살의 기운과 색이 서로 침범한 것과 같은 일이다. 내괘內卦를 정貞이라 하는데, 정貞은 바른 것이다. 외괘外卦를 회悔라고 하는데, 회는 회晦를 말하며 회晦는 종終과 같다. 괘의 형상이 변화가 많은 까닭에 '연특衍貣'이라고 한다."

鄭玄曰 卜五占之用 謂雨濟圛霧克也 二衍貣 謂貞悔也 將立卜筮人 乃先命名兆卦而分別之 兆卦之名凡七 龜用五 易用二 審此道者 乃立之也 雨者 兆之體氣如雨然也 濟者 如雨止之雲氣在上者也 圛者 色澤而光明也 霧者 氣不釋 欝冥冥也 克者 如祲氣之色相犯也 內卦曰貞 貞 正也 外卦曰悔 悔之言晦也 晦猶終也 卦象多變 故言 衍貣也

⑥ 立時人爲卜筮입시인위복서

집해 정현이 말했다. "이것을 세워 조짐과 괘의 이름을 분별할 수 있는 자를 점쟁이로 삼는다."

鄭玄曰 立是能分別兆卦之名者 以爲卜筮人

⑦ 三人占則從二人之言삼인점즉종이인지언

[집해] 정현이 말했다. "그 많은 쪽을 따르는 것이다. 시귀蓍龜의 도는 그 윽하고 미세하여 밝히기가 어려우므로 삼가 심사숙고해야 한다."

鄭玄曰 從其多者 蓍龜之道幽微難明 愼之深

> 당신께서 큰 의심이 생기면 당신의 마음에 묻고, 경사卿士들에게 묻고, 백성에게 묻고, 끝에 거북점과 시초점을 쳐서 물으십시오.①
> 그렇게 해서 당신께서 따르고, 거북점이 따르고, 시초점이 따르고, 경사들이 따르고, 백성이 따르면 이것을 대동大同이라 합니다.② 그러면 당신 몸은 편안하고 건강하며 자손들은 창성하게 되니 길吉한 것입니다.③
> 女則有大疑 謀及女心 謀及卿士 謀及庶人 謀及卜筮① 女則從 龜從 筮從 卿士從 庶民從 是之謂大同② 而身其康彊 而子孫其逢吉③

① 女則有大疑~謀及卜筮여즉유대의~모급복서

[집해] 공안국이 말했다. "먼저 깊이 생각한 연후에 점으로 결정한다."

孔安國曰 先盡謀慮 然後卜筮以決之

② 女則從~是之謂大同여즉종~시지위대동

[집해] 공안국이 말했다. "길한 것은 크게 함께하는 것이다."

孔安國曰 大同於吉

③ 而子孫其逢吉이자손기봉길

집해 공안국이 말했다. "행동함이 대중에게 어긋나지 않았기 때문에
후세에 길함을 만난다고 한 것이다."

孔安國曰 動不違衆 故後世遇吉也

당신께서 따르고 거북점이 따르고 시초점이 따르면 경사들이 따
르지 않고 백성이 따르지 않더라도 길한 것입니다. 경사들이 따르
고 거북점이 따르고 시초점이 따르면 당신이 따르지 않고 백성이
따르지 않더라도 길한 것입니다. 백성이 따르고 거북점이 따르고
시초점이 따르면 당신이 따르지 않고 경사들이 따르지 않더라도
길한 것입니다.[1] 당신이 따르고 거북점이 따르는데 시초점이 따
르지 않고 경사들이 따르지 않고 백성이 따르지 않는다면 안에서
하는 일은 길할 것이고 밖에서 하는 일은 흉할 것입니다.[2] 거북
점과 시초점이 다 같이 사람의 뜻과 어긋날 때는 가만히 있으면
길할 것이고, 움직이면 흉할 것입니다.[3]

女則從 龜從 筮從 卿士逆 庶民逆 吉 卿士從 龜從 筮從 女則逆 庶民逆
吉 庶民從 龜從 筮從 女則逆 卿士逆 吉[1] 女則從 龜從 筮逆 卿士逆 庶
民逆 作內吉 作外凶[2] 龜筮共違于人 用靜吉 用作凶[3]

---

① 女則從~卿士逆吉여즉종~경사역길

집해 정현이 말했다. "이 세 가지는 모두 많은 쪽을 따랐다. 그러므로 길한 것이 된다."

鄭玄曰 此三者皆從多 故爲吉

② 女則從~作外凶여즉종~작외흉

집해 정현이 말했다. "이것은 거역하는 자가 많다. 이 때문에 국경 안에서 거사하면 길하고 국경 밖에서 하면 흉하다."

鄭玄曰 此逆者多 以故擧事於境內則吉 境外則凶

③ 用靜吉用作凶용정길용작흉

집해 공안국이 말했다. "편안하게 일정함을 지키면 길하고 동요하면 흉하다." 정현이 말했다. "거북점과 시초점이 모두 사람의 생각과 서로 어긋나면 사람이 비록 나머지 셋을 따르더라도 거사하는 것은 오히려 안된다."

孔安國曰 安以守常則吉 動則凶 鄭玄曰 龜筮皆與人謀相違 人雖三從 猶不可以擧事

> 서징庶徵(여러 가지 징조)이라는 것은 비 오고 맑고 덥고 춥고 바람부는 때를 말하는 것입니다.① 다섯 가지가 와서 갖추어 각자 그 순서를 따르면 온갖 초목이 우거집니다.② 한 가지가 너무 많아도 흉해지고 한 가지가 너무 모자라도 흉해집니다.③

庶徵 曰雨 曰陽 曰奧 曰寒 曰風 曰時[①] 五者來備 各以其序 庶草繁廡[②]
一極備 凶 一極亡 凶[③]

① 曰雨~曰時왈우~왈시

집해 공안국이 말했다. "비는 사물을 촉촉하게 한다. 태양은 사물을
말린다. 따스함은 사물을 자라게 한다. 추위는 사물을 이루게 한다. 바
람은 사물을 움직이게 한다. 다섯 가지가 제때에 이르니 이것이 여러 일
의 징험이 되는 것이다."

孔安國曰 雨以潤物 陽以乾物 煖以長物 寒以成物 風以動物 五者各以時 所以
爲衆驗

② 五者來備~庶草繁廡오자래비~서초번무

집해 공안국이 말했다. "다섯 가지가 갖추어져 이르는데, 각각 순서를
따르게 되면 온갖 초목이 번성하고 풍성해진다."

孔安國曰 言五者備至 各以次序 則衆草木繁廡滋豐也

③ 一極備 凶 一極亡 凶일극비 흉 일극망 흉

집해 공안국이 말했다. "한 가지가 갖추어졌지만 너무 지나치게 심하
면 흉하고, 한 가지가 너무 없어 이르지 않아도 흉하니 그때를 잃지 않아
야 한다고 서술하여 말한 것을 이른다."

孔安國曰 一者備極過甚則凶 一者極無不至亦凶 謂其不時失敍之謂也

좋은 징조^①를 말한다면 왕이 엄숙하면 때맞춰 비가 오고,^② 잘 다스리면 때맞춰 날이 개고,^③ 지혜로우면 때맞춰 따뜻해지고,^④ 좋은 계책이 있으면 때맞춰 추위가 오고,^⑤ 능히 사리에 통달하면 때맞춰 바람이 부는 것입니다.^⑥

曰休徵^① 曰肅 時雨若^② 曰治 時暘若^③ 曰知 時奧若^④ 曰謀 時寒若^⑤ 曰聖 時風若^⑥

① 休徵휴징

[집해] 공안국이 말했다. "아름다운 행동의 효험을 서술한 것이다."

孔安國曰 敍美行之驗

② 肅 時雨若숙 시우약

[집해] 공안국이 말했다. "군주의 행동이 경건하면 제때 비가 내린다."

孔安國曰 君行敬 則時雨順之

③ 治 時暘若치 시양약

[집해] 공안국이 말했다. "군주의 정사가 다스려지면 제때 밝은 양기가 따른다."

孔安國曰 君政治 則時暘順之

④ 知 時奧若지 시오약

[집해] 공안국이 말했다. "군주가 밝게 깨우치면 제때 따뜻함이 따른다."

孔安國曰 君昭哲 則時煖順之

⑤ 謀 時寒若모 시한약

집해 공안국이 말했다. "군주가 계획에 능하면 제때 추위가 따른다."

孔安國曰 君能謀 則時寒順之

⑥ 聖 時風若성 시풍약

집해 공안국이 말했다. "군주가 능히 사리에 통달하면 제때 바람이 따른다."

孔安國曰 君能通理 則時風順之

하늘이 재앙을 내리는 징조①를 말한다면 왕이 오만하면 오래도록 비가 그치지 않고,② 도리에 어긋나면 오래도록 가뭄이 들고,③ 편안한 것만을 누리면 덥기만 하고,④ 조급하게 처리하면 춥기만 하고,⑤ 사리를 분별하지 못하면 오래도록 바람이 부는 것입니다.⑥

曰咎徵① 曰狂 常雨若② 曰僭 常暘若③ 曰舒 常奥若④ 曰急 常寒若⑤ 曰霧 常風若⑥

---

① 咎徵구징

집해 공안국이 말했다. "악행惡行의 효험을 서술한 것이다."

孔安國曰 敍惡行之驗也

② 狂 常雨若광 상우약

공안국이 말했다. "군주의 행동이 지나치면 항상 비가 따른다."

孔安國曰 君行狂妄 則常雨順之

③ 僭 常暘若참 상양약

공안국이 말했다. "군주의 행동이 도리에 어긋나면 항상 햇볕이 따른다."

孔安國曰 君行僭差 則常暘順之

④ 舒 常奧若서 상오약

공안국이 말했다. "군주와 신하가 무사태평하면 늘 더위가 따른다."

孔安國曰 君臣逸豫 則常燠順之

舒는 '의依'로 읽는다. 살펴보니 아래에 '왈급日急'이 있다.

舒 依字讀 按 下有曰急也

⑤ 急 常寒若급 상한약

공안국이 말했다. "군주의 행동이 급하면 항상 추위가 따른다."

孔安國曰 君行急 則常寒順之

⑥ 霧 常風若무 상풍약

공안국이 말했다. "군주의 행동이 가려있고 어두우면 항상 바람이 따른다."

孔安國曰 君行霧闇 則常風順之

왕은 한 해[歲]를 눈멀도록 살펴야 하고,[1] 경사卿士들은 달[月]이 나뉘어 있듯 각 분야를 나눠 살펴야 하고,[2] 하급 관리들은 날[日]이 나뉘어 있듯 각각의 분야를 나눠 살펴야 합니다.[3] 해와 달과 날이 때맞춰 운행해서 바뀌지 아니하면[4] 모든 곡식이 이로써 잘 여물듯 정치도 이로써 밝아지며[5] 뛰어난 백성도 이로써 드러나고 나라도 이로써 태평하고 편안해지는 것입니다.[6]

王眚維歲[1] 卿士維月[2] 師尹維日[3] 歲月日時毋易[4] 百穀用成 治用明[5] 畯民用章 家用平康[6]

① 王眚維歲왕생유세

집해 마융이 말했다. "왕王이란 눈이 멀도록 살펴야 하는 직분임을 말한 것이다. 세歲는 아울러 사시四時와 같다."

馬融曰 言王者所眚職 如歲兼四時也

② 卿士維月경사유월

집해 공안국이 말했다. "경사는 각각 맡은 바가 있으니 달이 나누어져 있는 것과 같다."

孔安國曰 卿士各有所掌 如月之有別

③ 師尹維日사윤유일

집해 공안국이 말했다. "많은 바른 관리가 그의 직분을 나누어 다스리니 마치 날이 세월을 지닌 것과 같다."

孔安國曰 重正官之吏分治其職 如日之有歲月也

④ 歲月日時毋易세월일시무역

<u>집해</u> 공안국이 말했다. "각각 순서가 일정한 것이다."

孔安國曰 各順常

⑤ 百穀用成 治用明백곡용성 치용명

<u>집해</u> 공안국이 말했다. "세월의 운행에 바뀜이 없으면 온갖 곡식이 익고 군주와 신하의 의리에 바뀜이 없으면 바르게 다스려 밝아진다."

孔安國曰 歲月無易 則百穀成 君臣無易 則正治明

⑥ 畯民用章 家用平康준민용장 가용평강

<u>집해</u> 공안국이 말했다. "현명한 신하를 드러내 등용하면 국가는 편안해진다."

孔安國曰 賢臣顯用 國家平寧

날과 달과 해가 때의 운행이 바뀌게 되면 온갖 곡식이 여물지 못하듯 정치도 어두워져 밝지 못할 것이며, 뛰어난 백성도 드러나지 못할 것이며 나라도 편안하지 못할 것입니다.
백성은 별과 같은 것이니① 별에는 바람을 좋아하는 것도 있고, 비를 좋아하는 것도 있습니다.② 해와 달이 운행해 겨울이 있고 여름이 있으며③ 달이 별을 따르니 바람과 비가 생기는 것입니다.④
日月歲時既易 百穀用不成 治用昏不明 畯民用微 家用不寧 庶民維星①
星有好風 星有好雨② 日月之行 有冬有夏③ 月之從星 則以風雨④

① 庶民維星서민유성

[집해] 공안국이 말했다. "성星은 백성의 상징이다. 그러므로 많은 백성
은 별과 같은 것이다."

孔安國曰 星 民象 故衆民惟若星也

② 星有好風 星有好雨성유호풍 성유호우

[집해] 마융이 말했다. "기성箕星은 바람을 좋아하고, 필성畢星은 비를
좋아한다."

馬融曰 箕星好風 畢星好雨

③ 日月之行 有冬有夏일월지행 유동유하

[집해] 공안국이 말했다. "해와 달이 운행하니 겨울과 여름이 각각 일정
한 법도가 있다."

孔安國曰 日月之行 冬夏各有常度

④ 月之從星 則以風雨월지종성 즉이풍우

[집해] 공안국이 말했다. "달이 기성箕星을 지나면 바람이 많고, 필성畢星
에서 멀어지면 비가 많다. 정치와 교화가 일정함을 잃으면 백성이 욕심
을 따르게 되니 또한 어지러워지는 까닭이다."

孔安國曰 月經于箕則多風 離于畢則多雨 政敎失常 以從民欲 亦所以亂

오복五福(다섯 가지 복)은 그 첫째가 오래 사는 것이요, 둘째가 부자가 되는 것이요, 셋째가 건강하고 편안한 것이요,① 넷째가 아름다운 덕을 닦는 것이요,② 다섯째가 천명대로 살다가 죽는 것입니다.③

육극六極(여섯 가지 화)은 그 첫째가 비명횡사나 요절夭折하는 것이요,④ 둘째가 병드는 것이요, 셋째가 근심하는 것이요, 넷째가 가난한 것이요, 다섯째가 죄를 짓는 것이요,⑤ 여섯째가 몸이 쇠약한 것입니다.⑥

五福 一曰壽 二曰富 三曰康寧① 四曰攸好德② 五曰考終命③ 六極 一曰凶短折④ 二曰疾 三曰憂 四曰貧 五曰惡⑤ 六曰弱⑥

---

① 康寧강녕

집해 정현이 말했다. "강녕은 평안한 것이다."

鄭玄曰 康寧 平安

② 攸好德유호덕

집해 공안국이 말했다. "좋아하는 바가 덕이니 복 받는 길이다."

孔安國曰 所好者德 福之道

③ 考終命고종명

집해 공안국이 말했다. "각각 그 길고 짧은 생명을 성취하고 스스로 끝마치니 비명횡사하거나 요절하지 않는 것이다."

孔安國曰 各成其短長之命以自終 不橫夭

④ 凶短折흉단절

집해 정현이 말했다. "이를 갈지 못하고 죽는 것을 흉凶이라 하고, 관례를 하지 못하고 죽는 것을 단短이라 하며, 혼인하지 못한 것을 절折이라 한다."

鄭玄曰 未齓曰凶 未冠曰短 未婚曰折

색은 이를 갈지 못했다는 것은 어린아이가 배냇니를 갈지 못한 것이다. 齓의 발음은 '친[楚恡反]'이다.

未齓 未毀齒也 音楚恡反

⑤ 惡악

집해 공안국이 말했다. "악惡은 추악하고 더러운 것이다."

孔安國曰 惡 醜陋也

⑥ 弱약

집해 정현이 말했다. "어리석고 나약하여 씩씩하고 굳세지 못한 것을 약弱이라 한다."

鄭玄曰 愚懦不壯毅曰弱.

이에 무왕은 이전에 조선朝鮮[①]에서 기자를 봉했기에 신하로 삼지 않았다.[②] 그 뒤 기자가 주나라에 조회하고 옛 은나라 터를 지나가면서 궁실은 헐어 무너져 벼와 기장이 자라는 것을 보고 감회에 젖었다. 기자는 마음이 상해 통곡하고자 했으나 그럴 수 없었고 찔끔거리며 울자니 부녀자를 닮은 것 같아.[3] 이에 맥수麥秀의 시를 지어 노래해 읊었다. 그 시에서 말했다.[4]

"보리 이삭은 점점 피고, 벼와 기장의 싹은 빛에 일렁이는구나.[5] 저 교활한 아이여, 나를 좋아하지 않았구나.[6]"

이른바 교활한 아이란 주왕紂王을 가리킨 것이다. 은나라 백성이 듣고 모두 눈물을 흘렸다.[7]

於是武王乃封箕子於朝鮮[1]而不臣也[2] 其後箕子朝周 過故殷虛 感宮室毀壞 生禾黍 箕子傷之 欲哭則不可 欲泣爲其近婦人[3] 乃作麥秀之詩 以歌詠之 其詩曰[4] 麥秀漸漸兮 禾黍油油[5] 彼狡僮兮 不與我好兮[6] 所謂狡童者 紂也 殷民聞之 皆爲流涕[7]

① 朝鮮조선

색은 '조선潮仙'이라고 발음한다. 그 땅은 강 이름을 나라 이름으로 삼았다고 했다.

潮仙二音 地因水爲名也

신주 조선수朝鮮水에서 조선이라는 나라 이름이 나왔다는 것인데 사마정의 일방적인 주장으로 출처를 알 수 없다.

② 於是武王乃封箕子於朝鮮而不臣也어시무왕내봉기자어조선이불신야

신주 이 문장은 대부분 "무왕이 이에 기자를 조선의 제후로 봉했는데 신하로 삼지 않았다."는 뜻으로 번역한다. 이 해석은 많은 의문점이 있다. 첫째, 기자가 간 곳이 무왕이 관할하는 땅이라면 무왕이 봉하고 신하로 삼지 않았을 리 없다. 기자가 간 곳이 무왕이 관할하는 땅이 아니라면

무왕이 봉할 수가 없으니 굳이 신하로 삼았던지 삼지 않았던지 아무 상관이 없다. 둘째, 문장에 있어서도 '내乃(이전에)'와 '어於(~에서)'에 주목할 필요가 있다. 이렇게 보면 "이에 무왕은 이전에 조선에서 기자를 봉했기에 신하로 여기지 않았다."로 해석된다. 셋째, 조선도 많은 거수국(제후국)을 거느린 황제국가 체제였으니 조선과 은나라의 관계에 있어서도 같은 동이족으로서 그 관계가 깊었을 것으로 추정할 수 있다. 따라서 은나라가 망하고 기자가 조선 강역으로 망명하자 조선에서 기자에게 일정 지역을 봉지를 내렸을 개연성이 충분히 있다. 고조선은 제국이었지만 기자국은 작은 나라였다는 사실에서도 이를 짐작할 수 있다.

③ 欲泣爲其近婦人욕읍위기근부인

색은 부녀자의 성품은 눈물이 많다.

婦人之性多涕泣

④ 其詩曰기시왈

신주 《사기지의》에서 말한다. "《학재점필》에서 '《상서대전》에는 「지은 이를 미자」라고 하는데, 사마천은 어디서 근거했는지 모르겠다. 어찌 《상서대전》과 충돌하여 거스르는가?'라고 한다. 《사기》〈회남형산열전〉을 고찰하면 '미자'라고 하여 《상서대전》과 똑같은데, 여기서는 잘못하여 기자라고 일컬은 것 같다. 그러나 《한서》〈오피전〉와 장안의 주석 및 《수경》기수淇水 주석에서 아울러 '기자'라고 했다. 아마 전해진 것은 이야기가 다르다고 보이는데, 어느 것이 옳은지 모르겠다."

⑤ 麥秀漸漸兮 禾黍油油맥수점점혜 화서유유

점점漸漸은 보리 까끄라기의 모양이다. 발음은 '졈[子廉反]'인데 글자의 통상 발음대로 읽는다. 유유油油는 벼와 기장의 싹에 빛이 일렁이는 모양이다.

漸漸 麥芒之狀 音子廉反 又依字讀 油油者 禾黍之苗光悅貌

⑥ 麥秀漸漸兮～不與我好兮맥수점점혜～불여아호혜

신주 《사기지의》에는 《상서대전》에 실린 시를 다음과 같다고 소개하고 있다. "보리이삭은 피고 기장과 벼는 넘실거려 빛나는구나, 저 교활한 아이여, 나의 좋은 짝이 되지 못했네.[麥秀薪兮 黍禾睍睍 彼狡僮兮 不我好九]" 아울러 그 주석에는 睍의 발음을 '영'이라고 하였다.

⑦ 殷民聞之 皆爲流涕은민문지 개위류체

집해 두예가 말했다. "양국 몽현에 기자묘가 있다."

杜預曰 梁國蒙縣有箕子冢

신주 양국 몽현은 지금의 하남성 상구시 양원구梁園區에 있다. 송나라 때 기록인 《태평환우기太平寰宇記》 권 20 〈하남도河南道〉 '송주宋州'조에는 "송성현宋城縣은 원래 7향鄕이었다. 본래 송국 몽현이었는데 송공宋公과 제후들이 몽문蒙門에서 회맹했기에 현의 이름으로 삼았다. 한나라 때는 수양군睢陽郡에 소속되었는데 수수睢水 북쪽에 있어서 이름으로 삼았고, 땅은 양국梁國에 속해 있다. 수隋나라 개황開皇 28년(서기 598)에 송성현으로 이름을 바꿨다. …… 기자묘가 현 북쪽 41리 20보步의 고몽성古蒙城 안에 있다. …… 진晉의 《복도북정기伏滔北征記》에는 '박호와 몽蒙 사이에서 성탕成湯과 이윤伊尹을 바라본다.'고 했다. 기자묘가 다 구허丘墟(예전에는 번화했지만 지금은 황폐하게 된 곳)에 있는데, 지금 몽蒙과 북박北亳은

거리가 30리이다. 송미자 묘가 현 서남쪽 20리에 있다."고 했다.

　기자묘는 지금도 하남성 상구시에 있지만 한때 현재 평양에도 있었다. 《고려사》〈예지禮志〉에 따르면 기자가 세상을 떠난 1,300여 년 후인 고려 숙종 때인 1102년에 예부에서 기자의 무덤을 찾아 사당을 세워 제사를 지내게 해달라고 요청해서 허락받지만 평양에 오지 않은 기자이니 그 무덤을 찾을 수 없었다고 한다. 그후 충숙왕 12년(1325)에 평양부에 기자사 箕子祠를 세워서 제사 지내게 했으니 기자 사후 1,500여 년 후에 평양에 기자묘가 만들어졌음을 알 수 있다. 기자묘는 조선 조에 더욱 확장되었으나 1959년 북한 당국에서 후대에 만든 가짜라는 이유로 철거했다.

　기자의 도읍지와 묘가 지금의 평양에 있었고, 위만조선의 도읍지도 평양에 있었고, 한사군의 낙랑군도 평양에 있었다는 것이 한사군 재평양설의 핵심 논리인데 평양 기자묘 자체가 14세기에 만들어진 가짜이니 한사군재평양설도 가짜임은 말할 것도 없다.

공자의 조국

무왕이 붕어한 뒤, 성왕成王이 어리므로 주공 단旦이 정사를 대신하고 국사를 맡았다. 관숙과 채숙은 이를 의심하고 무경武庚과 함께 난을 일으켜 성왕과 주공을 습격하려 했다.[①]

주공이 이에 성왕의 명을 받들어 무경武庚과 관숙을 주살하고 채숙을 추방했다.[②] 그리고 미자 계啓를 은나라의 후예로 대신하라고 명해서 그 선조들의 제사를 받들게 하는 한편, '미자지명微子之命'을 지어 반포하고 송宋에 봉국했다.[③]

미자는 오래 전부터 능히 어질고 현명하여 무경을 대신하였으므로 은나라의 남은 백성이 그를 받들고 아꼈다.

武王崩 成王少 周公旦代行政當國 管蔡疑之 乃與武庚作亂 欲襲成王周公[①] 周公旣承成王命誅武庚 殺管叔 放蔡叔[②] 乃命微子開代殷後 奉其先祀 作微子之命以申之 國于宋[③] 微子故能仁賢 乃代武庚 故殷之餘民甚戴愛之

① 欲襲成王周公욕습성왕주공

집해 서광이 말했다. "일설에는 '욕습성주欲襲成周'(성주를 습격하려 함)

라고 한다."

徐廣曰 一云欲襲成周

② 殺管叔 放蔡叔살관숙 방채숙

신주 《사기지의》에 따르면 관숙은 살해되지는 않았다고 한다.

③ 國于宋국우송

집해 《세본》에서 말한다. "송은 (후세에) 수양으로 고쳤다."

世本曰 宋更曰睢陽

신주 《사기지의》에 따르면 미자가 송宋에 봉해진 것은 무왕 때이며 성
왕 때는 무경녹보를 대신하여 상공上公으로 삼았을 뿐이라고 한다. 송나
라의 위치가 은나라 중심지에서 한참 떨어진 남쪽임을 감안하면 그 주장
이 설득력이 있다.

> 미자 개가 죽자 그의 아우 연衍을 군주로 세웠는데, 이이가 미중
> 微仲이다.①
> 미중이 죽고 아들 송공宋公 계稽②가 계승했다.
> 송공 계가 죽고 아들 정공丁公 신申이 계승했다.
> 정공 신이 죽고 아들 민공湣公 공共이 계승했다.
> 민공 공이 죽고 아우 양공煬公 희熙가 계승했다. 양공이 즉위하
> 자, 민공의 아들 부사鮒祀가 양공을 시해하고 스스로 즉위해서③
> "내가 즉위한 것이 마땅하다."라고 했다. 이이가 여공厲公이다.

여공이 죽고 아들 희공釐公(서기전 ?~831) 거擧가 계승했다.

微子開卒 立其弟衍 是爲微仲[1] 微仲卒 子宋公稽[2]立 宋公稽卒 子丁公
申立 丁公申卒 子湣公共立 湣公共卒 弟煬公熙立 煬公即位 湣公子鮒
祀弑煬公而自立[3]曰我當立 是爲厲公 厲公卒 子釐公擧立

① 微子開卒 ~ 是爲微仲미자개졸~시위미중

[집해] 《예기》에서 말한다. "미자가 그의 손자 돌腯(성할 돌)을 버리고 연
衍을 군주로 세웠다." 정현이 말했다. "미자의 적자가 죽자 그의 아우 연
衍을 군주로 세웠는데 은나라의 예법이다."

禮記曰 微子舍其孫腯而立衍也 鄭玄曰 微子適子死 立其弟衍 殷禮也

[색은] 살펴보니 《공자가어》에서 미자의 아우는 중사仲思인데 이름은
연衍이며 일명 설泄이라 한다. 미자를 계승해 송공宋公이 되었다. 비록 작
위를 옮기고 자리를 바꾸었으나 반열의 등급은 그 옛날을 넘지 못했기에
옛날의 관직으로 칭했다. 이런 까닭으로 2명의 미微가 비록 송공宋公이
되었으나 오히려 미微라 일컬었고, 계稽에 이르러서야 송공宋公이라 일컬
었다.

按 家語微子弟仲思名衍 一名泄 嗣微子爲宋公 雖遷爵易位 而班級不過其故
故以舊官爲稱 故二微雖爲宋公 猶稱微 至于稽乃稱宋公也

[신주] 《사기지의》에서는 미중을 미자의 아들로 본다.

② 稽계

[색은] 초주가 말했다. "시호를 내리지 않았기에 이름으로 했다."

譙周云 未謚 故名之

③ 鮒祀弒煬公而自立부사시양공이자립

집해 서광이 말했다. "부鮒는 다른 판본에는 '방鲂'으로 되어 있다."

徐廣曰 鮒 一作鲂

색은 서광은 다른 판본에는 '방鲂'으로 되어 있다고 했고, 초주는 또한 '방사鲂祀'로 되어 있다고 했다. 《좌전》에 근거하면 (부사는) 곧 민공湣公의 서자庶子이다. 양공煬公을 시해하고 태자 불보하弗父何를 세우고자 했는데 불보하가 사양하고 받지 않았다고 한다.

徐云一本作鲂 譙周亦作鲂祀 據左氏 即湣公庶子也 弒煬公 欲立太子弗父何 何讓不受

신주 여기 나오는 양공의 아들 불보하가 바로 공자孔子의 10대조이다.

희공釐公 17년, 주나라 여왕厲王이 체彘 땅으로 달아났다.

28년, 희공이 죽고 아들 혜공惠公(서기전 830~801) 간覵[1]이 계승했다.

혜공 4년, 주나라 선왕宣王이 즉위했다.

30년, 혜공이 죽고 아들 애공哀公(서기전 800)이 계승했다.

원년에 애공이 죽고 아들 대공戴公(서기전 799~766)이 계승했다.

釐公十七年 周厲王出奔彘 二十八年 釐公卒 子惠公覵立[1] 惠公四年 周宣王即位 三十年 惠公卒 子哀公立 哀公元年卒 子戴公立

---

① 子惠公覵立자혜공간립

집해 여침이 말한다. "覵의 발음은 '견[古莧反]'이다."

呂忱曰 覵音古莧反

대공 29년, 주나라 유왕幽王이 견융犬戎에게 죽임을 당했다. 진秦나라가 처음으로 제후의 반열에 올랐다.

34년, 대공이 죽고 아들 무공武公(서기전 765~748) 사공司空이 계승했다.①

무공이 딸을 낳았는데 노나라 혜공惠公의 부인이 되어 노나라 환공桓公을 낳았다.②

18년, 무공이 죽고 아들 선공宣公(서기전 747~729) 역力이 계승했다. 선공에게는 태자 여이與夷가 있었다.

19년, 선공이 병이 들어 그의 아우 화和에게 군주의 자리를 양위하면서 말했다.

"아버지가 죽으면 자식이 잇고, 형이 죽으면 아우에게 미치는 것은 천하에 통용되는 의義이다. 나는 화和를 군주로 세울 것이다."

화和는 또한 세 번을 사양하고 받았다. 선공宣公이 죽고 아우 화和가 즉위하니 이이가 목공穆公(서기전 728~720)이다.

戴公二十九年 周幽王爲犬戎所殺 秦始列爲諸侯 三十四年 戴公卒 子武公司空立① 武公生女爲魯惠公夫人 生魯桓公② 十八年 武公卒 子宣公力立 宣公有太子與夷 十九年 宣公病 讓其弟和 曰 父死子繼 兄死弟及 天下通義也 我其立和 和亦三讓而受之 宣公卒 弟和立 是爲穆公

① 武公司空立무공사공립

신주 무공 시대에 적족翟族이 송나라를 공격했는데 송나라가 방어한다. 적족은 당시 회수와 사수泗水 일대인 노나라와 송나라 사이에 존재하던 큰 세력이었다. 이들은 이후 두 나라에 밀려 북쪽으로 밀려가서 서기전 660년에 위衛나라를 쳐서 점령한다. 〈노주공세가〉에서 자세히 기록하였다.

② 女爲魯惠公夫人 生魯桓公여위노혜공부인 생노환공

신주 노나라 환공 이름은 윤允인데 은공隱公을 시해하고 즉위한다. 〈십이제후연표〉와 〈노주공세가〉에 무공의 딸은 태어나서 손바닥에 '위노부인爲魯夫人'(노나라 부인이 됨)이라는 무늬가 있었다고 한다. 〈노주공세가〉에서 자세히 기록하였다.

목공 9년, 목공이 병이 들자 대사마大司馬 공보孔父를 불러 일러 말했다.

"선군先君인 선공宣公께서 태자 여이與夷를 놔두고 나를 군주로 세웠으니 나는 감히 잊지 못하오. 내가 죽거든 반드시 여이를 군주로 세우시오."

공보가 말했다.

"여러 신하가 모두 공자 풍馮을 군주로 세우기를 원합니다."

목공이 말했다.

"풍馮을 군주로 세우지 마시오. 나는 선공宣公을 저버릴 수 없소."

이에 목공은 풍馮을 내보내 정鄭나라에 살게 했다.

8월 경진일에 목공이 죽고 형 선공宣公의 아들 여이與夷가 계승했으니 이이가 상공殤公(서기전 719~710)이다. 군자가 듣고 말했다.

"송나라의 선공宣公은 사람을 안다고 일컬을 만하다. 그의 아우를 세워 의義를 이룩했고, 끝내 그의 아들이 다시 이를 누렸다."

穆公九年 病 召大司馬孔父謂曰 先君宣公舍太子與夷而立我 我不敢忘 我死 必立與夷也 孔父曰 群臣皆願立公子馮 穆公曰 毋立馮 吾不可以負宣公 於是穆公使馮出居于鄭 八月庚辰 穆公卒 兄宣公子與夷立 是爲殤公 君子聞之 曰 宋宣公可謂知人矣 立其弟以成義 然卒其子復享之

상공殤公 원년, 위衛나라 공자 주우州吁가 그의 군주 완完을 시해하고 스스로 즉위하여 제후의 지위를 얻고자 송나라에 사신을 보내 알렸다.

"풍馮이 정鄭나라에 있어 반드시 난을 만들 것이니 나와 함께 공격함이 좋을 것이오."

송나라에서 허락하고 함께 정나라를 공격해 동문에 이르렀다가 돌아왔다.

2년, 정나라에서 송나라를 공격해 동문의 싸움을 보복했다. 그 뒤 제후들이 자주 와서 침벌했다.

殤公元年 衛公子州吁弑其君完自立 欲得諸侯 使告於宋曰 馮在鄭 必爲亂 可與我伐之 宋許之 與伐鄭 至東門而還 二年 鄭伐宋 以報東門之役 其後諸侯數來侵伐

9년, 대사마 공보가孔父嘉(공자孔子의 6대조)의 아내는 아름다웠는데, 밖에 나갔다가 길에서 태재太宰 화독華督[1]을 만났다. 화독은 기뻐서 눈여겨보며 관찰했다.[2] 화독은 공보의 아내를 탐냈으며, 이에 사람들을 시켜 나라 안에 선언宣言해서 말하게 했다.

"상공殤公은 즉위한 지 10년째인데 11번을 싸워서[3] 백성이 고통을 감당할 수 없으니 이는 모두 공보孔父가 만든 탓이다. 나는 장차 공보를 죽여서 백성을 편안하게 하리라."

이해(실제 상공 8년)에 노나라에서는 그의 군주 은공隱公이 시해되었다.[4]

10년, 화독은 공보를 공격해 살해하고 그의 아내를 차지했다. 상공이 노여워하자 마침내 상공을 시해하고 목공의 아들 풍馮을 정나라에서 맞이해 군주로 세웠는데 이이가 장공莊公(서기전 709~692)이다.

九年 大司馬孔父嘉妻好 出 道遇太宰華督[1] 督說 目而觀之[2] 督利孔父妻 乃使人宣言國中曰 殤公即位十年耳 而十一戰[3] 民苦不堪 皆孔父爲之 我且殺孔父以寧民 是歲 魯弑其君隱公[4] 十年 華督攻殺孔父 取其妻 殤公怒 遂弑殤公 而迎穆公子馮於鄭而立之 是爲莊公

① 華督화독

집해 복건이 말했다. "대공戴公의 손자이다."

服虔曰 戴公之孫

② 目而觀之목이관지

집해 복건이 말했다. "목目은 지극히 정밀하게 살피면서 눈을 돌리지 않는 것이다."

服虔曰 目者 極視精不轉也

③ 十一戰십일전

집해 가규가 말했다. "첫 번째 전쟁은 정나라를 침략하고 그 동문을 포위했다. 두 번째 전쟁은 그들의 벼를 빼앗았다. 세 번째 전쟁은 주邾나라의 전답을 빼앗았다. 네 번째 전쟁은 주邾나라와 정鄭나라가 송나라를 침략하여 그 외성[郛]으로 쳐들어왔다. 다섯 번째 전쟁은 정나라를 침략하고 장갈長葛을 포위했다. 여섯 번째 전쟁은 정나라에서 왕명王命으로 송宋나라를 침략했다. 일곱 번째 전쟁은 노나라가 송나라 군대를 관菅에서 무찔렀다. 여덟 번째 전쟁은 송나라와 위나라가 정나라로 쳐들어갔다. 아홉 번째 전쟁은 대戴나라를 침략했다. 열 번째 전쟁은 정나라에서 송나라로 쳐들어갔다. 열한 번째 전쟁은 정나라 백작이 괵虢나라의 군대로 송나라를 크게 무찔렀다."

賈逵曰 一戰 伐鄭 圍其東門 二戰 取其禾 三戰 取邾田 四戰 邾鄭伐宋 入其郛 五戰 伐鄭 圍長葛 六戰 鄭以王命伐宋 七戰 魯敗宋師于菅 八戰 宋衛入鄭 九戰 伐戴 十戰 鄭入宋 十一戰 鄭伯以虢師大敗宋

④ 是歲 魯弑其君隱公시세 노시기군은공

신주 노나라 은공이 시해된 것은 전년이다.

장공莊公 원년, 화독華督이 재상宰相이 되었다.

9년, 정나라 제중祭仲을 체포하고, 돌突을 세워 정나라 군주로 삼을 것을 요구했다. 제중이 허락하고, 마침내 돌을 군주로 세웠다.

19년,[①] 장공이 죽고 아들 민공湣公(서기전 691~682) 첩捷이 계승했다. 민공 7년, 제나라 환공桓公이 즉위했다.

9년, 송나라에 수재水災가 나자 노나라에서 장문중臧文仲을 보내어 가서 수재를 위문케 했다.[②] 민공이 자신의 죄라면서 말했다.

"과인이 능히 귀신을 섬기지 못하고 정사가 닦여지지 못했으므로 수재를 당했소."

장문중이 이 말을 좋게 여겼다. 이 말은 공자 자어子魚가 민공에게 가르쳐 준 것이다.

莊公元年 華督爲相 九年 執鄭之祭仲 要以立突爲鄭君 祭仲許 竟立突 十九年[①] 莊公卒 子湣公捷立 湣公七年 齊桓公即位 九年 宋水 魯使臧文仲往弔水[②] 湣公自罪曰 寡人以不能事鬼神 政不脩 故水 臧文仲善此言 此言乃公子子魚敎湣公也

① 十九年십구년

신주 19년이 아니라, 18년이 되어야 앞뒤로 전체 연도가 맞다. 〈십이제후연표〉에도 사마천이 상공 말년과 장공 원년을 같은 해로 겹쳐 기록하였는데, 여기서도 18년을 19년으로 잘못 기록했다. 하지만 앞서 정나라 여공 돌突을 세운 것은 장공 9년이라고 정확히 기록하고 있다. 《춘추》 역시 노 장공 2년에 송나라 군주 풍馮이 죽었다고 했으니, 그의 재위는 18년이다.

② 弔水조수

집해 가규가 말했다. "흉凶한 것을 위문하는 것을 조弔라 한다."

賈逵曰 問凶曰弔

10년 여름, 송나라에서 노나라를 침략해 승구乘丘①에서 싸웠다. 노나라에서 송나라의 남궁만南宮萬②을 사로잡았다. 송나라 사람이 남궁만을 요구해 남궁만은 송나라로 돌아왔다.

11년 가을,③ 민공이 남궁만과 함께 사냥을 하고 나서 육박六博 놀이를 하며 승부를 다투었는데, 민공이 화가 나서 욕을 하며 말했다.

"처음에 나는 너를 공경했지만 지금 너는 노나라의 포로이다."

남궁만은 힘이 장사였는데, 이 말을 아프게 여기고 마침내 육박판으로 민공을 몽택蒙澤④에서 살해했다.

十年夏 宋伐魯 戰於乘丘① 魯生虜宋南宮萬② 宋人請萬 萬歸宋 十一年秋③ 湣公與南宮萬獵 因博爭行 湣公怒 辱之 曰 始吾敬若 今若 魯虜也 萬有力 病此言 遂以局殺湣公于蒙澤④

---

① 乘丘승구

집해 서광이 말했다. "승乘은 다른 판본에는 '잉縢'으로 되어 있다." 살펴보니 두예는 승구乘丘를 노나라 땅이라 했다.

徐廣曰 乘 一作縢 駰案 杜預曰乘丘 魯地

신주 송나라가 노나라를 침범했다가 승구에서 패한 것은 민공 8년이며, 노장공 10년의 일이다. 그 뒤 민공 9년에 송나라 수재를 위문했다. 그래서 그때 민공이 패전의 책임을 느껴 자기의 죄라고 한 것이다. 이는 《좌전》에 나오고 《사기지의》의 저자 양옥승도 그렇게 고증하고 있다.

② 南宮萬남궁만

집해 가규가 말했다. "남궁은 씨氏이고, 만萬은 이름이다. 송나라 경卿이다."

賈逵曰 南宮 氏 萬 名 宋卿

신주 민공 8년 승구 전투에서 남궁만이 노나라에 사로잡혔다. 송나라에서 그를 돌려달라고 요구한 것은 민공 9년에 노나라에서 송나라 수재를 위로한 다음이다.

③ 十一年秋십일년추

신주 10년 가을이 맞다. 이때는 노장공 12년(서기전 682)이다. 《춘추》와 《좌전》에서 그 기록이 보이고 아울러 〈십이제후연표〉에서도 민공 말년은 10년이라고 기록했다.

④ 蒙澤몽택

집해 가규가 말했다. "몽택은 송나라 연못 이름이다." 두예가 말했다. "송나라 땅이고 양국 몽현에 있다."

賈逵曰 蒙澤 宋澤名也 杜預曰 宋地 梁國有蒙縣

대부 구목仇牧이 이 말을 듣고서 병기를 들고 공문公門에 이르렀다. 남궁만이 구목을 때리자, 구목은 이가 문짝①에 부딪혀 죽었다. 이를 기회로 태재 화독을 살해하고, 곧 공자 유游로 바꾸어 군주로 세웠다. 여러 공자가 소蕭 땅으로 달아났고, 공자 어설禦說은 박亳 땅으로 달아났다.② 남궁만의 아우 남궁우南宮牛가 병사들을 거느리고 박을 포위했다.

大夫仇牧聞之 以兵造公門 萬搏牧 牧齒著門闔①死 因殺太宰華督 乃更立公子游爲君 諸公子奔蕭 公子禦說奔亳② 萬弟南宮牛將兵圍亳

① 闔합

집해 하휴가 말했다. "합闔은 문짝이다."

何休曰 闔 門扇

② 奔蕭 公子禦說奔亳분소 공자어설분박

집해 복건이 말했다. "소蕭와 박亳은 송나라 읍이다." 두예가 말했다. "지금 패국沛國에 소현이 있고 몽현의 서북쪽에 박성亳城이 있다."

服虔曰 蕭 亳 宋邑也 杜預曰 今沛國有蕭縣 蒙縣西北有亳城也

겨울에 송나라의 여러 공자가 소蕭 땅에 이르러 함께 남궁우를 쳐서 살해하고 송나라의 새 군주 공자 유游도 시해하고는 민공의 아우 어설禦說을 군주로 세우니 이이가 환공桓公(서기전 681~651)이다.

송나라의 남궁만은 진陳나라로 달아났다. 송나라 사람들이 진陳나라에 뇌물을 주고 남궁만을 요구했다. 진나라 사람이 부인을 시켜 순주醇酒(진하고 독한 술)①를 마시게 하도록 하고 가죽 자루②에 넣어서 송나라로 돌려보냈다. 송나라 사람들이 남궁만을 젓으로 담갔다.③

冬 蕭及宋之諸公子共擊殺南宮牛 弑宋新君游而立湣公弟禦說 是爲桓公 宋萬奔陳 宋人請以賂陳 陳人使婦人飮之醇酒① 以革裹②之 歸宋 宋人醢③萬也

① 醇酒순주

집해 복건이 말했다. "송나라 남궁만은 힘이 세어 용맹으로는 체포할 수 없었으므로 먼저 부인을 시켜 유인한 다음 술을 마시게 하고, 취하자 결박했다."

服虔曰 宋萬多力 勇不可執 故先使婦人誘而飮之酒 醉而縛之

② 革裹혁과

집해 《좌전》에서 말한다. "물소 가죽으로 만든 자루이다."

左傳曰 以犀革裹之

③ 醢해

집해 복건이 말했다. "해醢는 고기로 만든 장醬이다."

服虔曰 醢 肉醬

제
四
장

송양지인

환공 2년, 제후들이 송나라를 침략하여 교외에 이르렀다가 떠나
갔다.[①]

3년, 제나라 환공이 처음으로 패자가 되었다.

23년, 위衛나라 공자 훼毀를 제나라에서 맞이해 군주로 세웠는데
이이가 위衛나라 문공文公이다. 문공의 여동생은 환공桓公의 부인
이었다. 진秦나라 목공穆公이 즉위했다.

30년, 환공이 병이 들자, 태자 자보玆甫는 그의 서형庶兄 목이目夷
에게 후계 자리를 양보했다. 환공은 태자의 뜻을 의롭게 여겼지만
끝내 들어주지 않았다.

31년 봄, 환공이 죽고 태자 자보가 계승했는데 이이가 양공襄公(서
기전 650~637)이다. 그의 서형 목이를 재상으로 삼았다. 아직 장례
를 치르지 못했는데도 제나라 환공이 규구葵丘에서 제후들을 회
합하게 하자 양공이 가서 회맹에 참석했다.

桓公二年 諸侯伐宋 至郊而去[①] 三年 齊桓公始霸 二十三年 迎衛公子
燬於齊 立之 是爲衛文公 文公女弟爲桓公夫人 秦穆公即位 三十年 桓
公病 太子玆甫讓其庶兄目夷爲嗣 桓公義太子意 竟不聽 三十一年春

> 桓公卒 太子茲甫立 是爲襄公 以其庶兄目夷爲相 未葬 而齊桓公會諸
> 侯于葵丘 襄公往會

① 諸侯伐宋 至郊而去제후벌송 지교이거

신주 이때는 노장공 14년이다. 《좌전》에서 "노환공 원년에 제환공이 송나라와 제나라 북행北杏(산동성 동아현東阿縣)에서 회맹했는데 송나라 환공이 회맹을 배신하자 주周, 진陳 그리고 조曹나라와 함께 송나라를 정벌했다."라고 기록하고 있다.

> 양공 7년, 송나라 땅에 별들이 비 오듯 떨어지며 비와 함께 내렸다.① 6마리의 거위가 뒤로 밀려 날아갔고② 바람이 세차게 불었다.③
> 襄公七年 宋地賈星如雨 與雨偕下① 六鶂退蜚② 風疾也③

① 宋地賈星如雨 與雨偕下송지운성여우 여우해하

집해 《좌전》에서 말한다. "운석이 송나라에 5개가 떨어졌는데 운성隕星(별똥별)이었다."
左傳曰 隕石于宋五 隕星也

색은 살펴보니 《좌전》 노희공 16년(서기전 644) 조에서 "운석이 송나라에 5개가 떨어졌는데, 운성賈星이었다. 6마리의 역새(거위)가 뒤로 밀려 날아서 송나라의 도읍을 지나갔다."고 한다. 이것은 송 양공의 시대에 해당한다.

이때 내사 숙흥叔興이 방문했는데, 양공이 "길과 흉이 어떤 게 있겠습니까?"라고 물었다. 숙흥이 "군주께서 장차 제후를 얻지만 오래가지 못할 것입니다."라고 대답했다.

그러나 《좌전》 장공 7년(서기전 687) 조에서 또 이르기를 "항성恒星이 나타나지 않았고 한밤중에 별이 비 오듯이 떨어졌는데, 비와 함께였다."라고 했다. 그런데 비와 함께 떨어진 것은 다른 해부터 있었지 운석이 떨어지고 역새가 뒤로 밀린 일과 같은 해가 아니다. 이 《사기》에서 운석을 운성隕星으로 여겨서 마침내 연달아 항성恒星이 나타나지 않았던 때에 비와 함께 내렸다는 문장을 만들었는데 《좌전》과 약간의 차이가 있다.

按 僖十六年左傳霣石于宋五 霣星也 六鶂退飛 過宋都 是當宋襄公之時 訪內史叔興曰吉凶焉在 對曰君將得諸侯而不終也 然莊七年傳又云恆星不見 夜中星霣如雨 與雨偕也 且與雨偕下 自在別年 不與霣石退鶂之事同 此史以霣石爲霣星 遂連恆星不見之時與雨偕爲文 故與左傳小不同也

신주 《좌전》 장공 7년의 기록은 송나라의 기록이 아니라 노나라에서 있었던 일을 기록한 것이다. 송나라와 노나라가 붙어 있으므로 그럴 가능성이 있다고 하지만 《사기》의 기록은 의문점이 적지 않다.

② 六鶂退蜚육역퇴비

집해 《공양전》에서 말한다. "눈에 보이는 것은 6마리였고 살필 수 있는 것은 역鶂이었으며 서서히 살펴보니 뒤로 나는 것이었다."

公羊傳曰 視之則六 察之則鶂 徐察之則退飛

③ 風疾也풍질야

집해 가규가 말했다. "바람이 멀리에서 일어나 송나라 도읍의 높은 곳에 이르러 세졌다. 그러므로 역새가 바람을 만나 뒤로 물러간 것이다."

賈逵曰 風起於遠 至宋都高而疾 故鶂逢風卻退

8년, 제나라 환공이 죽었다. 송나라에서 회맹을 하고자 했다.

12년 봄, 송양공이 녹상鹿上의 맹약을 위해① 초나라에 제후들을 (모이도록) 요구했는데 초나라 사람이 허락했다. 공자 목이가 간언했다.

"작은 나라가 다투어 회맹을 하자는 것은 재앙입니다."

양공은 듣지 않았다. 가을에 제후들이 송양공과 모여서 우盂②에서 맹약했다. 목이가 말했다.

"재앙은 여기에 있을 것입니다. 군주께서는 너무 심하신데 어찌 감당하시겠습니까?"

이에 초나라에서 송양공을 체포하고 송나라를 침략했다. 겨울에 박亳에서 모여 송양공을 석방했다. 자어子魚가 말했다.

"재앙은 아직 끝나지 않았습니다."

八年 齊桓公卒 宋欲爲盟會 十二年春 宋襄公爲鹿上之盟① 以求諸侯於楚 楚人許之 公子目夷諫曰 小國爭盟 禍也 不聽 秋 諸侯會宋公盟于盂② 目夷曰 禍其在此乎 君欲已甚 何以堪之 於是楚執宋襄公以伐宋冬 會于亳 以釋宋公 子魚曰 禍猶未也

---

① 宋襄公爲鹿上之盟송양공위록상지맹

집해 두예가 말했다. "녹상鹿上은 송나라 땅이다. 여음군 원록현에 있다."

杜預曰 鹿上 宋地 汝陰有原鹿縣

[색은] 살펴보니 여음군 원록현의 그 땅은 초나라에 있었다. 희공僖公 21년에 "송나라 사람, 초나라 사람, 제나라 사람이 녹상鹿上에서 동맹을 맺었다."고 한 것이 이것이다. 그러나 양공이 처음 초나라에 제후들을 요구해 초나라가 겨우 허락했는데, 헤아려보면 여음의 녹상에 이른 것은 합당하지 않다. 지금 제음군 승지현 북쪽에 녹성鹿城이 있는데 아마 이 땅일 것이다.

按 汝陰原鹿其地在楚 僖二十一年宋人楚人齊人盟於鹿上是也 然襄公始求諸侯於楚 楚纔許之 計未合至女陰鹿上 今濟陰乘氏縣北有鹿城 蓋此地也

[신주] 여음군은 삼국시대가 끝나고 서진西晉 시기에 생긴 군이며, 춘추시대에는 송나라 접경에 가까운 초나라 지역이었다. 회수 중류 북쪽에 닿아 있는 현이다. 담기양의 《중국역사지도집》에도 회수 중류 북쪽에 표기되어 있다.

② 盂우

[집해] 두예가 말했다. "우盂는 송나라 땅이다."

杜預曰 盂 宋地

13년 여름, 송나라에서 정나라를 침략했다. 자어가 말했다.
"재앙이 이곳에 있습니다."
가을에 초나라에서 송나라를 침략해 정나라를 구원했다. 양공이 장차 싸우려는데 자어가 간언해 말했다.

"하늘이 상商나라를 버린 지 오래 되었습니다.[1] 불가합니다."

겨울 11월, 양공이 초나라 성왕成王과 홍泓에서 싸웠다.[2] 초나라 사람들이 강을 건너지 않았을 때 목이가 말했다.

"저들은 수가 많고 우리는 적으니 그들이 건너기 전에 쳐야 합니다."

양공이 듣지 않았다. 이미 강을 건넜지만 진영을 펼치기 전에 또 말했다.

"칠 수 있습니다."

양공이 말했다.

"그들이 진영을 펼칠 때까지 기다려야 하오."

진영이 완성되자 송나라 사람들이 쳤다. 송나라 군대가 크게 무너지고 양공은 허벅지에 상처를 입었다. 나라 사람들이 모두 양공을 원망했다. 양공이 말했다.

"군자는 막다른 곳에서 남을 곤란하게 하지 않고 진을 갖추지 않으면 북을 울리지 않소.[3]"

자어가 말했다.

"군대는 승리하는 것을 공으로 삼는데 어찌 도리를 말씀하십니까![4] 반드시 공의 말씀과 같다면 노예가 되어 남을 섬길 따름이지 또 무엇 때문에 전쟁을 합니까?"

十三年夏 宋伐鄭 子魚曰 禍在此矣 秋 楚伐宋以救鄭 襄公將戰 子魚諫 曰 天之棄商久矣[1] 不可 冬 十一月 襄公與楚成王戰于泓[2] 楚人未濟 目 夷曰 彼衆我寡 及其未濟擊之 公不聽 已濟未陳 又曰 可擊 公曰 待其 已陳 陳成 宋人擊之 宋師大敗 襄公傷股 國人皆怨公 公曰 君子不困人

於阸 不鼓不成列③ 子魚曰 兵以勝爲功 何常言與④ 必如公言 即奴事之
耳 又何戰爲

① 天之棄商久矣천지기상구의

신주 송나라는 상商의 후예이다. 양공의 욕심은 그 상나라를 중원의
제왕국가로 일으키려는 것이었다. 그러나 자어가 불가하다고 간쟁해서
실행하지 못했다.

② 戰于泓전우홍

집해 《곡량전》에서 말한다. "홍수泓水의 주변에서 싸웠다."

穀梁傳曰 戰于泓水之上

③ 不鼓不成列불고불성렬

집해 하휴가 말했다. "군법軍法에 북을 치면 싸우고 징을 치면 중지하
고 북을 치지 않으면 싸우지 않는다. 불성렬不成列은 진지를 이룩하지 않
은 것이다."

何休曰 軍法 以鼓戰 以金止 不鼓不戰也 不成列 未成陳

신주 이것이 유명한 고사성어 '송양지인宋襄之仁'이 탄생한 사건이다. 나
의 처지를 헤아리지 않고 남을 먼저 돌보는 어리석은 행위의 대명사로 꼽
히지만, 사마천은 예를 잃은 세상에 예를 갖춘 것이라고 높게 평가했다.

④ 何常言與하상언여

집해 서광이 말했다. "일설에는 '도리어 무슨 말씀입니까?'라고 한다."

徐廣曰 一云尚何言與

> 초나라 성왕成王이 정나라 구원을 마치자 정나라에서 그를 대접
> 했다. 그가 떠나면서 정나라 두 첩을 차지하여 돌아갔다.[①] 숙첨
> 叔瞻이 말했다.
> "성왕이 무례하니[②] 그는 몰락하지 않겠는가? 예에서 끝내 분별이
> 없으니 그가 마침내 패자霸者가 되지 못한다는 것을 알 수 있구나."
> 이해, 진晉나라 공자 중이重耳가 송나라를 지나갔는데, 양공은 초
> 나라에 마음이 상해서 진晉나라 원조를 얻고자 했다. 이에 중이
> 를 후하게 예우하고 말 20승乘[③]을 주었다.
> 楚成王已救鄭 鄭享之 去而取鄭二姬以歸[①] 叔瞻曰 成王無禮[②] 其不沒
> 乎 爲禮卒於無別 有以知其不遂霸也 是年 晉公子重耳過宋 襄公以傷
> 於楚 欲得晉援 厚禮重耳以馬二十乘[③]

① 取鄭二姬以歸취정이희이귀

[색은] 정나라 부인夫人은 미씨羋氏(초나라 사람)와 강씨姜氏(제나라 사람)의
딸을 일컫는다. 이미 정나라 여인이 되었으므로 '이희二姬'라고 했다.
謂鄭夫人羋氏姜氏之女 旣是鄭女 故云二姬

② 無禮무례

[정의] 정나라 두 여자를 차지한 것을 일컫는다.
謂取鄭二姬也

③ 二十乘이십승

집해 복건이 말했다. "80필이다."

服虔曰 八十匹

양공 14년 여름, 양공이 홍泓에서 입은 상처가 도져 끝내 죽었다.^① 아들 성공成公(서기전 636~620) 왕신王臣이 계승했다.

성공 원년, 진晉나라 문공이 즉위했다.

3년, 초나라와의 맹약을 배신하고 진晉나라와 친밀하게 지냈는데, 진나라 문공에게 덕을 베푼 것이 있어서이다.

4년, 초나라 성왕이 송나라를 침략하자, 송나라에서 급하게 진晉나라에 알렸다.

5년, 진나라 문공이 송나라를 구원하자, 초나라 병사들이 물러갔다.

9년, 진문공晉文公이 죽었다.

11년, 초나라 태자 상신商臣이 그의 아버지 성왕을 시해하고 대신 즉위했다.

16년, 진목공秦穆公이 죽었다.

十四年夏 襄公病傷於泓而竟卒^① 子成公王臣立 成公元年 晉文公即位 三年 倍楚盟親晉 以有德於文公也 四年 楚成王伐宋 宋告急於晉 五年 晉文公救宋 楚兵去 九年 晉文公卒 十一年 楚太子商臣弑其父成王代 立 十六年 秦穆公卒

① 襄公病傷於泓而竟卒양공병상어홍이경졸

[색은] 살펴보니《춘추》에는 홍泓에서 싸운 일은 희공僖公 23년에 있었고, 중이重耳가 송나라를 지나가고 양공이 죽은 일은 24년에 있었다. 지금 이 문장은 중이가 지나가고 양공이 홍泓에서 상처를 입은 것이 같은 해라는 뜻에서 '시년是年'이라 했다. 또 중이가 지나가고 송양공이 죽은 것이 이 한 해에 같이 있었던 일이라면 다시 '14년'이라고 이르는 것이 합당하지 않다. 이것은 진퇴進退가 모두《좌전》과 부합하지 않는데, 대개 태사공이 소홀했을 따름이다.

按 春秋戰于泓在僖二十三年 重耳過宋及襄公卒在二十四年 今此文以重耳過與傷泓共歲 故云是年 又重耳過與宋襄公卒共是一歲 則不合更云十四年 是進退俱不合於左氏 蓋太史公之疏耳

[신주]《춘추》기록에 따르면 양공이 초나라와 홍 땅에서 싸운 일은 희공 22년 11월이며 죽은 것은 희공 23년 여름 5월이다.〈진세가〉에도 중이가 송나라를 지나갈 때 송양공이 부상당한 것으로 기록되어 있다. 이 기록 또한 희공 23년이라고 했지만 이는 총괄적인 기록으로 그가 언제 송나라를 지나갔는지는 확실하지 않다. 희공 22년(송양공 13년) 말에 지나갔을 수도 있기 때문이다.

사마천은《사기》를 편찬할 때 각 경서를 비롯해《춘추》와 같은 고전을 그대로 인용하면서도 그 내용과 부합하지 않거나 정확한 기록이 없음에도 그 정황을 기록한 대목이 자주 발견된다. 이에 관해《사기》의 연구자들은 그의 실수이거나 심사숙고하지 않은 결과로 받아들이지만, 오히려 당시의 정황을 종합적으로 판단하고 이를 바로잡은 결과로 느껴진다. 이곳에서도 희공 22년, 양공 13년에 있었던 일로 기록한 것은《춘추》,《좌전》 등의 기록을 놓고 판단했을 때 양공이 부상당한 해에 방점이 있다고 판단한 것이다. 이점을 색은 의 저자 사마정이 간과하고 주석한 것으로 사료된다.

17년, 성공이 죽었다.[①] 성공의 아우 어禦가 태자와 대사마 공손고公孫固[②]를 살해하고 스스로 즉위해 군주가 되었다. 송나라 사람들이 함께 군주 어禦를 죽이고 성공의 막내아들 저구杵臼[③]를 군주로 세웠는데, 이이가 소공昭公(서기전 619~611)이다.

소공 4년, 송나라가 장적長翟의 연사緣斯를 장구長丘에서 물리쳤다.[④]

7년, 초장왕이 즉위했다.

十七年 成公卒[①] 成公弟禦殺太子及大司馬公孫固[②]而自立爲君 宋人共殺君禦而立成公少子杵臼[③] 是爲昭公 昭公四年 宋敗長翟緣斯於長丘[④] 七年 楚莊王即位

---

① 成公卒성공졸

정의 〈십이제후연표〉에서 공손고公孫固가 성공成公을 죽였다고 했다.

年表云公孫固殺成公

신주 《좌전》에는 성공의 뒤를 이은 소공 저구杵臼가 무도無道하여 다른 공자들을 제거하려 했다. 그 과정에서 공실 일족이 공손고公孫固와 공손정公孫鄭 등을 죽였다고 했다. 한편 《사기지의》에 따르면 성공과 그 아우 어禦는 할아버지가 환공桓公인데, 환공의 이름이 어설禦說이라는 것에 대해 손자가 할아버지의 이름과 같다는 것은 온당하지 않다고 지적

하고 있다. 《춘추》와 《좌전》은 성공의 아우에 대한 일은 기록하지 않았다.

② 公孫固공손고

정의 《세본》에서 말한다. "송장공의 손자 이름이 고固이고 대사마가 되었다."

世本云 宋莊公孫名固 爲大司馬

③ 杵臼저구

정의 〈십이제후연표〉에서 "송나라 소공昭公 원년에 저구杵臼는 양공 襄公의 아들이다."라고 했다. 서광이 말했다. "일설에는 성공의 막내아들 이라고 한다."

年表云宋昭元年 杵臼 襄公之子 徐廣曰 一云成公少子

④ 宋敗長翟緣斯於長丘송패장적연사어장구

집해 〈노주공세가〉에서 송나라 무공武公 시대에 장구長丘에서 연사를 포로로 잡았다고 한다. 지금 이때라고 말했는데 자세하지 못하다.

魯世家云宋武公之世 獲緣斯於長丘 今云此時 未詳

색은 서광은 "〈노주공세가〉에는 송무공 시대에 장구長丘에서 연사를 포로로 잡았다고 한다. 지금 이때라고 말했지만 자세하지 못하다."라고 했는데, 《춘추》 문공 11년에 노나라 함鹹에서 적적을 무찌르고 장구에서 장적長狄의 연사緣斯를 잡았다고 했고, 〈제태공세가〉에는 혜공 2년 장적 長翟이 쳐들어오자 왕자 성보城父가 공격해 죽였다고 했다. 이는 《좌전》의 설명을 아울러 취해서 여러 나라의 세가에 기재한 것인데, 지금 그 연도 를 고려하건대 또한 자못 서로 합치한다. 〈노주공세가〉에서는 무공武公

이라고 했는데, 여기에서는 소공昭公이라고 일렀다. 대개 이곳의 '소昭'는 마땅히 '무武'가 되어야 할 것이다. 지난 시대에 비록 이미 무공武公이 있었다고 하더라도 이곳의 저구杵臼 또한 무武의 시호가 마땅할 것이다. 만약 장차 그렇지 않다면 어찌 아래로 다섯째 세대에 공자 특特이 군주가 되었는데 또 시호를 소昭로 한 것이 합당하겠는가?

徐廣曰 魯系家云宋武公之代 獲緣斯於長丘 今云此時未詳 者春秋文公十一年 魯敗翟于鹹 獲長狄緣斯於長丘 齊系家惠公二年 長翟來 王子城父攻殺之 此竝取左傳之說 載於諸國系家 今考其年歲亦頗相協 而魯系家云武公 此云昭公 蓋此昭當爲武 然前代雖已有武公 此杵臼當亦謚武也 若將不然 豈下五系公子特 爲君 又合謚昭乎

9년, 소공이 무도無道하자 나라 사람들이 따르지 않았다. 소공의 아우 포혁鮑革[1]은 현명하고 아래 사인士人들에게 겸손했다. 이보다 앞서 양공의 부인이 공자公子 포와 간통하고자 했지만 (포가) 하려하지 않았다.[2] 이에 부인은 그를 도와 나라 사람들에게 은혜를 베풀게 하고,[3] 대부 화원華元에게 부탁하여 우사로 삼게 했다.[4] 소공이 사냥을 나가자 양공의 부인 왕희王姬가 위백衛伯을 시켜 소공 저구杵臼를 공격해 살해하게 했다. 이에 아우 포혁이 군주로 즉위했으니, 이이가 문공文公(서기전 610~589)이다.

九年 昭公無道 國人不附 昭公弟鮑革[1]賢而下士 先 襄公夫人欲通於公子鮑 不可[2] 乃助之施於國[3] 因大夫華元爲右師[4] 昭公出獵 夫人王姬 使衛伯攻殺昭公杵臼 弟鮑革立 是爲文公

① 革혁

□집해□ 서광이 말했다. "다른 판본에는 '혁革' 자가 없다."

徐廣曰 一無革字

■신주■ 《사기지의》에 따르면 《춘추》, 《좌전》, 〈십이제후연표〉에서 송문공의 이름을 포鮑라 했다고 한다. '혁革' 자는 덧붙여진 글자로 보인다.

② 襄公夫人欲通於公子鮑 不可양공부인욕통어공자포 불가

□집해□ 복건이 말했다. "양공 부인은 주양왕의 누나 왕희王姬이다. 불가不可란 포鮑가 수긍하지 않았음이다."

服虔曰 襄公夫人 周襄王之姊王姬也 不可 鮑不肯也

■신주■ 여기 양공의 부인은 항렬상으로 소공과 문공의 할머니에 해당한다. 손자뻘인 포鮑와 간통하려 한 것으로 보아 양공과 나이 차가 많은 젊은 부인이었을 것이다.

③ 乃助之施於國내조지이어국

□정의□ 施는 '이[貳是反]'로 발음한다. 양공 부인이 공자 포가 나라 사람들에게 은혜를 베풀게 도왔다는 것이다.

施 貳是反 襄夫人助公子鮑布施恩惠於國人也

④ 華元爲右師화원위우사

□정의□ 공자 포鮑가 화원華元의 청으로 인해 우사가 되었다. 화원은 대공戴公의 5대손이고 화독華督의 증손이다.

公子鮑因華元請 得爲右師 華元 戴公五代孫 華督之曾孫也

■신주■ □정의□ 의 주석에서 포가 화원의 청으로 인해 우사가 되었다고

했으나,《좌전》에 따르면《사기》본문과는 달리 이때 화원이 우사가 되었다고 나온다. 또《좌전》에는 위백衛伯 대신에 사전師甸으로 나오는데 아마 위백의 관작인 듯하다.

> 문공 원년, 진晉나라에서 제후들을 인솔하고 송나라를 침략해 군주를 시해한 것을 문책했다. 문공이 정식으로 즉위했다는 소식을 듣고 이에 떠나갔다.
> 2년, 소공의 아들이 문공의 동생인 수須에게 의지해 무武, 목繆, 대戴, 장莊, 환공桓公의 족속들과 더불어 난을 일으키자 문공이 모두를 죽이고 무공武公과 목공의 족속들을 쫓아냈다.[1]
> 文公元年 晉率諸侯伐宋 責以弑君 聞文公定立 乃去 二年 昭公子因文公母弟須與武繆戴莊桓之族爲亂 文公盡誅之 出武繆之族[1]

① 出출
[집해] 가규가 말했다. "출出은 '쫓아내는 것'이다."
賈逵曰 出逐也

> 4년 봄, 초나라가 정나라에게 송나라를 공격하라고 명했다. 송나라는 화원華元을 장군으로 보냈으나 정나라가 송나라를 무찌르고 화원을 가두었다. 화원이 장차 싸우려고 양을 죽여 군사들을

먹였는데, 화원의 수레를 모는 양짐羊羹[1]에게는 지급되지 않자 원망하고 수레를 달려서 정나라 군진으로 들어갔다. 이에 송나라 군대가 무너졌고 화원이 체포된 것이다. 송나라에서는 전차 100대와 장식한 말 400필[2]로 화원과 교환하기로 했다. 그러나 정나라에 다 들이기 전에 화원은 도망쳐서 송나라로 돌아왔다.

四年春 (鄭)[楚]命(楚)[鄭]伐宋 宋使華元將 鄭敗宋 囚華元 華元之將戰 殺羊以食士 其御羊羹不及[1] 故怨 馳入鄭軍 故宋師敗 得囚華元 宋以 兵車百乘文馬四百匹[2]贖華元 未盡入 華元亡歸宋

① 其御羊羹不及 기어양갱불급

집해 《좌전》에서 말한다. "수레 모는 자는 양짐羊斟이다."

左傳曰御羊斟也

② 文馬四百匹 문마사백필

집해 가규가 말했다. "문文은 살쾡이 무늬다." 왕숙이 말했다. "문마文馬는 말에 채색한 것이다."

賈逵曰 文 貍文也 王肅曰 文馬 畫馬也

정의 살펴보니 문마文馬는 그 말을 장식하는 것이다. 400필은 수레 100대를 끄는 데 사용되는데 정나라에 보내 화원과 바꾸게 했다. 또 이르기를 문마文馬는 붉은 갈기에 흰 몸이며 눈은 황금과 같다고 한다.

按 文馬者 裝飾其馬 四百匹 用牽車百乘 遺鄭贖華元也 又云文馬赤鬣縞身 目 如黃金

14년, 초나라 장왕이 정나라를 포위했다. 정나라 백작이 초나라에 항복하자 초나라에서는 그를 다시 풀어주었다.

16년, 초나라 사신이 송나라를 지나는데, 송나라에서 지난날 원수진 것이 있어 초나라 사신을 체포했다.[①] 9월에 초나라 장왕이 송나라를 포위했다.

17년, 초나라에서 5월까지 송나라를 포위하고 풀지 않았다. 송나라 성안은 위급할 정도로 식량이 없었다. 화원이 이에 밤에 사사로이 초나라 장수 자반子反을 만났다. 자반이 장왕에게 알렸다. 왕이 물었다.

"성안은 어떠한가?"

자반이 말했다.

"뼈를 쪼개서 밥을 짓고[②] 자식들을 바꿔 잡아먹습니다."

장왕이 말했다.

"진실한 말이구려! 우리 군도 2일치 식량이 있을 뿐이오."

진실을 말한 까닭으로 마침내 병사들을 파하고 떠나갔다.

十四年 楚莊王圍鄭 鄭伯降楚 楚復釋之 十六年 楚使過宋 宋有前仇 執楚使[①] 九月 楚莊王圍宋 十七年 楚以圍宋五月不解 宋城中急 無食 華元乃夜私見楚將子反 子反告莊王 王問 城中何如曰 析骨而炊[②] 易子而食 莊王曰 誠哉言 我軍亦有二日糧 以信故 遂罷兵去

① 執楚使집초사

신주 《사기지의》에 따르면 살해한 것으로 분석하였다.

② 析骨而炊석골이취

하휴가 말했다. "사람의 뼈를 쪼개고 부순 것이다."

何休曰 析破人骨也

22년, 문공이 죽고 아들 공공共公(서기전 588~576) 하하瑕가 계승했다. 처음으로 후하게 장례를 치렀다. 군자君子는 화원華元이 신하답지 못하다고 나무랐다.

공공 10년, 화원①은 초나라 장수 자중子重과 좋은 관계였고, 또 진晉나라 장수 난서欒書와도 좋은 관계여서 진晉과 초楚 양쪽과 맹약했다.

13년, 공공이 죽었다. 화원은 우사右師가 되었고 어석魚石은 좌사左師가 되었다. 사마司馬 당산唐山은 태자 비肥를 공격해 살해하고 화원을 죽이려고 했다. 화원은 진晉나라로 달아나던 중 어석이 중지시키자 하수河水에 이르렀다가② 곧 돌아와 당산을 죽였다. 이에 공공의 막내아들 성成을 군주로 세웠는데, 이이가 평공平公(서기전 575~532)이다.

二十二年 文公卒 子共公瑕立 始厚葬 君子譏華元不臣矣 共公(元)[十]年 華元①善楚將子重 又善晉將欒書 兩盟晉楚 十三年 共公卒 華元爲右師 魚石爲左師 司馬唐山攻殺太子肥 欲殺華元 華元奔晉 魚石止之 至河乃還② 誅唐山 乃立共公少子成 是爲平公

---

① 華元화원

《황람》에서 말한다. "화원의 무덤은 진류군 소황현성小黃縣城 북쪽에 있다."

皇覽曰 華元冢在陳留小黄縣城北

② 魚石止之 至河乃還어석지지 지하내환

집해 《좌전》에서 말한다. "어석은 초나라로 달아났다."

左傳曰 魚石奔楚

평공 3년, 초나라 공왕共王이 송나라 팽성彭城을 함락하고 송나라의 좌사 어석魚石을 봉했다.

4년, 제후들이 함께 어석을 죽이고 팽성을 송나라에 돌려주었다.[①]

35년, 초나라 공자 위圍가 그의 군주를 시해하고 스스로 즉위해 영왕靈王이 되었다.

44년, 평공이 죽고 아들 원공元公(서기전 531~517) 좌佐가 계승했다.

원공 3년, 초나라 공자 기질棄疾이 영왕을 시해하고 스스로 즉위해 평왕平王이 되었다.

8년, 송나라에 화재가 발생했다.

10년, 원공이 믿음이 없어 여러 공자를 속여서 죽이자[②] 대부 화씨華氏와 향씨向氏가 난을 일으켰다. 초나라 평왕의 태자 건建이 도망쳐 왔는데, 여러 화씨華氏가 서로 공격해서 어지러운 것을 보고 건은 떠나 정나라로 갔다.[③]

15년, 원공은 노나라 소공昭公이 계씨季氏를 피해 밖에 거주하자 그를 위해 노나라로 들여보내는 길을 구했는데 길을 나섰다가 죽었다. 아들 경공景公(서기전 516~469) 두만頭曼④이 계승했다.

平公三年 楚共王拔宋之彭城 以封宋左師魚石 四年 諸侯共誅魚石 而
歸彭城於宋① 三十五年 楚公子圍弑其君自立 爲靈王 四十四年 平公卒
子元公佐立 元公三年 楚公子棄疾弑靈王 自立爲平王 八年 宋火 十年
元公毋信 詐殺諸公子② 大夫華向氏作亂 楚平王太子建來奔 見諸華氏
相攻亂 建去如鄭③ 十五年 元公爲魯昭公避季氏居外 爲之求入魯 行道
卒 子景公頭曼④立

① 歸彭城於宋귀팽성어송

신주 전년에 초楚나라가 어석을 위해 송나라를 공격해 그를 팽성에 봉
했다. 그러자 이해 봄, 초나라와 다투던 진晉나라가 주도하여 송나라를
구원하면서 여러 나라에 함께 할 것을 요청했지만 제나라는 오지 않았
다. 그러자 진나라가 제나라를 치는 한편 노나라, 위나라와 함께 송나라
를 구원하여 어석을 잡고 팽성을 송나라에 돌려주었다. 여름에 진나라
가 초나라를 응원하던 정나라를 공격하고 유수洧水에 주둔하자 가을에
초나라가 정나라를 구원했다. 정나라는 다시 송나라를 쳐서 견구犬丘를
빼앗았다.

② 元公毋信 詐殺諸公子원공무신 사살제공자

신주 《사기지의》에 따르면 화씨와 향씨가 여러 공자를 속여서 죽인 것
이지 원공이 죽인 게 아니라고 한다.

③ 建去如鄭건거여정

신주 초나라에서 태자 건의 스승인 오자서의 아버지와 형을 죽이자 오자서는 오나라로 달아나고 건은 송나라로 달아났다가 곧바로 다시 정나라로 갔다. 이때가 서기전 522년이다. 3년 뒤인 송나라 원공 13년, 건은 정나라에서 난리를 일으켰다가 살해당하고 그 아들 승勝은 다시 오자서가 있던 오나라로 달아난다.

초나라 평왕의 뒤를 이은 소왕昭王 10년이자 송나라 경공景公 11년인 서기전 506년, 오자서는 오왕 합려와 더불어 초나라를 대거 공격하고 평왕의 무덤을 파헤쳐서 복수하는데, 복수까지 16년 걸린 것이다. 그러다가 소왕의 뒤를 이은 초나라 혜왕惠王 2년(서기전 487), 초나라에서 오나라에 있던 승을 불러 백공白公으로 삼는다. 승이 초나라로 다시 돌아가는데 35년이 걸렸다. 2년 뒤, 오자서는 오나라에서 죽임당했다. 백공 승도 결국 초나라에서 왕위까지 찬탈하지만 다시 살해되었다.

④ 曼만

색은 曼의 발음은 '만萬'이다.

音萬

마지막 결송

경공 16년, 노나라 양호陽虎가 도망쳐 왔다가 다시 떠나갔다.

25년, 공자孔子가 송나라를 지나가는데 송나라 사마司馬 환퇴桓
魋가 공자를 미워하고 죽이려고 했다. 공자는 미복으로 갈아입고
떠나갔다.[1]

30년, 조曹나라가 송나라를 배신하고 또 진晉나라를 배신하자 송
나라가 조나라를 침략했다. 진晉나라는 구원하지 않았으나 마침
내 조나라를 없애고 땅을 차지했다.[2]

36년, 제나라 전상이 간공簡公을 시해했다.

景公十六年 魯陽虎來奔 已復去 二十五年 孔子過宋 宋司馬桓魋惡之
欲殺孔子 孔子微服去[1] 三十年 曹倍宋 又倍晉 宋伐曹 晉不救 遂滅曹
有之[2] 三十六年 齊田常弑簡公

① 欲殺孔子 孔子微服去욕살공자 공자미복거

신주 《사기지의》에 의하면 공자가 송나라를 지나간 것은 위衛나라를
떠나 진陳나라로 가는 도중의 일로 경공 22년이라고 했다. 그러나 이때
공자는 진陳나라에 머물고 있었다.

② **遂滅曹有之**수멸조유지

[정의] 송경공이 조曹를 멸망시킨 것은 노애공哀公 8년, 주경왕敬王 33년
이다.

宋景公滅曹在魯哀公八年 周敬王三十三年也

37년, 초나라 혜왕惠王이 진陳을 멸하였다.[①] 형혹熒惑(화성)이 심수
心宿에 머물렀다. 심수는 송나라 분야分野라 경공이 그것을 근심
하였다. 사성司星(천문 담당관) 자위子韋가 말했다.

"재상에게 떠넘기시면 됩니다."

경공이 말했다.

"재상은 내 다리와 팔이니라."

자위가 말했다.

"백성에게 떠넘기시면 됩니다."

경공이 말했다.

"군주는 백성에 의지하느니라."

자위가 말했다.

"한 해의 수확으로 떠넘기시면 됩니다."

경공이 말했다.

"한 해 수확이 모자라면 백성이 괴롭게 되는데 나를 누가 군주로
여기겠는가!"

자위가 말했다.

"하늘이 높아도 낮은 곳의 소리를 잘 들으며 군주께서 군주답게

말씀하신 세 마디 말이 있으셨으니 형혹은 마땅히 움직일 것입니다."

이에 살펴보니 과연 3도를 옮겨갔다.[②]

三十七年 楚惠王滅陳[①] 熒惑守心 心 宋之分野也 景公憂之 司星子韋曰 可移於相 景公曰 相 吾之股肱 曰 可移於民 景公曰 君者待民 曰 可移於歲 景公曰 歲饑民困 吾誰爲君 子韋曰 天高聽卑 君有君人之言三 熒惑宜有動 於是候之 果徙三度[②]

① 三十七年 楚惠王滅陳삼십칠년 초혜왕멸진

신주 〈진기세가〉와《좌전》등 각종 기록을 보면, 초혜왕이 진나라를 멸한 것은 송경공 39년이다. 따라서 '구九' 자를 '칠七' 자로 잘못 쓴 것으로 보인다.

② 果徙三度과사삼도

신주 화성火星은 공전주기가 지구의 약 2배에 달한다. 따라서 관측하는 때에 따라 지구의 공전 방향(순방향)일 때가 있고, 지구 공전 반대 방향(역방향)일 때가 있다. 다른 행성에도 약간씩 있지만 화성이 제일 뚜렷하다. 공전 방향이 바뀌는 순간을 '류留'라 하고 방향이 바뀔 때 잠시 머무르는 것을 '수守'라고 한다. 그중에서 전갈자리의 가장 밝은 별인 안타레스(동양 천문학의 심성心星)에 머무르는 때를 수심守心이라 한다.

64년, 경공이 죽었다.① 송나라 공자 특特②이 태자를 공격해 살해하고 스스로 즉위했는데, 이이가 소공昭公(서기전 468~403)③이다. 소공은 원공元公의 증서손曾庶孫이다. 소공의 아버지는 공손규公孫糾이고, 공손규의 아버지는 공자 단진襢秦④이며, 공자 단진은 곧 원공의 막내아들이다. 경공이 소공의 아버지 규糾⑤를 살해했으므로 소공이 원망하고 태자를 살해하여 스스로 즉위했다.

六十四年 景公卒① 宋公子特②攻殺太子而自立 是爲昭公③ 昭公者 元公之曾庶孫也 昭公父公孫糾 糾父公子襢秦④ 襢秦即元公少子也 景公殺昭公父糾⑤ 故昭公怨殺太子而自立

① 景公卒경공졸

신주 〈십이제후연표〉에는 64년에 죽었다 하고, 〈육국연표〉에는 66년에 죽은 것으로 나온다. 《좌전》에는 48년에 죽은 것으로 나온다. 경공 말기부터 송나라 기록은 해가 어긋나는 경우가 많다. 송나라뿐만 아니라 춘추시대 말기부터 전국시대 초기까지 《사기》의 각국各國 기년은 《죽서기년》과 많은 차이가 난다.

송나라는 서기전 286년에 망했다고 하는데, 〈송미자세가〉 기록으로 계산하면, 경공 서기전 453년, 소공 서기전 406년, 도공 서기전 398년, 휴공 서기전 375년, 벽공환후 서기전 372년, 척성 서기전 331년, 언 서기전 284년이 몰년이 된다. 역시 〈육국연표〉와 맞지 않는다. 마지막 언의 재위가 본문대로 47년 아니라 〈육국연표〉대로 43년이고 경공 재위가 66년이라면 〈육국연표〉와 맞게 된다.

그렇다고 〈육국연표〉를 무작정 신뢰하기도 어렵다. 아래 주석들에서 보듯이 《좌전》과 《죽서기년》 기록을 참고하여 수정해야 마땅하다. 수정한다면, 경공은 서기전 469년, 뒤를 이은 소공은 서기전 403년, 도공은 서기전 385년, 휴공은 서기전 362년, 벽공(환후) 서기전 359년, 척성 서기전 329년, 언왕 서기전 286년이므로 멸망 연도와 맞게 된다. 이럴 경우 재위 연수는 소공 65년, 도공 18년, 휴공 23년, 환후 3년, 척성 30년, 언 43년이된다.

② 公子特공자특

색은 소공昭公이다. 《좌전》에는 덕德으로 되어 있다.

昭公也 左傳作德

③ 昭公소공

색은 《좌전》을 살펴보니 경공은 아들이 없어서 원공元公의 서증손庶曾孫 공손주公孫周의 아들 덕德과 계啓를 취해서 공궁公宮에서 길렀다. 경공이 죽자 먼저 계가 군주로 서고 뒤에 덕이 섰는데, 이이가 소공昭公이다. 이 기사와는 완전히 어긋나는데, 태사공이 어디에서 의거해 이 설을 만들었는지 알지 못하겠다.

按左傳 景公無子 取元公庶曾孫公孫周之子德及啓畜于公宮 及景公卒 先立啓後立德 是爲昭公 與此全乖 未知太史公據何而爲此說

④ 襌秦단진

집해 서광이 말했다. "襌은 '단端'으로 발음한다."

徐廣曰 襌音端

⑤ 糾규

<u>색은</u> 《좌전》에는 이름이 주周라고 했다.

左傳名周

소공은 47년에 죽고 아들 도공悼公 구유購由가 계승했다.^①

도공은 8년에 죽고^② 아들 휴공休公 전田이 계승했다.

휴공 전田은 23년에 죽고 아들 벽공辟公 벽병辟兵이 계승했다.^③

昭公四十七年卒 子悼公購由立^① 悼公八年卒^② 子休公田立 休公田

二十三年卒 子辟公辟兵立^③

---

① 昭公四十七年卒 子悼公購由立소공사십칠년졸 자도공구유립

<u>집해</u> 〈육국연표〉에는 49년이다.

年表云四十九年

<u>색은</u> 購의 발음은 '구[古候反]'이다.

購音古候反

② 八年卒팔년졸

<u>색은</u> 《죽서기년》을 살펴보니 18년으로 되어 있다.

按 紀年爲十八年

<u>신주</u> 〈한세가〉에 따르면 문후文侯 2년(서기전 385), 한문후가 송나라 팽성
彭城에 이르러 송나라 군주를 사로잡았다고 한다. 만약 이때 도공이 죽
었다면 《죽서기년》에서 그의 재위 기간을 18년이라 한 것과 일치한다.

③ 辟公辟兵벽공벽병

집해 서광이 말했다. "일설에는 '벽공辟公 병兵'이라고 한다."

徐廣曰 一云 辟公兵

색은 살펴보니《죽서기년》에는 '환후桓侯 벽병璧兵'이라 했으니, 즉 벽병璧兵의 시호가 환桓이다. 또《장자》에서 "환후桓侯가 행차하면서 미처 성문을 나서기 전에 앞서 말을 모는 사람이 '벽辟'이라고 외쳐서 사람들이 가던 길을 멈추게 하자 나중에 그(환후)가 미쳤다."고 했다. 사마표는 "호벽呼辟이란 사람을 시켜 길을 피하게 하는 것이다. 사람들이 환후의 이름을 벽辟으로 여기게 한 것은 먼저 말을 모는 사람이 '벽辟'이라고 외쳤기 때문이며 그래서 미쳤다고 한 것이다."라고 했다.

按 紀年作桓侯璧兵 則璧兵謚桓也 又莊子云桓侯行 未出城門 其前驅呼辟 蒙人止之 後爲狂也 司馬彪云呼辟 使人避道 蒙人以桓侯名辟 而前驅呼辟 故爲狂也

신주 《시법》에서 휴休와 벽辟이란 시호는 없다. 다른 기록들에 의하여 벽공은 환후桓侯인 것이 확인되지만 휴공은 기록이 남아 있지 않다.

벽공은 3년에 죽고 아들 척성剔成[1]이 계승했다.

척성 41년, 척성의 아우 언偃이 척성을 습격하자 척성은 패해 제나라로 달아났다. 언이 스스로 즉위하여 송나라 군주가 되었다.

辟公三年卒 子剔成立[1] 剔成四十一年 剔成弟偃攻襲剔成 剔成敗奔齊 偃自立爲宋君

① 剔成척성

집해 〈육국연표〉에는 척성군剔成君이라고 했다.

年表云剔成君也

색은 왕소가 살펴보니 《죽서기년》에는 송나라 역성우易城盱가 그의 군주 벽辟을 폐하고 스스로 즉위했다고 한다.

王劭按 紀年云宋易城盱廢其君辟而自立也

신주 《사기》에서는 척성剔成을 인명으로 보고 기술하고 있으나 《사기지의》에서는 역성易城을 봉지封地로 가진 우盱로 분석했고, 《죽서기년》에서도 '역성우易城盱'라고 기록한 것으로 보아 '역성의 우'로 보는 것이 타당성이 있어 보인다. 현대에 통용되는 《고본죽서기년집중》에서는 '척성간剔城肝'으로 되어 있다. 그런데 여기에서 이 논란의 해답을 찾을 수 있는 부분이 있어 이에 관하여 이해를 돕고자 내용을 정리해 본다.

《한비자》〈이병〉에서 "전상田常은 단지 덕을 베푼 것만으로 간공簡公을 시해했고, 자한子罕은 형刑만 시행하고도 평공을 위협할 수 있었다."라고 했으며, 《한비자》〈내저설 하〉에서 "대환戴歡이 송 태재太宰가 되고 황희皇喜는 군주에게 중용되었는데, 두 사람이 섬김을 다투어 서로 해쳤으며, 황희는 마침내 송나라 군주를 살해하고 그 정치를 빼앗았다."라고 했다. 또 《한비자》〈외저설 우하〉에서 "자한은 뛰쳐나온 돼지가 되었고 전항田恒(전상)은 들판의 연못이 되었다고 하니 송나라 군주와 간공簡公은 시해된 것이다."라고 했다. 한비가 일컬은 '자한'이나 '황희'는 즉 척성간剔城肝을 말하는 것이고 또 자한子罕은 대씨戴氏이니 대씨가 송나라를 빼앗은 것이 전씨田氏가 제나라를 대신한 것과 같다.

소시학이 이르기를 "대씨가 송을 찬탈했다는 설은 《한시》, 《회남자》,

《설원》의 여러 서적에서 많이 볼 수 있으니 《한비자》에서 시작된 게 아니다. 《한비자》에서 '대씨가 송나라에서 자씨를 빼앗았다.'라고 했고 또 '사성司城 자한子罕이 송나라를 취했다.'라고 했으며, 또 '대환戴驩이 송나라 태재太宰가 되고 황희皇喜는 군주에게 중용되었는데 두 사람이 섬김을 다투어 서로 해쳐 황희는 마침내 송나라 군주를 살해하고 그 정치를 빼앗았다.'라고 했다. 한비는 이 일을 진실로 자주 말했으며, 반드시 제나라의 전씨와 아울러 말하여 전씨와 대씨戴氏가 모두 찬탈한 신하라는 것을 밝혔다. 그리고 《여씨춘추》에서도 송나라 (마지막 군주) 언偃이 망한 것을 또한 '이는 대씨가 끊어진 것이다.'라고 하여 자씨라고 말하지 않고 오로지 대씨라고 말했으니, 곧 전국戰國의 송나라는 대씨의 송나라가 되며 이전 시대의 자씨의 송나라가 아님을 알 수 있다. 그런데 한비가 이미 대씨라고 말하고 또 황희皇喜라 하고 자한子罕이라 한 것은 대戴는 그씨氏요, 희喜는 그 이름이며, 자한子罕은 곧 그 자字이기 때문이다. 무릇 이름이 희喜인 사람은 대부분 자가 자한子罕이었으니 정鄭나라의 공손희公孫喜의 자가 자한子罕인 것과 같다. 다시 말하면 '사성'과 '척성'은 하나의 소리가 전이된 것이며 '한罕'과 '간肝'은 같은 소리로 통가자通假字(가차법假借法의 주음방식을 사용한 것)이다. 그래서 '사성 자한子罕'과 '황희皇喜'는 같은 사람이다."

가차假借는 어떤 말을 한자漢字로 나타내려고 하는데 마땅한 글자가 없을 경우 뜻은 다르나 음이 같은 글자를 빌려 쓰는 방식으로 만든 문자를 뜻한다. 후대의 여러 고증학자들은 송나라 공족인 자씨子氏 환후桓侯를 몰아내고 대씨戴氏인 황희皇喜가 군주 자리를 찬탈한 것으로 보고 있다.

송나라 군주 언偃[1] 11년, 자립하여 왕王이라고 했다.

동쪽으로 제나라를 쳐부수고 5개의 성城을 빼앗았다. 남쪽으로 초나라를 쳐부수고 땅 300리를 빼앗았다. 서쪽으로 위魏나라 군대를 쳐부수었으니, 곧 제나라와 위나라의 적국이 되었다.[2]

가죽 부대에 피를 가득 담아서 매달아 놓고 활로 쏘면서 명명하기를 '사천射天'(하늘을 쏨)이라 하고 부인들과 술을 마시며 음란한 짓을 했다. 군신 중 간언하는 자는 번번이 활로 쏘았다. 이에 제후들이 모두 이르기를 "걸송桀宋[3]이다. 송나라에서 주왕紂王이 한 짓을 다시 하니 죽이지 않을 수 없다."라고 했다.

그래서 제나라에 알려서 송나라를 침략하게 했다.

君偃[1]十一年 自立爲王 東敗齊 取五城 南敗楚 取地三百里 西敗魏軍 乃與齊魏爲敵國[2] 盛血以韋囊 縣而射之 命曰射天 淫於酒婦人 群臣諫 者輒射之 於是諸侯皆曰桀宋[3] 宋其復爲紂所爲 不可不誅 告齊伐宋

① 君偃군언

색은 《전국책》과 《여씨춘추》에서 모두 언偃의 시호를 강왕康王이라고 했다.

戰國策 呂氏春秋皆以偃謚曰康王也

② 東敗齊~乃與齊魏爲敵國동패제~내여제위위적국

신주 《사기지의》에서 말한다. "〈육국연표〉와 각국 세가에는 모두 송나라가 제나라와 초나라 땅을 빼앗고 위나라 군대를 무찌른 일이 없다. ……
…… 또 〈송책〉에서 제나라가 송나라를 침략한 하나의 장章이 있는데,

'제나라가 송나라를 침략하자 형荊에게 구원을 모색하였다. 제나라는 송나라 다섯 성을 빼앗았지만 형왕荊王은 도착하지 않았다.'고 한다. 비록 사건이 어느 연도인지 모르지만 주석가들은 제나라를 선왕宣王이라 하고 형荊을 (초나라) 위왕威王이라 하니 그 시기가 매우 부합한다. 즉 이는 제나라가 송나라를 침략하여 땅을 빼앗은 것을 송나라가 제나라를 침략하여 빼앗았다고 했으니 잘못 기록한 것일 수도 있다고 하겠다."

③ 桀宋걸송

색은 《진태강지기》에서 말한다. "그가 걸桀과 비슷했다."

晉太康地記言其似桀也

왕 언偃이 즉위한 지 47년,[1] 제나라 민왕湣王이 위魏, 초楚와 더불어 송나라를 침략해 왕 언을 살해하고는 마침내 송나라를 없애고 그 땅을 셋으로 나누었다.[2]

王偃立四十七年[1] 齊湣王與魏楚伐宋 殺王偃 遂滅宋而三分其地[2]

---

① 王偃立四十七年왕언립사십칠년

신주 언의 재위는 본문처럼 47년이 아니라 〈육국연표〉처럼 43년이 타당하다. 언의 재위 연수와 더불어 송나라 말기 군주들의 재위 기간을 종합적으로 정리하여 〈수정 연표〉에 반영하고자 한다.

첫째, 경공景公의 재위를 《좌전》에 따라 48년으로 한다.

둘째, 도공悼公의 재위를 《죽서기년》에 따라 18년으로 하면 언은 한韓에

잡혀간 서기전 385년에 맞아 떨어진다.

셋째, 환후桓侯는 《죽서기년》에 따르면 위혜왕魏惠王 14년에 위나라에 조회했다고 한다. 그때는 존재해야 하므로 그 전후로 재위한 것으로 볼 수 있다.

넷째, 우旰와 언偃은 형제간인데 본문대로라면 둘의 재위기간이 80년을 넘어 매우 비합리적이다. 앞뒤로 계산하면 아마 우의 재위기간은 21년인 듯하다. 아우 언이 형을 내쫓고 그 말년을 자기 원년으로 삼았음이 분명하므로 전 군주와 새 군주의 말년과 원년이 겹쳤을 것이다.

이에 따르면, 《사기》의 기록에서 경공과 소공의 재위기간이 바뀌었고, 도공과 환후의 재위기간에서 각 10년씩이 탈락되었다고 보는 것이 매우 합리적이다. 그렇게 해서 재위기간을 계산하면 경공 48년, 소공 66년, 도공 18년, 휴공 23년, 환후 13년, 척성간 20년, 언왕 43년이다. 이처럼 정리하면 《좌전》, 《죽서기년》, 〈육국연표〉, 〈한세가〉에 기록된 재위기간을 충족시킬 수 있다.

② 滅宋而三分其地멸송이삼분기지

집해 〈육국연표〉에서 언偃이 즉위한 지 43년이라고 한다.

年表云偃立四十三年

신주 제나라가 위, 초와 더불어 송나라를 멸망시켰다는 것은 신뢰하기 어렵다. 왜냐하면 이때 위나라는 진秦나라의 침입으로 하동 땅을 모두 잃고 자신의 나라를 방어하는 데도 급급한 상태였다. 또한 초나라도 회왕懷王이 진秦나라에 억류되었다가 죽은 뒤 경양왕이 즉위하기는 했지만 계속되는 진나라 압박에 시달리고 있었다. 이처럼 진秦나라의 위협을 받던 위나라와 초나라가 합세해서 송나라를 쳐 멸망시킨다는 것은 결코 쉽지 않기 때문이다. 송나라가 망한 다음 해 진나라는 바로 작전에 돌입하여 6국 연합을 이루고 그 다음해 제나라를 몰락 직전까지 몰아넣는다. 이런 상황이 되니 송나라를 멸망시킨 것이 제나라에게는 독이 된 셈이다.

《사기지의》에서 말한다. "제민왕은 송나라를 멸망시켰다는데, 일찍이 초, 위와 함께 했다는 기록이 〈육국연표〉와 각 나라의 '세가'에 모두 나오지 않는다. 그러나 오직 《대사기》에서만 위나라는 양梁과 진류를 얻고 제나라는 제음과 동평을 얻었으며 초나라는 패沛를 얻었다고 주장하고 있는데, 아마도 여기에서 근거했을 것으로 여겨진다."

《대사기》에서 세 나라가 차지했다고 주장한 땅은 당시 각국의 판세와 지리적 위치로 보아 잘못된 인식이다. 또 〈육국연표〉에는 초, 조가 제나라 회북을 빼앗았다고 기록했다고 했으나 현재 중화서국본 〈육국연표〉에는 초나라만 빼앗았다고 되어 있다.

태사공은 말한다.

공자께서 이르기를 "미자微子는 떠났고 기자箕子는 노예가 되었으며 비간은 간하다 죽었으니 은나라에는 세 사람의 어진 이가 있었다.[①]"라고 했다. 《춘추》에서 송나라의 어지러움[②]은 선공宣公이 태자를 폐하고 아우를 세운 것부터였으며 국가가 편안하지 못한 것이 10대나 된다며[③] 힐책했다.

양공 때는 인의의 행실을 닦고 맹주가 되고자 하기도 했다. 그의 대부 정고보正考父가 아름답게 여겼기에 설契과 탕湯 임금과 고종高宗을 추모해 은나라가 일어난 까닭을 말하고, 상송商頌[④]을 지었다. 양공이 이미 홍泓에서 무너졌지만 군자는 혹 도량이 넓다고 여기면서[5] 중국이 예의를 잃은 것을 아파했다. 그를 기린 것은[6] 송나라 양공이 예와 겸양이 있었기 때문이다.

太史公曰 孔子稱微子去之 箕子爲之奴 比干諫而死 殷有三仁焉[1] 春秋譏宋之亂[2]自宣公廢太子而立弟 國以不寧者十世[3] 襄公之時 修行仁義 欲爲盟主 其大夫正考父美之 故追道契湯高宗 殷所以興 作商頌[4] 襄公旣敗於泓 而君子或以爲多[5] 傷中國闕禮義 褒之也[6] 宋襄之有禮讓也

① 殷有三仁焉은유삼인언

집해 하안이 말했다. "인자仁者는 사람을 아낀다. 세 사람은 행동이 다르지만 똑같이 인자仁者라고 일컫는 것은 어째서인가? 그들은 모두 어지러운 것을 근심하고 백성을 편안하게 하려는 데 있었기 때문이다." 하후현이 말했다. "미자微子는 인仁이 막혔고, 기자箕子와 비간比干은 지혜가 막혀 버렸다. 그러므로 어떤 이는 재주를 다하다가 중지하고, 어떤 이는 마음을 다하다가 정지했지만, 모두가 지극했다. 지극해야 하는 것, 이것이 군자의 일이다. 이 때문에 세 사람의 인이 똑같지 않지만 그들은 하나의 도리에 귀착되었다."

何晏曰 仁者愛人 三人行異而同稱仁者 何也 以其俱在憂亂寧民也 夏侯玄曰 微子 仁之窮也 箕子比干 智之窮也 故或盡材而止 或盡心而留 皆其極也 致極斯君子之事矣 是以三仁不同 而其歸一揆也

신주 하후현夏侯玄은 삼국시대 위魏 사람으로, 하후상夏候尙의 아들이다. 사마의司馬懿가 정변을 일으켜 조상曹爽 일당을 제거하고 정권을 잡았는데 앞 집해 의 하안何晏도 그때 조상 일당으로 몰려 제거된다. 사마의가 죽고 그의 아들 사마사司馬師가 정권을 잡으며 사마사와 대척점에 서 있던 하후현은 이풍李豊의 변란 음모를 계기로 사마사에게 처단된다. 위나라 공실을 떠받쳤던 하후현마저 제거되자 위나라는 껍데기만 남고 실질 권력은 사마씨에게 옮겨진다. 이후 위나라는 사마씨의 진 무제晉武帝 사마염司馬炎에게 선위하고 역사의 뒤안길로 사라진다. 사마염은 오吳나라를 멸하고 삼국시대를 끝내 진晉의 천하를 만들지만 곧 남쪽으로 쫓겨내려 가서 동진東晉이 되고 북방은 여러 이민족의 땅이 된다.

② 春秋譏宋之亂춘추기송지난

집해 《공양전》에서 말한다. "군자는 대범하게 바름에 거처해야 한다. 송나라 재앙은 선공이 만든 것이다."

公羊傳曰 君子大居正 宋之禍宣公爲之也

③ 國以不寧者十世국이불녕자십세

색은 살펴보니 《공양전》에 이 설명이 있지만 《좌전》에는 나무람이 없다.

按 春秋公羊有此說 左氏則無譏焉

④ 商頌상송

집해 《한시》〈상송〉 장구에서 또한 양공을 찬미했다.

韓詩商頌章句亦美襄公

색은 살펴보니 배인이 《한시》〈상송〉 장구에서 또한 양공을 찬미했다고 인용한 것은 잘못이다. 지금 살펴보니 《모시》〈상송〉에는 정고보正考父가 주周의 태사에게 "〈상송〉 12편을 얻어서 나那를 첫머리로 삼았다."고 했다.

《국어》 또한 이것의 설명과 똑같다. 지금 5편이 존재하는데, 모두 곧 상가商家의 제사에 사용되는 악장樂章이지 정고보가 추가로 지은 게 아니다. 또 정고보는 대공戴公, 무공, 선공을 보좌했으니 양공보다 100여 년 전 사람인데 어찌 서술하여 찬미했겠는가? 이는 그릇된 설명일 뿐이다.

按 裴駰引韓詩商頌章句亦美襄公 非也 今按 毛詩商頌序云正考父於周之太師 得商頌十二篇 以那爲首 國語亦同此說 今五篇存 皆是商家祭祀樂章 非考父追 作也 又考父佐戴武宣 則在襄公前且百許歲 安得述而美之 斯謬說耳

신주 《한시》는 한漢나라 초 한영韓嬰이 전한 《시경》을 뜻한다. 《모시》는 전국시대 말기에 노나라 모형毛亨과 조나라 모장毛萇 등이 주석한 《시경》을 뜻한다.

⑤ 君子或以爲多군자혹이위다

집해 《공양전》에서 말한다. "군자는 그들이 대오를 이루지 않았을 때 북을 울리지 않고, 큰일에 임해서도 큰 예를 잃지 않는 것을 크게 여겼다. 군주는 (예가) 있었지만 신하는 없었는데, 비록 문왕文王이 전쟁을 하더라도 또한 이를 넘어서지 못할 것이다."

公羊傳曰 君子大其不鼓不成列 臨大事而不忘大禮 有君而無臣 以爲雖文王之 戰亦不過此也

⑥ 襃之也포지야

색은 양공은 큰일에 임해서도 큰 예를 잃지 않은 것을 군자는 혹은 도량이 넓다고 여겼다. 또 중국의 난리에 상처입고 예의의 거조를 빠뜨렸기에 송양공의 성대한 덕을 아름답게 여기지 않았다. 그래서 태사공이 그를 기려서 찬술했으니 그를 기렸다고 말한 것이다.

襄公臨大事不忘大禮 而君子或以爲多 且傷中國之亂 闕禮義之擧 遂不嘉宋襄之盛德 故太史公襃而述之 故云襃之也

색은술찬 사마정이 펼쳐서 밝히다.

은나라에는 세 인자가 있었는데 미자와 기자는 주紂의 친척이다. 한 명은 갇히고 한 명은 떠났는데, 그 몸을 돌보지 않았다. (기자는) 미덕을 찬송하는 손님으로 있었는데 《상서》에서 손님으로 지어 일컬었다. (미자는) 끝내 후계자를 전하게 되었고 혹 종묘의 제사에 자리 잡았다. 미중微仲의 후예는 대대로 충성하고 부지런했다. 목공穆公 또한 사양하였으니 (선공은) 실로 사람을 알아보았다. (양공은) 홍泓의 싸움에 상처를 입었는데, 군주는 (예가) 있었지만 신하는 없었다. 언언偃이 '걸송桀宋'이라 불리자 하늘이 은나라를 버렸다.

殷有三仁 微箕紂親 一囚一去 不顧其身 頌美有客 書稱作賓 卒傳家嗣 或敍彛倫 微仲之後 世載忠勤 穆亦能讓 實爲知人 傷泓之役 有君無臣 偃號桀宋 天之棄殷

[지도 1] 송미자세가

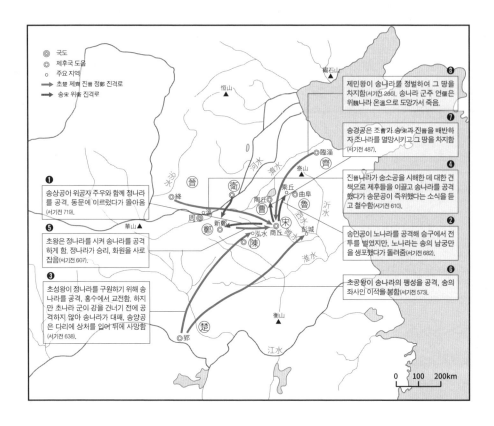

○◎ 국도
○ 제후국 도읍
○ 주요 지역
→ 초楚 제齊 진晉 정鄭 진격로
→ 송宋 위衛 진격로

❶ 송상공이 위공자 주우와 함께 청나라를 공격, 동문에 이르렀다가 돌아옴(서기전 719).

❺ 초왕은 정나라를 시켜 송나라를 공격하게 함. 정나라가 승리, 화원을 사로잡음(서기전 607).

❸ 초성왕이 정나라를 구원하기 위해 송나라를 공격, 홍수에서 교전함. 하지만 초나라 군이 강을 건너기 전에 공격하지 않아 송나라가 대패, 송양공은 다리에 상처를 입어 뒤에 사망함(서기전 638).

❽ 제민왕이 송나라를 정벌하여 그 땅을 차지함(서기전 286). 송나라 군주 언偃은 위魏나라 온溫으로 도망가서 죽음.

❼ 송경공은 조曹가 송宋과 진晉을 배반하자 초나라를 멸망시키고 그 땅을 차지함(서기전 487).

❹ 진晉나라가 송소공을 시해한 데 대한 견책으로 제후들을 이끌고 송나라를 공격했다가 송문공이 즉위했다는 소식을 듣고 철수함(서기전 610).

❷ 송민공이 노나라를 공격해 승구에서 전투를 벌였지만, 노나라는 송의 남궁만을 생포했다가 돌려줌(서기전 682).

❻ 초공왕이 송나라의 팽성을 공격, 송의 좌사인 이석을 봉함(서기전 573).

사기 제39권 史記卷三十九

진세가 晉世家

┌───┐
│ 사기 제39권 진세가 제9   │
│ 史記卷三十九 晉世家第九   │
└───┘

신주 진晉나라 시조 당숙우唐叔虞는 희성姬姓이고, 이름이 우虞이다.
주나라 무왕 희발姬發과 태공망 강상姜尚의 딸인 읍강邑姜 사이에서 난
아들로서 성왕의 동생이다. 당국唐國에 봉해졌기에 당숙우라고 부른다.
주나라가 상나라를 꺾고 중원을 차지했을 때 황하와 분하汾河의 동쪽
에는 소호 김천씨 계열의 동이족 국가였던 당국唐國이 있었다. 주나라
성왕 8년(서기전 1035) 당국에서 봉기가 일어나 주 왕조의 하동河東지구를
위협하자 주공 단이 봉기를 진압하고 당국 백성들을 두杜 땅으로 이전
시켜 주 왕실 사람들을 당지唐地로 옮겼다. 주나라 성왕 10년(서기전 1033)
성왕의 동생 희우姬虞를 당국 군주로 봉했다.

당숙우 사후 아들 희섭姬燮이 뒤를 이었는데 희섭은 진수晉水 곁에 가
서 살았다. 그래서 국호를 진晉으로 바꾸었으니 그가 진후섭晉侯燮이다.

진국晉國은 헌공獻公 시대에 크게 굴기했는데 '17개 나라를 병합하고
38개 국이 복종했다'고 할 정도였다. 문공文公은 성복지전城濮之戰에서
초국을 대파하고 중원의 패자가 되었고, 양공襄公 때는 진국秦國을 대파
하고 패자 지위를 계승했다.

진국晉國은 범范, 중행中行, 지智, 한韓, 조趙, 위魏 씨의 여섯 가문이

육경六卿으로 실권을 행사했는데 평공平公 이후 여섯 가문 사이의 투쟁이 격렬해졌다. 정공定公 때 먼저 범范씨와 중행中行씨가 실각하고 서기전 453년 한韓, 조趙, 위魏 씨가 연합해 지智씨를 몰락시켰다. 서기전 403년 주나라 무열왕武烈王이 한, 조, 위 씨를 제후로 삼았는데 이를 '세 집안이 진국을 나누었다'는 뜻의 '삼가분진三家分晉'이라고 부른다. 서기전 376년 진정공晉靜公이 폐해져 서민庶民으로 전락하면서 진국은 멸망하고 한韓, 조趙, 위魏 세 나라가 대신 들어섰다.

진 공실 세계(재위 기간은 모두 서기 전)

1. 당숙우부터 진이 익翼과 곡옥曲沃으로 나뉜 때까지

당숙우唐叔虞 → 진후섭晉侯燮 → 진무후晉武侯 → 진성후晉成侯 → 진여후晉厲侯 → 진정후晉靖侯 → 진이후晉釐侯(진희후晉僖侯) → 진헌후晉獻侯 → 진목후晉穆侯 → 진상숙晉殤叔 → 진문후晉文侯 → 진소후晉昭侯(746~739)

2. 진이 익후와 곡옥백으로 나뉜 시기(679년 곡옥무공이 진후민을 멸망시킴)

	군주 칭호	이름	재위 기간
진후晉侯 (익후翼侯)	진효후晉孝侯	희평姬平	739~724
	진악후晉鄂侯	희각姬却(희극姬郤)	724~718

군주 칭호	이름	재위 기간
진애후晉哀侯	희광姬光	718~709
진소자후晉小子侯	희교姬校	709~706
진후민晉侯緡	희민姬緡	706~679
곡옥환숙曲沃桓叔	희성사姬成師	745~731
곡옥장백曲沃莊伯	희선姬鱓	731~716
곡옥무공曲沃武公(진무공)	희칭姬稱	716~679

진후晉侯
(익후翼侯)

곡옥백曲沃伯

3. 주희왕周釐王이 곡옥무공을 진 군주로 책봉한 후부터 삼가분진까지

군주 칭호	이름	재위 기간
진무공晉武公	희칭姬稱	679~677
진헌공晉獻公	희궤저姬詭諸	677~651
진군해제晉君奚齊	희해제姬奚齊	650(10개월)
진군탁자晉君卓子	희탁姬卓	650(1개월)
진혜공晉惠公	희이오姬夷吾	650~637
진회공晉懷公	희어姬圉	637~636

군주 칭호	이름	재위 기간
진문공晉文公	희중이姬重耳	636~628
진양공晉襄公	희환姬歡	628~621
진영공晉靈公	희이고姬夷皐	620~607
진성공晉成公	희흑둔姬黑臀	607~600
진경공晉景公	희거姬据	599~582
진여공晉厲公	희수만姬壽曼	581~573
진도공晉悼公	희주姬周	573~558
진평공晉平公	희표姬彪	557~533
진소공晉昭公	희이姬夷	532~527
진경공晉頃公	희기질姬棄疾	526~513
진정공晉定公	희오姬午	512~475
진출공晉出公	희착姬鑿	474~452
진애공晉哀公	희교姬驕	451~434
진유공晉幽公	희류姬柳	433~416

4. 삼가분진 후 서인으로 몰락하기까지

군주 칭호	이름	재위 기간
진열공晉烈公	희지姬止	416~389
진효공晉孝公(진환공晉桓公)	희기姬頎	388~377
진정공晉靜公	희구주姬俱酒	377~376

가지가 줄기가 되다

진나라 당숙 우虞①는 주무왕의 아들이며 성왕의 아우이다. 애초에 무왕과 숙우의 어머니가 회합會合했을 때② 태몽을 꾸었는데 하늘에서 무왕에게 일러 말했다.

"내가 너에게 명하노니 아들을 낳게 하고 이름을 우虞라 할 것이며, 내가 그에게 당唐 땅을 주겠노라."

이에 아들을 낳았는데 그의 손에 '우虞'라는 무늬가 있었다. 그래서 마침내 천명에 따라 우虞라고 했다.

晉唐叔虞者① 周武王子而成王弟 初 武王與叔虞母會時② 夢天謂武王曰 余命女生子 名虞 余與之唐 及生子 文在其手曰虞 故遂因命之曰虞

① 晉唐叔虞者진당숙우자

색은 살펴보니 태숙太叔은 꿈과 손의 무늬 때문에 이름을 우虞라 했다. 성왕은 당唐의 후예를 처단하기에 이르렀을 때, 오동잎을 다듬어 장난친 것 때문에 우虞를 (당에) 봉했는데 숙叔은 자이다. 그래서 당唐 숙우叔虞라고 한다. 당에는 진수晉水가 있는데 아들 섭燮에 이르러 그 국호를 (진국으로) 고쳐 진후晉侯라고 했다. 그래서 진晉은 처음에 당唐에 봉해졌기에

'진 당숙우'라고 일컫는다. 또 당唐은 본래 요임금의 후예로 봉지封地가 하夏의 유허遺墟에 있었고 악鄂에 도읍했다. 악은 지금 대하大夏에 있는 데 이곳이다. 성왕은 당唐의 후예를 멸망시키고 이들을 나누어서 허許와 영郢 사이로 옮겼다. 그러므로 《춘추》에서 "당 성공成公이 있었다."라고 한 것이 이곳이다. 곧 지금의 당주唐州다.

按 太叔以夢及手文而名曰虞 至成王誅唐之後 因戲削桐而封之 叔 字也 故曰 唐叔虞 而唐有晉水 至子變改其國號曰晉侯 然晉初封於唐 故稱晉唐叔虞也 且 唐本堯後 封在夏墟 而都於鄂 鄂 今在大夏是也 及成王滅唐之後 乃分徙之於 許郢之間 故春秋有唐成公是也 即今之唐州也

② 武王與叔虞母會時무왕여숙우모회시

집해 《좌전》에서 말한다. "읍강邑姜이 바야흐로 태숙太叔을 임신했다." 복건이 말했다. "읍강은 무왕의 후后이며, 제태공의 딸이다."

左傳曰 邑姜方娠太叔 服虔曰 邑姜 武王后 齊太公女也

무왕이 붕어하고 성왕이 계승했는데 당唐에서 난리가 있자① 주 공은 당을 처단하고 없앴다. 성왕이 숙우와 놀면서, 오동잎을 다 듬어 홀을 만들어 숙우에게 주면서 말했다.
"이것으로써 너를 봉하노라."
사일史佚(사관의 이름)이 그로 인해 날을 가려 숙우를 군주로 세울 것을 청했다.② 성왕이 말했다.
"나는 장난으로 주었을 뿐이다."

사일이 말했다.

"천자는 희롱하는 말이 없어야 합니다. 말을 하면 곧 사史가 그것을 기록하고, 예로써 그것을 이루며, 악으로써 그것을 노래합니다."

이에 마침내 숙우를 당唐에 봉했다. 당은 하수河水와 분수汾水의 동쪽에 있으며 사방 100리이다. 그러므로 당숙우[3]라고 했다. 성은 희씨姬氏이고 자는 자우子于이다.

武王崩 成王立 唐有亂[1] 周公誅滅唐 成王與叔虞戲 削桐葉爲珪以與叔虞 曰 以此封若 史佚因請擇日立叔虞[2] 成王曰 吾與之戲耳 史佚曰 天子無戲言 言則史書之 禮成之 樂歌之 於是遂封叔虞於唐 唐在河汾之東 方百里 故曰唐叔虞[3] 姓姬氏 字子于

① 唐有亂당유난

정의 《괄지지》에서 말한다. "옛 당성唐城은 강주 익성현 서쪽 20리에 있는데 곧 요임금의 후예를 봉한 곳이다. 《춘추》에서 '하夏나라 공갑孔甲 때 요의 후예로 유루劉累라는 사람이 있었는데 환룡씨에게 용 기르는 법을 배워 공갑을 섬겼다. 하후夏后가 이를 아름답게 여기고 씨를 하사하여 어룡御龍씨라고 하고 다시 시위豕韋의 후예로 삼았다. 암컷 용龍 한 마리가 죽자 몰래 소금에 절여 하후에게 먹였다. 하후가 먹고 나서 다시 가져오라고 시킬까 두려워 노현魯縣으로 옮겨 살았다.'고 한다. 하후는 아마 따로 유루의 후손을 대하大夏의 유허에 봉하고 후侯로 삼은 듯하다. 주성왕 때에 이르러 당 사람이 난을 일으키자 성왕이 그들을 멸망시키고 대숙大叔을 봉했다. 다시 당 사람의 자손을 두杜로 옮기고 두백杜伯이라고 했는데 이에 범개范匄가 이르기를 '주나라에 당두씨唐杜氏가 있다.'

라고 한 바가 있다."

살펴보니 노현은 여주 노산현이 이곳이다. 지금 수주 조양현 동남쪽 150리에 상당향上唐鄉의 옛 성이 있다. 나중에 자손들은 당唐으로 이사했다.

括地志云 故唐城在絳州翼城縣西二十里 即堯裔子所封 春秋云夏孔甲時 有堯苗裔劉累者 以豢龍事孔甲 夏后嘉之 賜氏御龍 以更豕韋之後 龍一雌死 潛醢之以食夏后 旣而使求之 懼而遷於魯縣 夏后(召孟)[蓋]別封劉累之孫于大夏之墟爲侯 至周成王時 唐人作亂 成王滅之 而封大叔 更遷唐人子孫于杜 謂之杜伯 即范匄所云 在周爲唐杜氏 按 魯縣汝州魯山縣是 今隨州棗陽縣東南一百五十里上唐鄉故城即[是] 後子孫徙於唐

② 史佚因請擇日立叔虞사일인청택일립숙우

신주 《사기지의》에서 말한다. "《여씨춘추》와 《설원》〈군도君道〉에서 모두 주공이 숙우를 봉하기를 청했다고 했는데 오직 이곳에서만 '사일史佚'이라 했다. 그러나 이는 사실이 아니라고 비판하는 학자들이 많았다. 당나라 유종원은 그 망령됨을 열거하며 설명했는데, 저소손이 기록한 〈양효왕세가〉와 《한서》〈지리지〉의 응소 주석에 의거하면서 당에 봉해진 인물은 숙우叔虞가 아니라 성왕의 또 다른 동생인 응應을 봉했다고 주장했다. 《국어》〈진어〉에서 숙향叔向도 '당숙은 도림徒林에서 시兕(물소)를 쏘아 잡아서 대갑大甲에게 바쳤으므로 진晉에 봉해졌다.'라고 말했으니, 즉 오동잎을 다듬은 사연 때문이 아니라는 것이다."

③ 唐叔虞당숙우

집해 《세본》에서 말한다. "악鄂에 거처했다." 송충이 말했다. "악鄂 땅은 지금 대하大夏에 있다."

世本曰 居鄂 宋忠曰 鄂地今在大夏

정의 《괄지지》에서 말한다. "옛 악성鄂城은 자주 창녕현 동쪽 2리에 있다." 살펴보니 강주의 하현과 서로 가깝다. 우임금은 안읍安邑(훗날 위魏의 초기 도읍지)에 도읍했는데 옛 성은 현의 동북쪽 15리에 있다. 그래서 '대하大夏가 있었던 곳'이라고 이른다. 그러나 하수와 분수 두 물줄기의 동쪽에 봉했다고 하고 사방 100리라고 했으니 진주 평양현에 있었다는 것이 합당하다. 악鄂에 있었다는 것은 합당하지 않지만 자세히는 알지 못하겠다.

括地志云 故鄂城在慈州昌寧縣東二里 按 與絳州夏縣相近 禹都安邑 故城在縣東北十五里 故云在大夏也 然封于河汾二水之東 方百里 正合在晉州平陽縣 不合在鄂 未詳也

당숙의 아들 섭燮은 이에 진후晉侯가 되었다.[①]
진후의 아들은 영족寧族인데[②] 바로 무후武侯이다.
무후의 아들은 복인服人인데 바로 성후成侯이다.
성후의 아들은 복福[③]인데 바로 여후厲侯이다.
여후의 아들은 의구宜臼인데 바로 정후靖侯이다.
정후 이래로 연기年紀를 추산할 수 있다. 그러나 당숙으로부터 정후에 이르는 5세까지는 그 재위 연수가 기록에 없다.

唐叔子燮 是爲晉侯[①] 晉侯子寧族[②] 是爲武侯 武侯之子服人 是爲成侯 成侯子福[③] 是爲厲侯 厲侯之子宜臼 是爲靖侯 靖侯已來 年紀可推 自唐叔至靖侯五世 無其年數

① 唐叔子燮 是爲晉侯당숙자섭 이위진후

[정의] 燮의 발음은 '섭[先牒反]'이다.《괄지지》에서 말한다. "옛 당성은 병주 진양현 북쪽 2리에 있다.《성기》에서 '요임금이 쌓았다.'라고 한다. 서재徐才의《종국도성기》에서 '당숙우의 아들 섭보燮父가 이사해 진수晉水 근처에 살았다. 지금 병주는 옛 당성에 치소를 두고 있다. 당은 곧 섭보가 이사한 곳인데 그 성의 남쪽 절반이 주성州城으로 들어가고, 중간은 깎이어 제방이 되었으며, 성의 담장 북쪽 절반이 현재도 있다.'고 했다.《모시보》에는 '숙우의 아들 섭보는 요허堯墟의 남쪽에 진수晉水가 있었기에 진후晉侯라고 고쳤다.'라고 했다."

燮 先牒反 括地志云 故唐城在幷州晉陽縣北二里 城記云堯築也 [徐才]宗國都城記云 唐叔虞之子燮父徙居晉水傍 今幷理故唐城 唐者 卽燮父所徙之處 其城南半入州城 中削爲坊 城牆北半見在 毛詩譜云 叔虞子燮父以堯墟南有晉水 改曰晉侯

② 晉侯子寧族진후자영족

[색은]《세본》에서 '만기曼期'라 했고 초주는 '만기曼旗'라고 했다.

系本作曼期 譙周作曼旗也

③ 成侯子福성후자복

[색은]《세본》에는 '폭輻' 자로 되어 있다.

系本作輻字

정후靖侯 17년(서기전 842), 주나라 여왕厲王이 미혹되고 포학해지자 국인들이 난을 일으켰다. 여왕은 탈출하여 체彘 땅으로 달아났고 대신들이 정사를 행했으므로 '공화共和'①라고 했다.

靖侯十七年 周厲王迷惑暴虐 國人作亂 厲王出奔于彘 大臣行政 故曰 共和①

① 共和공화

정의 여왕이 체彘로 달아나자 주공周公과 소공召公이 그 백성을 화합시켜 정사를 행했고 '공화共和'라고 불렀다.

厲王奔彘 周召和其百姓行政 號曰共和

18년(서기전 841), 정후가 죽고 아들 희후釐侯 사도司徒가 계승했다.

희후 14년(서기전 827), 주선왕(서기전 827~782)이 처음 즉위했다.

18년, 희후가 죽고 아들 헌후獻侯 적籍①이 계승했다.

헌후가 11년 만에 죽고 아들 목후穆侯 비왕費王②이 계승했다.

十八年 靖侯卒 子釐侯司徒立 釐侯十四年 周宣王初立 十八年 釐侯卒 子獻侯籍①立 獻侯十一年卒 子穆侯費王②立

① 獻侯籍헌후적

색은 《세본》과 초주는 모두 '소蘇'라고 했다.

系本及譙周皆作蘇

② 穆侯費王목후비왕

색은 추탄생본에는 '불생弗生'이라 하고, 어떤 판본에는 '비왕沸王'이라고 한다. 아울러 발음은 '비祕'이다.

鄒誕本作弗生 或作沸王 竝音祕

목후 4년(서기전 808), 제나라 여인 강씨姜氏를 취해 부인으로 삼았다.

7년, 조條 땅을 침략했다. 태자 구仇[①]를 낳았다.

10년(서기전 802), 천묘千畝를 침략해 공로가 있었다.[②] 작은아들을 낳았는데 성사成師[③]라고 이름을 지었다. 진晉 사람 사복師服[④]이 말했다.

"이상하도다! 군주의 아들 이름이. 태자는 구仇인데 구仇는 원수라는 뜻이다. 작은아들은 성사成師인데 성사는 크게 부르짖어 이룩하는 것이다. 이름은 스스로 명하는 것이고 사물은 스스로 정해지는 것이다. 지금 적자適子와 서자庶子가 이름이 거꾸로 되었으니 이후로 진나라는 능히 어지러움이 없겠는가?"

穆侯四年 取齊女姜氏爲夫人 七年 伐條 生太子仇[①] 十年 伐千畝 有功[②] 生少子 名曰成師[③] 晉人師服[④]曰 異哉 君之命子也 太子曰仇 仇者讎也 少子曰成師 成師大號 成之者也 名 自命也 物 自定也 今適庶名反逆 此後晉其能毋亂乎

① 伐條 生太子仇벌조 생태자구

집해 두예가 말했다. "조는 진晉 땅이다."

杜預曰 條 晉地

② 伐千畝 有功벌천묘 유공

집해 두예가 말했다. "서하 개휴현 남쪽에 천묘라는 지명이 있다."

杜預曰 西河介休縣南有地名千畝

③ 名曰成師명왈성사

집해 두예가 말했다. "뜻하는 것이 능히 그의 백성을 성취시킨다는 것을 취한다."

杜預曰 意取能成其衆也

④ 晉人師服진인사복

집해 가규가 말했다. "진晉 대부이다."

賈達曰 晉大夫

27년(서기전 785), 목후가 죽고 아우 상숙殤叔이 스스로 즉위하자 태자 구仇는 달아났다.

상숙 3년, 주선왕이 붕어했다.

4년(서기전 781), 목후의 태자 구는 그의 무리를 거느리고 상숙을 습격하고 즉위했는데 이이가 문후文侯이다.

문후 10년(서기전 771), 주나라 유왕幽王이 무도했다. 이에 견융犬戎이

유왕을 살해하자 주나라는 동쪽으로 천도했다. 진양공秦襄公이 처음으로 제후의 반열에 올랐다.

35년(서기전 746), 문후 구가 죽고 아들 소후昭侯 백伯이 계승했다.

二十七年 穆侯卒 弟殤叔自立 太子仇出奔 殤叔三年 周宣王崩 四年 穆侯太子仇率其徒襲殤叔而立 是爲文侯 文侯十年 周幽王無道 犬戎殺幽王 周東徙 而秦襄公始列爲諸侯 三十五年 文侯仇卒 子昭侯伯立

소후 원년, 문후의 아우 성사成師를 곡옥曲沃[1]에 봉했다. 곡옥읍은 익翼보다 컸다. 익翼은 진晉나라 군주의 도읍이었다.[2] 성사를 곡옥에 봉하고 호를 환숙桓叔이라고 했다. 정후의 서손庶孫 난빈欒賓[3]은 환숙의 재상宰相이 되었다. 환숙은 이때 나이 58세였다. 덕을 좋아해 진나라의 많은 사람이 모두 따랐다. 군자가 말했다.

"진晉의 어지러움은 곡옥曲沃에서 있을 것이다. 가지가 줄기보다 커지고 백성의 마음까지 얻었으니 난이 일어나지 않을 거라고 어찌 기대하겠는가?"

昭侯元年 封文侯弟成師于曲沃[1] 曲沃邑大於翼 翼 晉君都邑也[2] 成師封曲沃 號爲桓叔 靖侯庶孫欒賓[3]相桓叔 桓叔是時年五十八矣 好德 晉國之衆皆附焉 君子曰 晉之亂其在曲沃矣 末大於本而得民心 不亂何待

① 曲沃곡옥

색은 하동군의 현 이름이다. 한무제가 문희聞喜라고 고쳤다.

河東之縣名 漢武帝改曰聞喜也

신주 곡옥曲沃은 훗날 한漢나라 사예부司隸部 하동군河東郡에 속했으며 색은의 주석처럼 문희聞喜로 개명된다. 당시 진晉의 중심지인 강읍絳邑 남쪽이고 익성翼城 서남쪽이며 안읍安邑 북쪽이다. 나중에 삼국시대 위魏나라의 조씨曹氏가 한漢나라를 대신하자 하동군의 북부를 나누어 평양군平陽郡을 설치한다. 문희는 하동군으로, 강읍과 익성은 평양군으로 편입되었다.

② 翼晉君都邑也익진군도읍야

색은 익翼은 본래 진晉 도읍이었다. 효후孝侯 이하부터 하나같이 익후翼侯로 불렀는데, 평양 강읍현 동쪽 익성翼城이 이곳이다.

翼本晉都也 自孝侯已下一號翼侯 平陽絳邑縣東翼城是也

③ 欒賓난빈

정의 《세본》에서 말한다. "난숙빈보欒叔賓父라고 한다."

世本云欒叔賓父也

7년(서기전 739), 진나라 대신 반보潘父가 그의 군주 소후를 시해하고 곡옥의 환숙을 맞이했다. 환숙이 진晉으로 돌아오고자 하니, 진나라 사람들이 군사를 일으켜 환숙을 공격했다. 환숙은 패하고 도로 곡옥으로 돌아갔다. 진나라 사람들이 함께 소후의 아들

평후平侯을 세워 군주로 삼았는데 이이가 효후孝侯이다. 반보를 처단
했다.

효후 8년(서기전 731), 곡옥의 환숙이 죽고 아들 선鱓[1]이 환숙을 대신
했는데 이이가 곡옥의 장백莊伯이다.

효후 15년,[2] 곡옥의 장백이 그의 군주 진나라 효후孝侯를 익翼 땅
에서 시해했다. 진나라 사람들이 장백을 공격하자 장백은 다시
곡옥으로 돌아갔다. 진나라 사람들이 다시 효후의 아들 극郤[3]을
세워 군주로 삼았는데 이이가 악후鄂侯이다.

七年 晉大臣潘父弑其君昭侯而迎曲沃桓叔 桓叔欲入晉 晉人發兵攻桓
叔 桓叔敗 還歸曲沃 晉人共立昭侯子平爲君 是爲孝侯 誅潘父 孝侯八
年 曲沃桓叔卒 子鱓[1]代桓叔 是爲曲沃莊伯 孝侯十五年[2] 曲沃莊伯弑
其君晉孝侯于翼 晉人攻曲沃莊伯 莊伯復入曲沃 晉人復立孝侯子郤[3]
爲君 是爲鄂侯

① 子鱓자선

[색은] 鱓의 발음은 '선[時戰反]'이다. 또 발음이 '선善'이고, 또 발음이 '타阤'
이다.

音時戰反 又音善 又音阤

② 孝侯十五年효후15년

[신주] 〈십이제후연표〉에는 이 사건이 서기전 724년인 효후 16년으로
나온다. 사마천이 〈십이제후연표〉에서 소후 말년과 효후 원년을 겹쳐서
기록한 까닭에 〈십이제후연표〉가 잘못된 것이다.

③ 孝侯子郄효후자극

색은 《세본》에서는 '극郄' 자로 되어 있고, 다른 판본에는 또한 '도都' 자로 되어 있다.

系本作郄 而他本亦有作都

정의 발음은 '극[丘戟反]'이다.

音丘戟反

신주 《사기지의》에서는 《좌전》에 의거하여 악후를 효후의 아우라고 주장한다. 〈십이제후연표〉는 〈진세가〉와 같다.

악후 2년(서기전 722), 노나라 은공隱公이 처음 즉위했다.

악후는 6년(서기전 718)에 죽었다. 곡옥의 장백은 진나라 악후가 죽었다는 소식을 듣고 이에 군사를 일으켜 진을 침범했다. 주나라 평왕平王(서기전 771~720)이 괵공虢公에게 병사들을 이끌고 곡옥의 장백을 정벌하라고 명했다.① 장백은 달아나 곡옥을 지켰다. 진나라 사람들이 함께 악후의 아들 광光을 군주로 세웠는데 이이가 애후哀侯이다.

鄂侯二年 魯隱公初立 鄂侯六年卒 曲沃莊伯聞晉鄂侯卒 乃興兵伐晉 周平王使虢公將兵伐曲沃莊伯① 莊伯走保曲沃 晉人共立鄂侯子光 是 爲哀侯

---

① 周平王使虢公將兵伐曲沃莊伯주평왕사괵공장병벌곡옥장백

신주 《사기지의》에서는 곡옥 장백을 치라고 명령한 사람이 평왕이 아니라 환왕桓王이라고 한다. 이때 평왕은 이미 세상을 떠난 상태였기 때문이다. 〈십이제후연표〉(서기전 718)에도 환왕이라고 나온다.

애후 2년(서기전 716), 곡옥의 장백이 죽고 아들 칭稱[1]이 장백을 대신해 즉위했는데 이이가 곡옥 무공武公이다.

6년, 노나라에서 그의 군주 은공을 시해했다.

8년(서기전 710), 진晉나라가 형정陘廷[2]을 침략했다. 형정사람이 곡옥의 무공과 함께 모의해, 9년에 분수汾水 근방[3]에서 진나라를 쳐서 애후를 사로잡았다. 진나라 사람들은 이에 애후의 아들 소자小子를 세워서 군주로 삼았는데 이이가 소자후小子侯이다.[4]

哀侯二年曲沃莊伯卒 子稱[1]代莊伯立 是爲曲沃武公 哀侯六年 魯弑其君隱公 哀侯八年 晉侵陘廷[2] 陘廷與曲沃武公謀 九年 伐晉于汾旁[3] 虜哀侯 晉人乃立哀侯子小子爲君 是爲小子侯[4]

[1] 子稱자칭

정의 稱의 발음은 '충[尺證反]'이다.

稱 尺證反

[2] 陘廷형정

집해 가규가 말했다. "익의 남쪽 시골 읍의 이름이다."

賈達曰 翼南鄙邑名

③ 汾旁분방

정의 旁의 발음은 '방[白郎反]'이고, 분수汾水 근방이다.

白郎反 汾水之旁

④ 小子侯소자후

집해 《예기》에서 말한다. "천자가 상복을 벗지 않으면 '여소자予小子'라고 하는데, 살아서도 그것을 이름으로 하고 죽어서도 그것을 이름으로 한다." 정현이 말했다. "진나라에 소자후가 있는데 이것은 천자에서 취한 것이다."

禮記曰 天子未除喪曰餘小子 生名之 死亦名之 鄭玄曰 晉有小子侯 是取之天子也

소자 원년, 곡옥의 무공은 한만韓萬[①]을 시켜 사로잡은 진나라 애후를 살해하게 했다. 곡옥이 더욱 강해지자 진나라에서 어찌할 방법이 없었다.

小子元年 曲沃武公使韓萬[①]殺所虜晉哀侯 曲沃益彊 晉無如之何

① 韓萬한만

집해 가규가 말했다. "한만은 곡옥 환숙桓叔의 아들이고 장백莊伯의 아우이다."

賈逵曰 韓萬 曲沃桓叔之子 莊伯弟

진소자 4년(서기전 706), 곡옥의 무공이 진소자를 유인해 불러서 살해했다. 주나라 환왕桓王(서기전 719~697)이 괵중虢仲[1]을 시켜 곡옥의 무공을 정벌하게 하자 무공은 곡옥으로 돌아갔으며, 이에 진애후의 아우 민緡을 군주로 세우고 진후晉侯로 삼았다.

晉小子之四年 曲沃武公誘召晉小子殺之 周桓王使虢仲[1]伐曲沃武公 武公入于曲沃 乃立晉哀侯弟緡爲晉侯

① 虢仲괵중

[정의] 마융이 말했다. "주무왕이 상商나라를 이기고 문왕의 어머니가 다른 아우 괵중虢仲을 하양夏陽에 봉했다."

馬融云 周武王克商 封文王異母弟虢仲於夏陽

진후 민緡 4년, 송나라에서 정나라 제중祭仲을 체포하고 돌突(여공厲公)을 세워 정나라 군주로 삼았다.

19년, 제나라 사람 관지보管至父가 그의 군주 양공을 시해했다.

28년(서기전 679),[1] 제환공이 처음으로 패자가 되었다. 곡옥의 무공은 진후 민緡을 쳐서 멸망시키고 그의 보기寶器들을 주나라 희왕釐王(서기전 682~677)에게 모두 뇌물로 바치니 희왕이 곡옥의 무공을 진나라 군주로 삼으라고 명하고 제후 반열에 서게 했다. 이에 모든 진나라 땅을 병합하여 소유하였다.

곡옥의 무공이 즉위하고 37년이 지나 호칭을 진무공이라고 고쳤다.

진무공은 비로소 진국晉國에 도읍하였는데, 지난날 곡옥에서 즉위한 것까지 합하면 모두 38년이다.

晉侯緡四年 宋執鄭祭仲而立突爲鄭君 晉侯十九年 齊人管至父弑其君襄公 晉侯二十八年[1] 齊桓公始霸 曲沃武公伐晉侯緡 滅之 盡以其寶器賂獻于周釐王 釐王命曲沃武公爲晉君 列爲諸侯 於是盡幷晉地而有之 曲沃武公已即位三十七年矣 更號曰晉武公 晉武公始都晉國 前即位曲沃 通年三十八年

① 晉侯二十八年진후이십팔년

신주 이때는 제환공 7년으로 사마천의 〈십이제후연표〉로는 진후 민緡 28년이 된다. 하지만 앞서 살펴보았듯이 〈십이제후연표〉에서 소자 4년과 민緡 원년이 겹치고, 또 사마천이 애후哀侯 9년을 빠뜨렸으므로 2년을 빼면 26년이 맞다. 따라서 수정한 〈춘추시대 수정 연표〉를 기준으로 하면 민 26년이 되어야 한다.

무공 칭稱은 선진목후先晉穆侯[1]의 증손이며 곡옥 환숙桓叔의 손자이다. 환숙은 처음에 곡옥에 봉해졌다. 무공은 장백莊伯의 아들이다. 환숙이 처음 곡옥에 봉해지고부터 무공에 이르러 진晉을 멸망시키기까지 모두 67년이다. 그리고 마침내 진晉을 대신해 제후가 되었다.

무공은 진晉을 대신한 지 2년 만에 죽었다. 곡옥에서 즉위한 것과

합쳐 즉위한 지 무릇 39년 만에 죽었다. 아들 헌공獻公 궤제詭諸가 계승했다.

武公稱者 先晉穆侯曾孫也① 曲沃桓叔孫也 桓叔者 始封曲沃 武公 莊伯子也 自桓叔初封曲沃以至武公滅晉也 凡六十七歲 而卒代晉爲諸侯 武公代晉二歲 卒 與曲沃通年 即位凡三十九年而卒 子獻公詭諸立

① 先晉穆侯曾孫也선진목후증손야

색은 진晉에는 2명의 목후穆侯가 있다. '선先'이라 말한 것은 '후後'와 구별한 것이다

晉有兩穆侯 言先 以別後也

헌공 원년, 주나라 혜왕惠王의 아우 퇴穨가 혜왕을 공격하자 혜왕은 탈출하여 달아나 정鄭나라 역읍櫟邑①에서 거처했다.

5년, 여융驪戎을 침략하고② 여희驪姬와 여희의 여동생을 얻어 함께 아끼고 사랑했다.

獻公元年 周惠王弟穨攻惠王 惠王出奔 居鄭之櫟邑① 五年 伐驪戎② 得驪姬驪姬弟 俱愛幸之

① 居鄭之櫟邑거정지역읍

색은 역櫟은 정나라 읍이다. 지금 하남군 양적陽翟이 이곳이다. 옛 정나라 10개의 읍에는 역櫟이 있고 화華가 있다.

櫟 鄭邑 今河南陽翟是也 故鄭之十邑有櫟有華也

신주 혜왕이 쫓겨난 사건은 혜왕 2년이니 진헌공 2년에 해당한다.

② 伐驪戎벌여융

집해 위소가 말했다. "서융의 별종으로 여산驪山에 있었다."

韋昭曰 西戎之別在驪山也

8년, 사위士蔿①가 헌공을 설득해 말했다.

"옛 진晉의 여러 공자公子가 많은데, 처단하지 않으면 변란이 또 일어날 것입니다."

이에 여러 공자를 모두 죽이도록 했다. 그리고 취취聚 땅②에 성을 쌓아서 도읍으로 만들어 강絳이라 명명하고, 비로소 강에 도읍했다.③

9년, 진晉의 여러 공자가 괵虢나라④로 도망쳤다. 괵나라에서 이런 까닭에 두 번 진晉나라를 침벌했으나 이기지 못했다.

10년, 진晉나라가 괵虢나라를 침략하려고 하자 사위가 말했다.

"장차 그들이 어지러워질 때를 기다려야 합니다."

八年 士蔿①說公曰 故晉之群公子多 不誅 亂且起 乃使盡殺諸公子 而城聚都之② 命曰絳 始都絳③ 九年 晉群公子既亡奔虢④ 虢以其故再伐晉 弗克 十年 晉欲伐虢 士蔿曰 且待其亂

---

① 士蔿사위

| 집해 | 가규가 말했다. "사위는 진나라 대부이다."

賈逵曰 士蔿 晉大夫

② 而城聚都之이성취도지

| 집해 | 가규가 말했다. "취聚 땅은 진나라 읍이다."

賈逵曰 聚 晉邑

| 신주 | 《사기지의》에서 말했다. "《좌전》에 의거하면 취에 성을 쌓고 그곳에서 모든 공자를 죽였다는 것은 8년이고, 강에 성을 쌓은 것은 9년으로, 별개의 일이다."

③ 始都絳시도강

| 색은 | 《춘추》 장공 26년 조와 《좌전》에서 "사위가 강絳에 성을 쌓았다."고 한 것이 이것이다. 두예가 말했다. "지금 평양군 강읍현이다." 응소가 말했다. "강수絳水가 서남쪽으로 흐른다."

春秋莊二十六年傳士蔿城絳 是也 杜預曰今平陽絳邑縣 應劭曰絳水出西南也

| 신주 | 노장공 26년은 헌공 9년에 해당한다. 여기서는 8년이라 하여 잘못되었다. 강읍의 동쪽이 산맥이니 서남쪽으로 흘러 나간다고 해석해야 옳다.

④ 虢괵

| 신주 | 괵국虢國은 모두 다섯 개가 있었는데, 그 위치가 같지 않다. 서기전 1046년 주무왕이 상商을 꺾고 문왕의 두 동생을 괵군虢君으로 봉했다. 괵중虢仲을 제읍制邑에 봉했는데 이것이 동괵국東虢國이고, 괵숙虢叔을

옹읍雍邑에 봉했는데 이것이 서괵국西虢國이다. 서괵국은 주여왕周厲王 3년 회이淮夷를 공격했고 여왕厲王과 선왕宣王 때 하남 삼문협三門峽 일대로 천도해 상양上陽에 도읍하는데 이것이 남괵국南虢國이다. 서기전 655년 진헌공晉獻公이 우국虞國의 길을 빌리는 '가도멸괵假道滅虢' 전략으로 남괵국을 멸망시켰다. 서괵국이 동쪽으로 이주한 후 원 자리에는 소괵국小虢國이 있었는데, 서기전 687년 진무공秦武公에게 멸망했다. 동괵국은 서기전 767년 정鄭무공武公에게 멸망했다. 주평왕平王이 그 후예 괵서虢序를 다시 하양夏陽에 봉했는데 이것이 북괵국北虢國이다. 서기전 658년 진헌공이 우국의 다른 길을 빌리는 가도멸괵 전략으로 북괵국도 멸망시켰다.

여희에 빠진 헌공

12년, 여희가 해제奚齊를 낳았다. 헌공은 태자를 폐할 의도를 가지고 이에 말했다.

"곡옥은 우리 선조의 종묘가 있는 곳이고, 포蒲 땅은 진秦나라와 국경을 접하고 있으며, 굴屈 땅은 적翟과 국경을 이루고 있는데,[①] 여러 아들을 시켜서 거처하게 하지 않는다면 내가 두려울 것이다."

이에 태자 신생申生을 곡옥에 살게 하고, 공자 중이重耳를 포蒲 땅에 살게 하고, 공자 이오夷吾를 굴屈 땅에 살게 했다. 헌공은 여희와 함께 아들 해제를 강絳에 살게 했다. 진나라에서 이 때문에 태자가 계승하지 못할 것을 알았다.

十二年 驪姬生奚齊 獻公有意廢太子 乃曰 曲沃吾先祖宗廟所在 而蒲邊秦 屈邊翟[①] 不使諸子居之 我懼焉 於是使太子申生居曲沃 公子重耳居蒲 公子夷吾居屈 獻公與驪姬子奚齊居絳 晉國以此知太子不立也

① 而蒲邊秦 屈邊翟이포변진 굴변적

[집해] 위소가 말했다. "포蒲는 지금의 포판蒲阪이다. 굴屈은 북굴北屈이고 모두 하동군에 있다." 두예가 말했다. "포蒲는 지금 평양군 포자현이

이곳이다."

韋昭曰 蒲 今蒲阪 屈 北屈 皆在河東 杜預曰 蒲 今平陽蒲子縣是也

태자 신생申生의 어머니는 제환공의 딸로서 제강齊姜이라고 했는데[1] 일찍 죽었다. 태자 신생과 어머니가 같은 누이동생은 진목공秦穆公의 부인이 되었다.[2] 중이重耳의 어머니는 적적翟나라 호씨狐氏의 딸이다. 이오夷吾의 어머니는 중이 어머니의 여동생이다.[3]
헌공은 아들이 8명이었는데[4] 태자 신생과 중이, 이오는 모두 어진 행실이 있었다. 그러나 여희를 얻음에 이르러 이 세 아들을 멀리하였다.

太子申生 其母齊桓公女也 曰齊姜[1] 早死 申生同母女弟爲秦穆公夫人[2] 重耳母 翟之狐氏女也 夷吾母 重耳母女弟也[3] 獻公子八人[4] 而太子申生重耳夷吾皆有賢行 及得驪姬 乃遠此三子

---

① 太子申生~曰齊姜태자신생~왈제강

신주 《사기지의》에서 말한다. "《좌전》 장공 28년 조에서는 '헌공이 제강齊姜과 증간蒸奸하여 진목공 부인과 태자 신생을 낳았다.'고 한다. 주석에서 '제강은 무공의 첩이다.'라고 한다. 그러므로 희공 15년 소疏에 '신생의 모친은 본래 무공의 첩이다. 무공 말년에 제환공이 처음 즉위했으니 제환공의 딸이 될 수 없는데, 사마천이 그릇되게 했다.'고 한다. (후략)"
그리고 '후략' 부분에서 《대사표》 〈제강변〉을 매우 길게 실어 《좌전》의 내용을 반박했는데, 양옥승의 의중은 그에 기울었다고 볼 수 있다.

그래서 신생의 모친은 어떤 사람인지 고찰해보면 첫째, 위 주석에서 "무공 말년에 제환공이 처음 즉위했다."고 한 것은 잘못이다. 제환공은 무공 31년에 즉위했고 무공은 39년에 죽었으니, 무공이 죽기 8년 전이다. 환공의 즉위 때 나이를 알 수는 없지만 재위 43년을 감안하면 아주 많게 잡아야 30대 중반일 것이다. 고대 혼인연령으로 보건대, 환공 즉위 무렵에 혼기가 찬 딸이 있었을 수도 있다.

둘째, 《좌전》에서 헌공은 정실 가부인賈夫人이 있었지만, 아이를 갖지 못했다고 한다. 즉 헌공은 정실부인이 불임인 상태에서 측실에게서 중이와 이오를 낳았다. 그러다가 제강과 통하여 신생을 낳고 정실부인으로 삼은 것이다. 신생을 먼저 기록한 것은 나이가 많아서가 아니라 태자이기 때문이다. 그 시점은 무공이 세상을 떠난 다음일 것이니 헌공 12년에 신생은 10세 남짓에 태자가 된 것이다.

셋째, 헌공 22년에 신생의 누이는 진목공에게 시집간다. 고대 혼인 연령을 보았을 때, 10대 중반일 것이다. 또 헌공 즉위 때 중이는 21세였었다고 나온다. 만약 신생이 제일 나이가 많다면, 헌공 22년에 신생은 무려 45세 가량이나 되어 진목희보다 무려 30년가량 앞서게 된다. 위 문장에 "제강은 일찍 죽었다."고 하는데, 신생과 누이동생의 나이 차를 감안하면 나오기 힘든 문장이다. 또 이는 신생의 나이가 중이보다 많지 않다는 사실을 암시한다.

넷째, 신생은 헌공 17년에 군대를 지휘한다. 그러려면 최소한 고대 성년 기준인 18세 정도는 되어야 할 것이다. 헌공 원년에 태어났다고 가정하면 충분하다. 그렇다고 해도 중이보다 무려 20년 정도 어리다.

그렇다면 〈진세가〉에서 신생의 모친을 "제환공의 딸이다."라고 한 것은 사실에 가까울 것인데 아마도 제강齊姜은 시집오고 얼마 안 되어 무공을 잃었을 것이고 한참 청장년인 아들 헌공에게 사랑받아 정실이 되었을 것이다. 그 배경에는 당시 제환공은 패자가 되었으니 그 힘을 이용하려는 헌공의 의중도 담겨 있었을 것이다. 헌공이 서모庶母인 제강과 관계한 것은 당시에는 그리 큰 흠이 아니었기에 정실로 삼았을 것이다. 증烝은 아랫사람이 윗사람과 남녀관계로 통하는 것을 말한다. 아버지, 할아버지의 첩이나 측실이 아들이나 손자와 비슷한 또래여서 연정을 품고 있다가 생전에 몰래 혹은 사후에 공개적으로 관계해서 아이를 가지거나 본부인으로 삼는 경우가 그리 드물지는 않았다.

〈위강숙세가〉에 보면, 선공宣公은 아버지 장공莊公의 첩을 본부인으로 삼으니 그가 이강夷姜이고 태자 급伋을 낳는다. 선공은 나중에 태자비로 들이려던 제나라 여자를 가로채니 그가 선강宣姜이다. 태자 급이 살해당하고 선공이 죽은 뒤에 급의 아우 완頑은 선강을 정실로 삼아 아들을 낳으니 그 아들들은 대공戴公과 문공文公이 된다.

〈송미자세가〉에 보면, 문공文公 포鮑의 할머니뻘인 양공襄公의 첩은 문공과 관계하려고 한다. 〈조세가〉에 보면, 조장자趙莊子 삭朔의 부인이던 조장희趙莊姬는 삭이 죽은 다음에 막내숙부 조영제趙嬰齊와 관계한다. 조영제가 증烝한 것이다. 그리고 그를 제지하여 영제를 쫓아낸 두 숙부 동同과 괄括을 모함하여 죽게 만들고 조씨를 거의 멸족 직전까지 몰아넣는다. 나중에 후계자가 된 조무趙武는 사실 조장희와 조영제 사이의 자식일 가능성이 매우 높다. 《좌전》 희공 15년을 보면, 혜공 이오는 헌공의 정실이던 가부인을 증烝했다고 한다. 친모가 아닌 서모庶母가 의붓자식과 관계하는 일은 고대에 그리 드물지 않았다.

② 申生同母女弟爲秦穆公夫人신생동모녀제위진목공부인

신주 《사기지의》에서는 《좌전》의 주소注疏에 근거하여 누이동생이 아니라 누나라고 주장한다. 하지만 위에서 보았듯이 태자 신생이 누이의 동생이라면 헌공 12년 이미 태자가 되고 17년에 군대를 지휘한 것은 거짓이 된다. 주소가 틀린 것이며 실제 《좌전》에는 진목희를 앞에 기재했을 뿐 선후를 따지지 않았다. 앞에 기재했다고 꼭 나이가 위라고 볼 수는 없기 때문이다.

③ 夷吾母 重耳母女弟也이오모 중이모녀제야

신주 《좌전》에서 중이 모친은 대융大戎이고 이오 모친은 소융小戎이라 한다. 《사기지의》에서 말한다. "대개 대융과 소융이란 호칭 때문에 헷갈려 잘못 기록한 것이다. 그러므로 공중달은 희공 15년 소疏에서 '괵석虢射은 혜공(이오)의 외삼촌이고 호언狐偃은 문공(중이)의 외삼촌이니 두 모친은 자매가 되지 않는다. 사마천이 그릇되게 했다.'고 했다."

적적狄은 적인狄人을 뜻하는데, '적狄' 자는 혹 '적翟' 자로도 되어 있다. 주나라를 중심으로 볼 때 북방 민족을 북적北狄이라고 불렀지만 모두 동이東夷의 한 일파였다. 춘추 때는 적적赤狄, 백적白狄, 장적長狄 등이 있었다. 이 중 백적은 춘추 때 지금의 섬북陝北일대의 옛 옹주雍州에 분포했다. 서기전 550년 진국秦國의 압박과 진국晉國의 화융和戎 정책의 영향을 받아 지금의 하북성 석가장石家莊 일대로 동천東遷했다. 동천 후 백적의 주요 구성은 선우씨鮮虞氏, 비씨肥氏, 고씨鼓氏, 구유씨仇由氏의 4개 씨족이었다. 비씨, 고씨, 구유씨는 훗날 진晉에게 멸망했지만 선우씨는 서기전 507년 중산국中山國을 세웠다. 이 중산국은 서기전 406년 위문후魏文侯에게 멸망했지만 서기 381년 무렵에 다시 중산국을 세웠는데 이것이 '중산복국中山復國'이다. 이 중산국은 지금의 하북성 평산현平山縣 지역인 영수靈壽에 도읍했다가

서기전 296년 같은 동이족으로 영성瀛姓인 조국趙國에게 멸망한다.

《전국책戰國策》〈진책秦策〉에서 중산국의 땅은 사방 500리라고 말하고 있으며, 20개 도시마다 전차가 25대로서 모두 1,000대의 전차를 갖고 있다고 말하고 있다. 복국한 이후에는 90개의 도시에 2,250대의 전차를 가지고 있었고 125대의 전차로 1개 군을 구성하는데 18개 군을 가지고 있었다. 또한 전문 군사가 2만 2,500여 명이고 22만 5,000명의 민병民兵을 갖고 있던 강국이었다.

④ 獻公子八人 헌공자팔인

신주 《사기지의》에서 말한다. "《좌전》에서 '헌공의 아들은 아홉 명'이라고 했는데, 상문上文에서 여덟 명이라고 하였으니 어찌 된 일인가? 그러나 하문下文에서 아들이 아홉 명이라고 서술하였으니 아홉 명이 맞다." 즉 문공 중이가 망명할 때 따른 자들과 공신들에게 상을 주었는데, 은자隱者 개자추介子推에게까지 상賞이 닿지 못했다. 개자추 또한 녹봉을 요구하지 않아서 이 또한 미치지 못했다. 이때 개자추가 "헌공의 아들은 9명인데 오직 군주만 남아 있다. 혜공과 회공은 친근한 자가 없어 안팎으로 버려졌다. 하늘이 진晉나라를 단절시키지 않아 반드시 장차 주인을 두었으니 진晉나라 제사를 주관할 자는 군주가 아니면 누구이리오?"라고 말하고 있어 '아홉 명'이라고 하는 설에 무게가 실린다.

16년, 진헌공은 2군二軍①을 만들었다. 헌공은 상군上軍을 거느리고, 태자 신생은 하군下軍을 거느렸으며, 조숙趙夙은 융거戎車를

몰았고, 필만畢萬은 우右가 되어서 침략에 나섰다. (그래서) 곽霍나라
를 멸망시키고 위魏나라를 멸망시키고 경耿나라를 멸망시켰다.②
돌아와 태자를 위해 곡옥에 성을 쌓게 하고 조숙에게는 경耿 땅
을 하사하고 필만에게는 위魏 땅을 하사하고 대부로 삼았다.

十六年 晉獻公作二軍① 公將上軍 太子申生將下軍 趙夙御戎 畢萬爲右
伐滅霍 滅魏 滅耿② 還 爲太子城曲沃 賜趙夙耿 賜畢萬魏 以爲大夫

① 晉獻公作二軍진헌공작이군

  집해 《좌전》에서 말한다. "주나라 왕이 곽나라 공작으로 하여금 곡옥
曲沃의 백작에게 명해 1군一軍으로 진晉나라 후작이 되게 했다." 지금에
야 처음으로 2군二軍을 만든 것이다.

左傳曰王使虢公命曲沃伯以一軍 爲晉侯 今始爲二軍

② 伐滅霍 滅魏 滅耿벌멸적 멸위 멸경

  집해 복건이 말했다. "세 나라가 모두 희성姬姓이다. 위魏는 진晉의 포
판蒲阪으로 하동군에 있었다." 두예가 말했다. "평양군 피지현 동남쪽에
경향耿鄕이 있고, 영안현 동북쪽에 곽태산霍太山이 있다."

服虔曰 三國皆姬姓 魏在晉之蒲阪河東也 杜預曰 平陽皮氏縣東南有耿鄕 永安
縣東北有霍太山也

  색은 살펴보니 영안현 서남쪽 분수汾水의 서쪽에 곽성霍城이 있으니
옛 곽국霍國이다. 곽수霍水가 있어 곽태산에서 나온다. 〈지리지〉에는 하
동 하북현은 옛 위국魏國이라 한다. 《지기地記》에도 또한 그러하다. 복건
이 포판에 있다고 한 것은 잘못이다. 《지기》에서 또 피지현 분수 남쪽에

경성耿城이 있는데 이것을 옛 경국耿國이라고 했다.

按 永安縣西南汾水西有霍城 古霍國 有霍水 出霍太山 地理志河東河北縣 古魏國 地記亦以爲然 服虔云在蒲阪 非也 地記又曰皮氏縣汾水南耿城 是故耿國也

신주 황하는 당시 진晉 서쪽에 있으며, 북에서 남으로 흐르다가 피지현皮氏縣 남쪽에 이른다. 여기에서 동쪽에서 흘러들어오는 분수汾水를 만나 합류하고 계속 남으로 흘러 포판蒲阪에 닿는다. 또 이곳에서 동쪽에서 흘러들어오는 연수沇水를 만나 합류하는데 이 연수가 곡옥曲沃을 적시는 물이다. 황하는 포판에서 남으로 약 20km를 흐르면 서쪽에서 들어오는 위수渭水를 만나 90° 꺾어져서 마침내 동쪽으로 흐른다. 대략 30km 흐르면 하북현河北縣 남쪽을 지나니 하북현은 포판 동남에 있다.

사위가 말했다.

"태자는 군주로 서지 못할 것입니다. 도성都城[1]을 나누고 경卿의 지위를 주었으니[2] 이미 (녹봉과 지위를) 극도로 삼은 것인데[3] 또 어찌 군주의 자리에 설 수 있겠습니까? 도망가는 것만 같지 못합니다. 부리는 일이 없더라도 죄에 이르게 될 것입니다. 오태백吳太伯을 본받는 것도 또한 좋지 않겠습니까?[4] 오히려 아름다운 이름을 가지게 될 것입니다.[5]"

태자는 따르지 않았다.

士蔿曰 太子不得立矣 分之都城[1] 而位以卿[2] 先爲之極[3] 又安得立 不如逃之 無使罪至 爲吳太伯 不亦可乎[4] 猶有令名[5] 太子不從

① 都城도성

집해 복건이 말했다. "읍邑에 선군先君의 신주가 있는 곳이 도都이다."

服虔曰 邑有先君之主曰都

② 而位以卿이위이경

집해 가규가 말했다. "하군下軍을 거느리는 것을 이른 것이다."

賈逵曰 謂將下軍也

③ 先爲之極선위지극

집해 복건이 말했다. "그의 녹봉과 지위가 이곳에서 극도에 달했음을 말한 것이다."

服虔曰 言其祿位極盡於此也

④ 爲吳太伯 不亦可乎위오태백 불역가호

집해 왕숙이 말했다. "태백은 천명으로 왕王이 될 자는 계季(막내)라는 사실을 알고 오吳나라로 달아나 돌아오지 않았다."

王肅曰 太伯知天命在王季 奔吳不反

신주 오태백과 더불어 중옹仲雍의 후손이 진나라와 가까운 우虞에 봉해졌으니 진나라 역시 오태백의 전설을 들어서 알고 있었을 것이다. 자세한 것은 〈오태백세가〉에 있다.

⑤ 猶有令名유유영명

집해 왕숙이 말했다. "비록 떠나더라도 오히려 아름다운 명성을 가질 수 있었는데 어찌 그 자리에 함께하여 재앙을 맞이했는가!"

王肅曰 雖去猶可有令名 何與其坐而及禍也

복언卜偃[①]이 말했다.

"필만畢萬의 후손들이 반드시 거대해지리라. 만萬은 가득 찬 수이다. 위魏는 큰 이름이다.[②] 이 때문에 처음으로 위나라를 상으로 주었으니 하늘이 그에게 복을 열어준 것이다.[③] 천자는 조민兆民이라고 하고, 제후는 만민萬民이라고 하는데, 지금 이를 '대大'로 명명하고 가득 찬 숫자를 따르게 했으니 그는 반드시 많은 백성을 가지리라.[④]"

卜偃[①]曰 畢萬之後必大 萬 盈數也 魏 大名也[②] 以是始賞 天開之矣[③] 天子曰兆民 諸侯曰萬民 今命之大 以從盈數 其必有衆[④]

① 卜偃복언

집해 가규가 말했다. "복언은 진晉나라에서 점을 관장하는 대부 곽언郭偃이다."

賈逵曰 卜偃 晉掌卜大夫郭偃

② 魏 大名也위 대명야

집해 복건이 말했다. "수가 일一에서 만萬에 이르면 가득한 것이 된다. 위魏는 외巍에 비유되는데 외는 높고 큰 것이다."

服虔曰 數從一至萬爲滿 魏喻巍 巍 高大也

③ 以是始賞 天開之矣이시시상 천개지의

[집해] 복건이 말했다. "위魏를 필만畢萬에게 상으로 주었으니 이것은 하늘이 그의 복을 열어 준 것이 된다."

服虔曰 以魏賞畢萬 是爲天開其福

④ 其必有衆기필유중

[집해] 두예가 말했다. "위魏로써 만萬을 따르게 했다는 것은 무리가 많음을 상징한 것이다."

杜預曰 以魏從萬 有衆多之象

애초에 필만은 진晉나라에서 벼슬을 하려고 점을 쳤는데, 둔괘屯卦에서 비괘比卦로 가는 것을 얻었다.① 신유辛廖②가 점을 쳐서 말했다.

"길하다! 둔괘는 군건하고 비괘比卦는 들어가니③ 길한 것이 어찌 이보다 크겠는가? 그의 후예는 반드시 번창하리라."

初 畢萬卜仕於晉國 遇屯之比① 辛廖②占之曰 吉 屯固比入③ 吉孰大焉 其後必蕃昌

---

① 遇屯之比우둔지비

[집해] 가규가 말했다. "진震[☳]이 아래에 있고 감坎[☵]이 위에 있는 것이 둔屯괘이다. 곤坤[☷]이 아래에 있고 감坎[☵]이 위에 있는 것이 비比괘이다. 둔괘의 초구효初九爻가 변해서 비괘로 간다."

賈逵曰 震下坎上屯 坤下坎上比 屯初九變之比

② 辛廖신유

집해 가규가 말했다. "신유는 진晉나라 대부이다."

賈逵曰 辛廖 晉大夫

③ 屯固比入둔고비입

집해 두예가 말했다. "둔屯은 험난한 것이다. 그래서 견고한 것이 된다. 비比는 친밀한 것이다. 그래서 들어올 수 있다."

杜預曰 屯 險難也 所以爲堅固 比 親密 所以得入

17년, 진후는 태자 신생을 시켜서 동산東山①을 정벌하도록 했다. 이극里克②이 헌공에게 간언해 말했다.

"태자는 총사冢祀(종묘의 제사)와 사직社稷의 자성粢盛(제물 올리는 일)을 받들고 아침저녁으로 군주의 밥상을 살펴야 하므로③ 총자冢子라고 합니다. 군주께서 싸우러 나가면 머물러 지키고, 지키는 사람이 있으면 (군주를) 곧 따라갑니다.④ 따르는 것을 무군撫軍⑤이라고 하고 지키는 것을 감국監國이라고 하는데 예로부터 있었던 제도입니다.

十七年 晉侯使太子申生伐東山① 里克②諫獻公曰 太子奉冢祀社稷之粢盛 以朝夕視君膳者也③ 故曰冢子 君行則守 有守則從④ 從曰撫軍⑤ 守曰監國 古之制也

① 申生伐東山신생벌동산

집해 가규가 말했다. "동산은 적적赤狄의 별종別種이다."

賈逵曰 東山 赤狄別種

신주 이해에 큰 사건 하나가 벌어진다. 적족이 위衛나라를 공격해서 하북 땅을 모두 차지한 사건이다. 하지만 진나라가 그 틈을 노려서 적족을 공격해 잠식하게 되는데, 이 이야기가 〈노주공세가〉와 〈위강숙세가〉에 자세히 기록되어 있다.

② 里克이극

집해 가규가 말했다. "이극은 진나라 경卿 이계里季이다."

賈逵曰 里克 晉卿里季也

③ 膳者也선자야

집해 복건이 말했다. "주방에서 요리한 음식이다."

服虔曰 厨膳飲食

④ 有守則從유수즉종

집해 복건이 말했다. "태자를 대신하여 지키는 사람이 있다면 곧 따라가는 것이다."

服虔曰 有代太子守則從之

⑤ 從曰撫軍종왈무군

집해 복건이 말했다. "군주를 도와 군사를 어루만져 따르게 하는 것이다."

服虔曰 助君撫循軍士

무릇 군사를 인솔하는 것은 오로지 계책에 의해 실행하는 것입니다.[1] 군대에 명령을 내리는 것은[2] 군주가 정경正卿[3]과 함께 도모한 바를 실행하는 것입니다. 그러니 태자가 할 일이 아닙니다. 군대는 장군이 명령으로 통제할 뿐인데,[4] (태자가 장군의) 명령을 받아서 내리게 되면 위엄이 서지 않고, 명령을 멋대로 내리게 되면 불효하게 됩니다. 그런 까닭으로 군주의 뒤를 이을 적자가 군사를 지휘하는 것은 옳지 않습니다. 이는 군주께서 그 관직을 잃게 하는 것으로[5] 군사를 인솔하면 위엄이 서지 않으니[6] 장차 어디에 쓰겠습니까?"

夫率師 專行謀也[1] 誓軍旅[2] 君與國政之所圖也[3] 非太子之事也 師在制命而已[4] 稟命則不威 專命則不孝 故君之嗣適不可以帥師 君失其官[5] 率師不威 將安用之[6]

① 夫率師 專行謀也부솔사 전행모야

[집해] 두예가 말했다. "군사를 거느리는 자는 반드시 군사 일에 계책을 전담한다."

杜預曰 率師者必專謀軍事

② 誓軍旅서군려

[집해] 두예가 말했다. "호령을 선포하는 것이다."

杜預曰 宣號令

③ 君與國政之所圖也군여국정지소도야
[집해] 가규가 말했다. "국정國政이란 정경正卿이다."
賈逵曰 國政 正卿也

④ 師在制命而已사재제명이기
[집해] 두예가 말했다. "명명은 장군이 통제하는 것이다."
杜預曰 命 將軍所制

⑤ 君失其官군실기관
[집해] 두예가 말했다. "태자가 군사를 통솔하면 이것은 그의 관직을 잃
게 하는 것이다."
杜預曰 太子統師 是失其官也

⑥ 率師不威 將安用之솔사불위 장안용지
[집해] 두예가 말했다. "명을 멋대로 내리게 하면 곧 불효하게 되니 이는
군대에 반드시 위엄이 있지 않게 되는 것이다."
杜預曰 專命則不孝 是爲師必不威也

헌공이 말했다.
"과인의 아들 중에 누가 태자로 세워야 할지 모르겠다."

이극은 대답하지 않고 물러나 태자를 만났다. 태자가 말했다.

"나는 장차 폐해지겠죠?"

이극이 말했다.

"태자께서는 힘쓰십시오! (군주께서) 군대를 거느리게 하시려는데[1] 잘 받들지 못할 것을 걱정하신다면 무슨 까닭으로 폐하겠습니까? 또 당신께서는 효도하지 못하는 것을 두려워해야지, 군주가 되지 못하는 것[2]을 걱정하지 마십시오. 자신을 닦고 남을 책망하지 않으면 어려움에서 벗어날 것입니다."

태자가 군사를 인솔하자 헌공은 편의偏衣를 입히고[3] 금결金玦[4]을 차게 했다. 이극은 병을 핑계대고 태자를 따르지 않았다. 태자는 마침내 동산을 공격했다.

公曰 寡人有子 未知其太子誰立 里克不對而退 見太子 太子曰 吾其廢乎 里克曰 太子勉之 敎以軍旅[1] 不共是懼 何故廢乎 且子懼不孝 毋懼不得立[2] 修己而不責人 則免於難 太子帥師 公衣之偏衣[3] 佩之金玦[4] 里克謝病 不從太子 太子遂伐東山

① 敎以軍旅교이군려

[집해] 가규가 말했다. "하군下軍을 거느리게 하는 것이다."

賈逵曰 將下軍

② 毋懼不得立무구부득립

[집해] 복건이 말했다. "자신이 옹립되는 것을 얻지 못할 것이다."

服虔曰 不得立己也

③ 公衣之偏衣공의지편의

[집해] 복건이 말했다. "편독便襲의 옷은 절반씩 색을 다르게 해서 얼룩이니 한 색이 아니고, 가운데는 꿰맨 등솔기가 가운데 있어서 좌우가 색이 다르므로 편의偏衣라고 한다." 두예가 말했다. "편의偏衣는 좌우의 색이 다른데 그 반쪽은 공복公服과 비슷하다." 위소가 말했다. "편偏은 절반이다. 자신의 옷 절반을 나누어 태자에게 준 것이다."

服虔曰 偏襲之衣 偏異色 駮不純 襲在中 左右異 故曰偏衣 杜預曰 偏衣左右異色 其半似公服 韋昭曰 偏 半也 分身之半以授太子

[정의] 앞쪽의 의衣는 거성이고 뒤쪽의 의衣는 가장 통상적인 발음으로 읽는다.

上衣去聲 下衣如字

④ 佩之金玦패지금결

[집해] 복건이 말했다. "금金으로 결玦(활깍지)을 만든 것이다." 위소가 말했다. "금결金玦은 병권兵權의 요체이다."

服虔曰 以金爲玦也 韋昭曰 金玦 兵要也

[정의] 玦의 발음은 '결決'이다.

玦音決

19년, 헌공이 말했다.

"처음 나의 선군 장백莊伯과 무공武公께서 진晉나라의 난亂을 주벌하셨는데 곽虢나라가 항상 진晉나라를 도와 우리를 치고[1] 또 진나라의 망명한 공자公子들을 숨겨주어 어지럽히는 결과가 되었다. 죽이지 않는다면 뒤의 자손들에게 우환을 남겨줄 것이다."
이에 순식苟息을 시켜 굴屈 땅에서 나온 사마駟馬를 타고[2] 우虞나라에 길을 빌리게 했다. 우나라가 길을 빌려 주자 마침내 괵나라를 침략하고[3] 그곳의 하양下陽[4]을 빼앗아 돌아왔다.

十九年 獻公曰 始吾先君莊伯武公之誅晉亂 而虢常助晉伐我[1] 又匿晉亡公子 果爲亂 弗誅 後遺子孫憂 乃使苟息以屈産之乘[2]假道於虞 虞假道 遂伐虢[3] 取其下陽以歸[4]

① 而虢常助晉伐我이괵상조진벌아

정의 괵나라가 진晉나라를 도와 곡옥曲沃을 쳤다는 말이다.

言虢助晉伐曲沃也.

② 屈産之乘굴산지승

집해 하휴가 말했다. "굴산은 명마名馬가 산출되는 땅이다. 승乘은 사마駟馬(수레를 끄는 네 마리 말)가 갖추어진 것이다."

何休曰 屈産 出名馬之地 乘 備駟也

③ 虞假道 遂伐虢우가도 수벌괵

집해 가규가 말했다. "우虞는 진晉나라 남쪽에 있고, 괵虢은 우虞나라 남쪽에 있다."

賈逵曰 虞在晉南 虢在虞南

④ 下陽以歸하양이귀

집해 복건이 말했다. "하양은 괵읍虢邑이다. 대양大陽 동북쪽 30리에 있다. 《곡량전》에는 하양下陽은 우虞와 괵虢의 변방 읍邑이라고 했다." 服虔曰 下陽 虢邑也 在大陽東北三十里 穀梁傳曰下陽 虞虢之塞邑

헌공이 사적으로 여희에게 일러 말했다.

"나는 태자를 폐하고 해제奚齊로 대신하고자 한다."

여희가 울면서 말했다.

"태자가 세워진 것은 제후들이 이미 다 알고 있고 여러 번 군사를 거느려 백성이 따르는데 어찌 천한 첩 때문에 적자를 폐하고 서 자를 세울 수 있겠습니까? 군주께서 반드시 행하신다면 첩은 자 살하겠습니다."

여희는 거짓으로 태자를 칭찬했지만, 몰래 사람을 시켜 태자를 악하게 참소했으며 속으로는 그의 아들을 태자로 세우고자 했다. 21년, 여희가 태자에게 일러 말했다.

"군주께서 꿈에 제강齊姜을 만나셨다는데, 태자는 빨리 곡옥에서 제사를 지내고① 돌아와 군주께 제육祭肉을 올리십시오."

태자는 이에 곡옥에서 그의 어머니 제강에게 제사를 올리고 그 제사에 올린 고기를 헌공에게 올렸다. 헌공은 이때 사냥을 나갔 으므로 제육을 궁 안에 두었다. 여희는 사람을 시켜 제육에 독약 을 넣게 했다. 이틀이 지나서② 헌공이 사냥에서 돌아왔는데, 요 리사가 제육을 헌공에게 올리자 헌공은 먹으려고 했다.

獻公私謂驪姬曰 吾欲廢太子 以奚齊代之 驪姬泣曰 太子之立 諸侯皆已知之 而數將兵 百姓附之 柰何以賤妾之故廢適立庶 君必行之 妾自殺也 驪姬詳譽太子 而陰令人譖惡太子 而欲立其子 二十一年 驪姬謂太子曰 君夢見齊姜 太子速祭曲沃[①] 歸釐於君 太子於是祭其母齊姜於曲沃 上其薦胙於獻公 獻公時出獵 置胙於宮中 驪姬使人置毒藥胙中 居二日[②] 獻公從獵來還 宰人上胙獻公 獻公欲饗之

① 速祭曲沃속제곡옥

집해 복건이 말했다. "제강묘齊姜廟가 있는 곳이다."

服虔曰 齊姜廟所在

② 居二日거이일

색은 《좌전》에서는 '6일'이라 하여, 동일하지 않다.

左傳云六日 不同

여희가 곁에서 중지시키며 말했다.

"제육은 먼 곳으로부터 왔으니 마땅히 시험해 보아야 합니다."

먹기 전, 땅에 고수레를 하니 땅이 솟아올랐다.[①] 개에게 주자 개가 죽었다. 소신小臣에게 주자 소신이 죽었다.[②] 여희가 울면서 말했다.

"태자가 어찌 차마 이러합니까? 자기의 아버지마저 시해하고 대신 서려고 하는데, 하물며 타인에게는 어떻겠습니까? 또 군주께서는 늙으셨으니 살날이 얼마 안 되는 분인데도 기다리지 못하고 시해하려고 했습니다."

그리고 헌공에게 일러 말했다.

"태자가 그렇게 한 까닭은 첩과 해제奚齊 때문이라고 해도 지나치지 않을 겁니다. 첩은 아들과 어미가 타국으로 피하여 이에 일찌감치 자살하기를 원합니다. 어미와 아들이 태자에게 그저 어육魚肉이 되게 하지 말아 주십시오. 처음에 군주께서 태자를 폐하고자 했을 때 첩은 오히려 한탄했는데, 지금에 이르러서야 첩은 이것이 실수였다고 자책합니다.[3]"

> 驪姬從旁止之曰 胙所從來遠 宜試之 祭地 地墳[1] 與犬 犬死 與小臣 小臣死[2] 驪姬泣曰 太子何忍也 其父而欲弑代之 況他人乎 且君老矣 旦暮之人 曾不能待而欲弑之 謂獻公曰 太子所以然者 不過以妾及奚齊之故 妾願子母辟之他國 若早自殺 毋徒使母子爲太子所魚肉也 始君欲廢之 妾猶恨之 至於今 妾殊自失於此[3]

① 祭地 地墳제지 지분

[집해] 위소가 말했다. "장차 음식을 먹으려면 먼저 제사(고수레)를 지내서 선조가 있음을 보이는 것이다. 분墳은 땅이 솟아오르는 것이다."

韋昭曰 將飮先祭 示有先也 墳 起也

② 小臣死소신사

[집해] 위소가 말했다. "소신小臣은 관직 이름이다. 음사陰事를 관장하며 지금의 엄사嚴士(후궁에서 일하는 환관)이다."

韋昭曰 小臣 官名 掌陰事 今閹士也

③ 至於今 妾殊自失於此 지어금 첩수자실어차

색은 태자의 행동이 이와 같으니 첩이 지난날 군주가 태자를 폐하려고 했을 때 원망했는데, 지금 곧 스스로 실수한 것을 원망한다는 것이다.
太子之行如此 妾前見君欲廢而恨之 今乃自以恨爲失也

태자가 이를 듣고 신성新城①으로 달아났다. 헌공은 노하여 곧 그의 스승 두원관杜原款을 처형했다. 어떤 이가 태자에게 일러 말했다.
"이 약을 만든 자는 여희인데 태자께서는 어찌 스스로 변명해 밝히지 않습니까?"
태자가 말했다.
"우리 군주는 늙으셨다. 여희가 아니면 잠자리가 불안하고 음식이 달지 않다. 곧 변명을 한다면, 군주께서는 또 노여워할 것이니 불가하다."
어떤 사람이 태자에게 일러 말했다.
"다른 나라로 도망치는 것이 좋을 것입니다."
태자가 말했다.
"이러한 오명汚名을 쓰고 나간다면 사람들이 누가 나를 받아 주겠는가? 나는 자살할 따름이다."
12월 무신일, 신생은 신성新城에서 자살했다.②

太子聞之 奔新城^① 獻公怒 乃誅其傅杜原款 或謂太子曰 爲此藥者乃驪
姬也 太子何不自辭明之 太子曰 吾君老矣 非驪姬 寢不安 食不甘 即辭
之 君且怒之 不可 或謂太子曰 可奔他國 太子曰 被此惡名以出 人誰内
我 我自殺耳 十二月戊申 申生自殺於新城^②

① 奔新城분신성

집해 위소가 말했다. "신성新城은 곡옥曲沃이다. 새로 태자의 성이 되
었다."

韋昭曰 新城 曲沃也 新爲太子城

② 申生自殺於新城신생자살어신성

색은 《국어》에서 말한다. "신생은 신성 묘廟의 담에 목매달았다." 위소
가 말했다. "곡옥이 새로 태자의 성이 되었으므로 신성이라 한다."

國語云 申生乃雉經於新城廟 韋昭云 曲沃也 新爲太子城 故曰新城

이때 중이와 이오가 조회에 왔다. 누가 여희에게 알려 말했다.
"두 공자는 여희가 태자를 헐뜯어 살해한 것을 원망하고 있소."
여희는 두려워하고 이로 인해 두 공자를 헐뜯어 말했다.
"신생이 제육에 독약을 넣은 것을 두 공자도 알고 있었습니다."
두 공자가 듣고 두려워서 중이는 포蒲 땅으로 달아났고 이오는 굴
屈 땅으로 달아나 그들의 성을 보호하며 스스로 지켰다. 애초에

헌공은 사위士蔿[①]를 시켜서 두 공자에게 포蒲와 굴屈에 성을 쌓게 했는데, 완성하지 못했다. 이오가 헌공에게 아뢰자 헌공은 사위에게 화를 냈다. 사위가 사죄하며 말했다.

"변방의 성에는 도적들이 적은데, 어디에 쓰시려는 것입니까?"

사위가 물러나 노래하여 말했다.

"여우 갖옷에 털이 어지러이 수북하구나. 한 나라에 세 사람의 공자公子가 있는데[②] 나는 누구를 따라야 할까?"

마침내 성城이 완성되었다. 신생이 죽음에 이르자 두 공자도 또한 돌아가 그들의 성을 보호했다.

此時重耳夷吾來朝 人或告驪姬曰 二公子怨驪姬譖殺太子 驪姬恐 因譖二公子 申生之藥胙 二公子知之 二子聞之 恐 重耳走蒲 夷吾走屈 保其城 自備守 初 獻公使士蔿爲[①]二公子築蒲屈城 弗就 夷吾以告公 公怒士蔿 士蔿謝曰 邊城少寇 安用之 退而歌曰 狐裘蒙茸 一國三公 吾誰適從[②] 卒就城 及申生死 二子亦歸保其城

① 蔿爲 위위

정의 蔿의 발음은 '웨[爲詭反]'이고, 爲의 발음은 '위[于僞反]'이다.
蔿 爲詭反 爲 于僞反

② 狐裘蒙茸 ~ 吾誰適從 호구몽용~오수적종

집해 복건이 말했다. "몽용蒙茸은 어지러워진 모양을 말한다. 삼공三公은 군주와 두 공자를 말한다. 장차 적이 될 것이므로 따를 바를 모르겠다고 했다."

服虔曰 蒙茸以言亂貌 三公言君與二公子 將敵 故不知所從

22년, 헌공은 두 공자가 알리지 않고 떠나간 것을 노여워하고 과연 모반이 있었을 것이라고 여겨, 곧 군사를 시켜서 포성을 정벌하게 했다. 포 땅의 환관 발제勃鞮①가 중이에게 자살하도록 재촉했다. 중이가 담을 넘자 환관이 쫓아 중이의 옷소매②를 잘랐다. 중이는 마침내 적翟으로 달아났다. (헌공은) 사람을 시켜 굴屈 땅을 정벌하게 했지만 굴성에서 잘 지켜 함락시킬 수 없었다.

二十二年 獻公怒二子不辭而去 果有謀矣 乃使兵伐蒲 蒲人之宦者勃鞮①命重耳促自殺 重耳踰垣 宦者追斬其衣袪② 重耳遂奔翟 使人伐屈 屈城守 不可下

① 蒲人之宦者勃鞮포인지환자발제

　정의　勃의 발음은 '볼[白没反]'이고, 鞮의 발음은 '데[都提反]'이다. 위소가 말했다. "발제勃鞮는 백초伯楚이고 시종이며 피披는 자字이다. 문공 때 발제勃鞮가 되었다."

勃 白没反 鞮 都提反 韋昭云 伯楚 寺人披之字也 於文公時爲勃鞮也

　신주　《사기지의》에서는 《좌전》과 《국어》에 의거하여 발제는 헌공을 모시는 사람이라고 한다.

② 其衣袪기의거

　집해　복건이 말했다. "거袪는 옷의 소매이다."

服虔曰 袪 袂也

이해에 진晉나라에서 다시 우虞나라에 길을 빌려서 괵虢나라를 침략했다. 우虞나라 대부 궁지기宮之奇가 우나라 군주에게 간언해 말했다.

"진나라에 길을 빌려줘서는 안 됩니다. 이것은 장차 우나라를 멸할 것입니다."

우나라 군주가 말했다.

"진은 우리와 동성이니, 당연히 우리를 침략하지 않을 것이다."

궁지기가 말했다.

"태백太伯과 우중虞仲은 태왕(문왕)의 아들입니다.[①] 태백은 도망갔기 때문에 후사가 되지 못했습니다. 괵중虢仲과 괵숙虢叔은 왕계王季의 아들입니다.[②] 문왕의 경사卿士가 되었는데 그 공을 기록한 것이 왕실에 남아 있으며 맹부盟府에 저장되었습니다.[③] 장차 괵나라가 곧 없어지면 어찌 우나라를 아끼겠습니까? 또 우나라와 친함이 환숙과 장백의 족속보다 친하겠습니까? 환숙과 장백의 족속이 무슨 죄가 있어서 모두 없앴겠습니까? 우나라가 괵나라와 함께하는 것은 입술이 이와 함께하는 것이며, 입술이 없어지면 이가 시린 것입니다."

是歲也 晉復假道於虞以伐虢 虞之大夫宮之奇諫虞君曰 晉不可假道也 是且滅虞 虞君曰 晉我同姓 不宜伐我 宮之奇曰 太伯虞仲 太王之子也[①] 太伯亡去 是以不嗣 虢仲虢叔 王季之子也[②] 爲文王卿士 其記勳在

王室 藏於盟府③ 將虢是滅 何愛于虞 且虞之親能親於桓莊之族乎 桓莊
之族何罪 盡滅之 虞之與虢 脣之與齒 脣亡則齒寒

① 太伯虞仲 太王之子也태백우중 태왕지자야

신주 우중은 두 명이 있다. 한 명은 주나라 태왕의 둘째 아들이자 태백
의 동생으로 이름이 중옹仲雍이다. 태백이 세운 오국吳國의 3대 군주가
되었다고 한다. 또 한 명은 중옹의 증손曾孫으로 우국虞國에 봉해져 우중
虞仲이라고 했다.

② 虢仲虢叔 王季之子也괵중괵숙 왕계지자야

신주 《사기지의》에 따르면 괵虢은 서괵과 동괵과 소괵小虢이 있으며,
이때 멸망 당한 것은 서괵이라 한다. 동괵은 정나라가 멸망시켰고 소괵
은 진秦나라가 멸망시켰다고 한다.

③ 藏於盟府장어맹부

집해 두예가 말했다. "맹부盟府는 사맹司盟의 관직이다."
杜預曰 盟府 司盟之官也

우나라 공작은 듣지 않고 마침내 진晉나라의 청을 허락했다. 궁지
기는 그의 가족을 데리고 우나라를 떠났다.
그해 겨울, 진晉나라가 괵나라를 멸하자 괵나라 공작 추醜①는

주나라로 달아났다. (진나라는) 돌아오면서 우나라를 습격해서 멸하고, 우공과 그의 대부 정백井伯과 백리해百里奚②를 포로로 잡아 진목희秦穆姬(진목공 부인)③에게 딸려 보내 우나라의 제사④를 행하게 했다. 순식苟息이 지난날에 우나라로 보냈던 굴산屈産의 승마乘馬를 끌고 와 헌공에게 바치자 헌공이 웃으며 말했다.

"말은 내 말인데, 나이 들고 또한 늙었구나!"⑤

虞公不聽 遂許晉 宮之奇以其族去虞 其冬 晉滅虢 虢公醜奔周① 還 襲滅虞 虜虞公及其大夫井伯百里奚②以媵秦穆姬③ 而修虞祀④ 苟息牽曩所遺虞屈産之乘馬奉之獻公 獻公笑曰 馬則吾馬 齒亦老矣⑤

① 虢公醜奔周곽공추분주

집해 《황람》에서 말한다. "곽공의 무덤은 하내군 온현 성곽 동쪽에 있는데 제수濟水 남쪽의 큰 무덤이 이것이다. 그 성의 남쪽에는 곽공대虢公臺가 있다."

皇覽曰 虢公冢在河內溫縣郭東 濟水南大冢是也 其城南有虢公臺

② 大夫井伯百里奚대부정백백리해

정의 《남옹주기》에서 말한다. "백리해와 송정백宋井伯은 완宛 땅 사람이다."

南雍州記云 百里奚宋井伯 宛人也

신주 완宛 땅은 초나라에 가깝다. 백리해는 다시 초나라로 도망간 적이 있으니 그로 인한 결과일 것이다.

③ 以媵秦穆姬이잉진목희

[집해] 두예가 말했다. "목희穆姬는 헌공의 딸이다. 딸에게 딸려 보내는 것을 '잉媵'이라고 하며, 굴욕적인 것이다."

杜預曰 穆姬 獻公女 送女曰媵 以屈辱之

[신주] 《사기지의》에서 말한다. "《맹자》에서 '백리해는 우나라 공작에게 간언하는 것은 불가하다는 것을 알고 진秦나라로 갔다.'고 한다. 우나라 공작이 망할 것을 알고 미리 떠났다는 것인데, 어찌 잡혀서 몸종이 되는 일이 있었을까? 잡혀서 몸종이 된 자는 우나라 대부 정백이다. 《사기》에서는 잘못하여 한 사람으로 만들어 합쳤다. 그러므로 〈진세가〉에서 연이어 '정백백리해井伯百里奚'라고 기록했지만 〈진본기〉에는 정백이라는 작호를 버리고 백리해라고 했다. 《로사》〈후기4〉주석에는 그릇되게 '정백해井伯奚는 백리百里에 도읍했다.'고 했다. 그리하여 잘못된 것을 《한비자》〈세난〉과 《여씨춘추》〈신인〉도 따랐다. 누군가 '정백이 별도의 한 사람이라는 것은 무엇에 근거하는가?'라고 물어서 대답하면 '《한서》〈고금인표〉에서 백리해는 3등에 있고 정백은 6등에 있으니 이것이 결정적 증거다'. 하물며 주자朱子도 열거해서 논증하며 한 사람이 아니라고 했다."

〈진세가〉의 '정백백리해井伯百里奚'는 '정백井伯, 백리해百里奚'가 되어야 할 것으로 보이며, 《맹자》의 말이 가장 신뢰성이 있어 보인다.

백리해는 백리씨百里氏이고 이름이 해奚인데, 춘추 때 지금의 산서성 평륙平陸 북쪽인 우국虞國 사람이다. 진목공秦穆公의 현신이 되어 진이 강국이 되는데 크게 기여했다. 백리씨는 강성姜姓에서 나왔으니 동이족이다.

④ 而修虞祀이수우기

[집해] 복건이 말했다. "우虞나라가 제사하는 곳에서 제사를 명했다."

服虔曰 虞所祭祀 命祀也

⑤ 馬則吾馬 齒亦老矣마즉오마 치역노의

[집해] 《공양전》에서 말한다. "대개 농담한 것이다." 하휴가 말했다. "말의 나이로 순식荀息의 나이가 늙은 것을 비유하여 장난한 것이다."

公羊傳曰 蓋戲之也 何休曰 以馬齒戲喩荀息之年老也

> 23년, 헌공이 마침내 가화賈華[①] 등을 발동시켜 굴屈 땅을 침략케 했다. 굴이 무너지자[②] 이오夷吾는 장차 적翟으로 달아나려 했다. 기예冀芮[③]가 말했다.
>
> "불가합니다. 중이重耳가 이미 있습니다. 지금 간다면 진晉나라는 반드시 병사들을 옮겨서 적翟을 침략할 것인데 적은 진晉나라를 두려워하니 재앙이 또 이를 것입니다. 양梁나라로 달아나는 것만 같지 못합니다. 양나라는 진秦나라와 가깝고 진秦나라는 강하니 우리 군주가 세상을 뜬 뒤라도 돌려 달라고 요구할 수 있습니다."
>
> 마침내 양나라로 달아났다.
>
> 25년, 진晉나라에서 적나라를 침략하자 적翟은 중이 때문으로 여겼다. 또한 설상齧桑[④]에서 진晉나라를 공격하니 진나라 군사들은 해산하고 물러났다.

二十三年 獻公遂發賈華等伐屈^① 屈潰^② 夷吾將奔翟 冀芮^③曰 不可 重
耳已在矣 今往 晉必移兵伐翟 翟畏晉 禍且及 不如走梁 梁近於秦 秦彊
吾君百歲後可以求入焉 遂奔梁 二十五年 晉伐翟 翟以重耳故 亦擊晉
於齧桑^④ 晉兵解而去

① 賈華等伐屈가화등벌굴

집해 가규가 말했다. "가화는 진나라 우행대부右行大夫이다."

賈逵曰 賈華 晉右行大夫

② 屈潰굴궤

정의 백성이 그의 군주에게서 도망치는 것을 '궤潰(무너짐)'라고 한다.

民逃其上曰潰

③ 冀芮기예

집해 위소가 말했다. "기예는 진나라 대부이다."

韋昭曰 冀芮 晉大夫

④ 齧桑설상

집해 《좌전》에는 '채상采桑'으로 되어 있다. 복건이 말했다. "적翟의
땅이다."

左傳作采桑 服虔曰翟地

색은 배인은 말했다. "《좌전》에는 '채상采桑'으로 되어 있다." 살펴보니
지금 평양곡平陽曲 남쪽 70리의 하수河水에 채상진采桑津이 있는데, 이곳

이 진晉나라 국경이다. 복건은 적翟의 땅이라 했는데, 또한 자못 서로 가깝다. 그러나 글자는 '설상黮桑'이라고 되어 있다. 설상은 위衛나라 땅이니 아마 잘못일 것이다.

裴氏云左傳作采桑 按 今平陽曲南七十里河水有采桑津 是晉境 服虔云翟地 亦頗相近 然字作黮桑 黮桑衛地 恐非也

신주 여기 '설상'은 〈하서서〉에 나온다. 한무제 시절에 황하가 호자瓠子에서 터져 대규모 제방 공사를 실시했는데, 그때 한무제가 읊은 시에 이 '설상'이 나온다. 주석대로 위衛나라 땅에 가깝다.

이때는 진晉나라가 강성해져 서쪽으로 하서河西를 소유하고, 진秦나라와 국경을 접했다. 북쪽으로 적翟과 국경을 접하고 동쪽으로는 하내河內[1]에 이르렀다.

여희의 여동생은 도자悼子를 낳았다.[2]

當此時 晉彊 西有河西 與秦接境 北邊翟 東至河內[1] 驪姬弟生悼子[2]

---

① 河內하내

색은 하내는 하곡河曲이다. 內는 '예汭'로 발음한다.

河內 河曲也 内音汭

신주 하내의 동쪽도 역시 적족이 점유하고 있었으니 진晉나라 동쪽과 북쪽을 적족이 차지하고 있었다.

② 弟生悼子제생도자

색은 《좌전》에는 '탁자卓子'로 되어 있다. 悼의 발음은 '착[恥角反]'이다.

제弟는 여동생이다.

左傳作卓子 音恥角反 弟 女弟也

신주 '탁卓'이라 해야 마땅하다.

은혜를 저버린 혜공

26년 여름, 제나라 환공이 규구葵丘[①]에서 제후들을 크게 모았다. 진헌공은 병에 걸려서 가는 것이 지체되었는데 도착하기 전에 주나라 재공宰孔을 만났다. 재공이 말했다.

"제나라 환공은 더욱 교만해져 덕에는 힘쓰지 않고 원정에 힘써 제후들이 불평합니다. 군주께서 다만[②] 회맹에 가지 않았다고 해서 진晉나라를 어찌하지 못할 것입니다."

헌공 또한 병이 들어 다시 돌아왔다. 병이 심하자 순식에게 일러 말했다.

"나는 해제를 후사로 삼고자 하는데 나이가 어려서 여러 대신이 복종하지 않고 난을 일으킬까 두렵다. 그대가 능히 군주로 세울 수 있겠는가?"

순식이 말했다.

"할 수 있습니다."

헌공이 말했다.

"무엇으로써 증명하겠는가?"

순식이 대답했다.

"만일 죽은 사람이 다시 살아나도[3] 산자가 부끄럽지 않아야 하는데[4] 이로써 증험을 삼겠습니다."

이에 마침내 해제를 순식에게 부탁했다. 순식은 재상宰相이 되어 국정을 주관했다.

二十六年夏 齊桓公大會諸侯於葵丘[1] 晉獻公病 行後 未至 逢周之宰孔 宰孔曰 齊桓公益驕 不務德而務遠略 諸侯弗平 君弟毋會[2] 毋如晉何 獻公亦病 復還歸 病甚 乃謂荀息曰 吾以奚齊爲後 年少 諸大臣不服 恐亂起 子能立之乎 荀息曰 能 獻公曰 何以爲驗 對曰 使死者復生[3] 生者不慚[4] 爲之驗 於是遂屬奚齊於荀息 荀息爲相 主國政

① 葵丘규구

정의 조주 고성현 동남쪽 1리에 있다.

在曹州考城縣東南一里

② 君弟毋會군제무회

색은 제弟는 다만의 뜻이다.

弟 但也

③ 使死者復生사사자복생

색은 순식은 헌공의 명을 받아 해제奚齊를 세울 것인데 비록 다시 자신은 죽더라도 살아 있을 때의 명을 배반하지 않겠다는 것을 이른 것이며, 이것은 죽은 자가 다시 살아나는 것이다.

謂荀息受公命而立奚齊 雖復身死 不背生時之命 是死者復生也.

④ 生者不慚생자불참

색은 살아 있는 자가 순식을 보고 군주의 명을 배신하지 않았으니 죽어서도 부끄럽지 않게 하겠다고 말한 것이다.

言生者見荀息不背君命而死 不爲之羞慚也

신주 위 색은 이 잘못일 듯싶다. 여기서 죽은 자는 헌공을 가리키고, 산 자는 순식 자신을 가리킨다. 따라서 헌공이 죽더라도 자신은 지금의 약속을 꼭 지켜서 부끄럽지 않게 하겠다는 뜻이다.

가을 9월, 헌공이 죽었다. 이극里克과 비정邳鄭은 속으로 중이를 들여오려고 세 공자 무리에게 난을 일으키게 하고① 순식에게 말했다.

"세 가지 원망이 장차 일어나고 진秦나라와 진晉나라에서 돕게 된다면 그대는 장차 어찌할 것이오?"

순식이 대답했다.

"나는 선군先君의 말씀을 저버릴 수 없소."

10월, 이극이 상주가 머무는 방에서 해제를 살해해서 헌공은 장례를 치르지 못했다. 순식이 장차 죽으려고 하자 어떤 이가 이르기를 "해제의 아우 도자悼子를 군주로 세워서 돕는 것만 같지 못할 것이다."라고 하자 순식은 도자를 군주로 세워 헌공을 장사 지냈다.

秋九月 獻公卒 里克邳鄭欲內重耳 以三公子之徒作亂① 謂荀息曰 三怨將起 秦晉輔之 子將何如 荀息曰 吾不可負先君言 十月 里克殺奚齊于

喪次 獻公未葬也 苟息將死之 或曰不如立奚齊弟悼子而傅之 苟息立
悼子而葬獻公

① 邳鄭欲内重耳 以三公子之徒作亂비정욕내중이 이삼공자지도작란

집해 가규가 말했다. "비정邳鄭은 진晉나라 대부이다. 세 공자는 신생
과 중이와 이오이다."

賈逵曰 邳鄭 晉大夫 三公子 申生重耳夷吾也

11월, 이극이 도자를 조정에서 시해하자[1] 순식은 따라 죽었다.
군자가 말하기를 "《시경詩經》〈대아大雅〉에서 이른바 '흰 구슬의
흠은 갈아서 없앨 수 있지만 (이미 한) 말의 흠은 어찌할 수 없네.'[2]
라고 했으니 그것은 순식을 일컬은 것이리라! 그 말을 저버리지
않았구나."라고 했다.
당초에 헌공이 장차 여융驪戎을 침략하고자 점을 쳤는데 "치아齒牙
가 재앙이 될 것이다.[3]"라고 했다. 이에 여융을 쳐부수고 여희를
얻어 아꼈는데 끝내 진晉나라를 어지럽혔다.

十一月 里克弒悼子于朝[1] 苟息死之 君子曰 詩所謂 白珪之玷 猶可磨
也 斯言之玷 不可爲也[2] 其苟息之謂乎 不負其言 初 獻公將伐驪戎 卜
曰齒牙爲禍[3] 及破驪戎 獲驪姬 愛之 竟以亂晉

① 里克弒悼子于朝이극시도자우조

집해 《열녀전》에서 말한다. "매를 쳐서 여희驪姬를 저자에서 죽였다."

列女傳曰 鞭殺驪姬于市

② 斯言之玷 不可爲也사언지점 불가위야

집해 두예가 말했다. "《시경》〈대아〉에서 이것은 말의 흠은 흰구슬의 흠보다 심하여 고치기 어려움을 말한 것이다."

杜預曰 詩大雅 言此言之玷難治甚於白珪

③ 齒牙爲禍치아위화

집해 위소가 말했다. "치아齒牙란 (거북등의) 끝이 좌우로 갈라져 터진 것이 치아와 비슷했던 점괘인데 이는 가운데 세로로 획이 있는 것이니 참소를 상징하는 것으로 말이 해가 되는 것을 조심하는 말이다."

韋昭曰 齒牙 謂兆端左右釁坼有似齒牙 中有縱畫 以象讒言之爲害也

신주 치아위화는 화가 입에서 나온다는 뜻이다.

이극里克 등이 해제와 도자悼子를 살해하고 나서 사람을 시켜 공자 중이를 적翟나라에서 맞아① 군주로 세우고자 했다. 중이가 사양하며 말했다.

"아버지의 명을 저버리고② 달아났고, 아버지께서 돌아가셨으나 사람의 자식 된 예로서 상喪을 모시지 못했으니 제가 어찌 감히 들어갈 수 있겠습니까? 대부들께서는 다른 아들로 바꿔 군주로 세우십시오."돌아와 이극에게 보고하자 이극은 이오를 양梁나라에서

맞이하게 했다. 이오가 가려고 하자 여생呂省③과 극예郤芮④가 말
했다.

"안에 여전히 공자公子가 있어 군주로 세울 수 있는데 밖에서 구
한다는 것은 믿기 어렵습니다. 진秦나라에 가서 강국의 위엄으로
도움을 받아 들어가는 계책이 아니라면 위태로울 것입니다."

里克等已殺奚齊悼子 使人迎公子重耳於翟① 欲立之 重耳謝曰 負父之
命②出奔 父死不得脩人子之禮侍喪 重耳何敢入 大夫其更立他子 還報
里克 里克使迎夷吾於梁 夷吾欲往 呂省③郤芮④曰 內猶有公子可立者
而外求 難信 計非之秦 輔彊國之威以入 恐危

① 使人迎公子重耳於翟사인영공자중이어적

정의 《국어》에서 말한다. "이극과 비정은 도안이屠岸夷를 시켜 적翟에
있는 공자 중이에게 고해서 이르기를 '국가는 어지럽고 백성은 소란스럽
습니다. 국가는 어지러울 때 얻을 수 있고 백성은 소란스러울 때 다스릴
수 있는데, 공자께서는 어찌 들어오시려 하지 않습니까?'라고 했다."

國語云 里克及邳鄭使屠岸夷告公子重耳於翟曰 國亂民擾 得國在亂 治民在擾
子盍入乎

② 負父之命부부지명

정의 負는 '패佩'로 발음한다.

負音佩

③ 呂省여생

정의 省은 '생眚'으로 발음한다. 두예가 말했다. "여생의 성은 하여瑕呂
이고 이름은 이생飴甥이며 자字는 자금子金이다."
省音眚 杜預曰 姓瑕呂 名飴甥 字子金

④ 郤芮극예
정의 극성자이니, 곧 기예冀芮이다.
郤成子 即冀芮

이에 (이오가) 극예에게 진秦나라에 많은 뇌물을 주고 맹약하여 말
하게 했다.
"곧 돌아가게 된다면 진晉나라 하서河西의 땅을 진秦나라에 주겠
다고 청하시오."
이에 (진秦나라가) 이극에게 글을 써서 보내 말했다.
"진실로 군주의 자리를 얻는다면 그대를 분양汾陽의 읍에 봉하도
록 청하겠소.①"
진목공秦繆公이 곧 군사를 일으켜 이오를 진晉나라에 보냈다. 제
환공은 진晉나라가 안으로 어지러워졌다는 소식을 듣고, 또한 제
후들을 거느리고 진晉나라로 갔다. 진秦나라 군사들은 이오夷吾와
함께 또한 진晉나라에 이르렀다. 제나라에서는 습붕隰朋을 시켜
진秦나라와 만나서 함께 이오를 돌아오게 해 진晉나라 군주로 세
웠다. 이이가 혜공惠公이다. 제환공은 진晉나라 고량高粱에 이르렀
다가 돌아갔다.

乃使郤芮厚賂秦 約曰 即得入 請以晉河西之地與秦 及遺里克書曰 誠
得立 請遂封子於汾陽之邑① 秦繆公乃發兵送夷吾於晉 齊桓公聞晉內
亂 亦率諸侯如晉 秦兵與夷吾亦至晉 齊乃使隰朋會秦俱入夷吾 立爲
晉君 是爲惠公 齊桓公至晉之高梁而還歸

① 汾陽之邑분양지읍

[집해] 가규가 말했다. "분汾은 강 이름이다. 분양汾陽은 진晉나라 땅이다".
賈逵曰 汾 水名 汾陽 晉地也

[색은] 살펴보니《국어》에는 이극에게 분양汾陽의 밭 100만을 봉할 것을,
비정邳鄭에게 부채負蔡의 밭 70만을 봉할 것을 명했다. 지금 여기에서 말
하지 않은 것은 또한 소략한 것이다.
按 國語命里克汾陽之田百萬 命邳鄭以負蔡之田七十萬 今此不言 亦其疏略也

혜공 이오夷吾 원년, 비정邳鄭을 진秦나라에 사신으로 보내 사죄
하며 말하게 했다.

"처음에 이오가 하서河西의 땅을 군주에게 허락했는데 지금 다행
히도 들어가 즉위할 수 있었습니다. 대신이 이르기를 '땅이란 선
군先君의 땅인데 군주께서는 도망해서 밖에 있으면서 어떻게 멋
대로 진秦나라에 허락할 수 있습니까?'라고 했습니다. 과인이 그
일로 다투었으나 뜻을 얻지 못했으므로 진秦나라에 사죄합니다."

또한 이극에게도 분양읍을 주지 않았고 그의 권력을 빼앗았다.

4월, 주양왕周襄王은 주공周公 기보忌父^①를 사신으로 보내 제나라와 진秦나라 대부와 함께 모여 진晉나라 혜공을 예우하게 했다. 혜공은 중이重耳가 밖에 있으니 이극이 변란을 만들까 두려워하고 이극에게 죽음을 내리려 했다. 그리고 일러 말했다.

"이자里子(이극)가 아니었다면 과인은 즉위하지 못했을 것이오. 비록 그렇더라도 그대 또한 두 군주와 한 대부를 살해했는데^② 그대의 군주 된 자가 또한 비난받지 않겠는가?"

이극이 대답했다.

"두 군주를 폐廢하지 않았다면 군주께서 어떻게 일어났겠습니까? 저를 죽이고 싶다면 왜 핑계 댈 말이 없겠습니까? 이에 말이 이러하니 신은 명을 듣겠습니다."

마침내 검으로 자결했다. 하지만 비정은 진秦나라에 사죄 사신으로 가서 돌아오지 않았기에 어려움이 미치지 않았다.

惠公夷吾元年 使邳鄭謝秦曰 始夷吾以河西地許君 今幸得入立 大臣曰 地者先君之地 君亡在外 何以得擅許秦者 寡人爭之弗能得 故謝秦亦不與里克汾陽邑 而奪之權四月 周襄王使周公忌父^①會齊秦大夫共禮晉惠公 惠公以重耳在外 畏里克爲變 賜里克死 謂曰 微里子寡人不得立 雖然 子亦殺二君一大夫^② 爲子君者不亦難乎 里克對曰 不有所廢君何以興 欲誅之 其無辭乎 乃言爲此 臣聞命矣 遂伏劍而死 於是邳鄭使謝秦未還 故不及難

① 周公忌父주공기보

집해 가규가 말했다. "주나라 경사卿士이다."

賈逵曰 周卿士

② 子亦殺二君一大夫자역살이군일대부

[집해] 복건이 말했다. "해제와 도자와 순식이다."

服虔曰 奚齊悼子荀息也

진晉나라 군주는 공태자恭太子 신생申生의 장례를 고쳐 치렀다.[①]
가을, 호돌狐突이 하국下國(곡옥)으로 갔다가[②] 신생을 만났는데 신
생이 함께 수레에 타고 고했다.[③]
"이오가 무례하니 내가 천제天帝에게 청하여[④] 장차 진晉나라를
진秦나라에 줄 것이며, 진秦나라가 장차 나를 제사 지내게 할 것
이다."
호돌이 대답했다.
"신臣이 듣기에, 신神은 그 종실이 아니면 제사를 받지 않는다고
했으니 군의 그 제사가 단절되지 않겠습니까? 군께서 이를 헤아
려 주십시오."
신생이 말했다.
"좋다. 나는 장차 다시 천제에게 청할 것이다. 열흘 뒤에[⑤] 신성新
城 서편에 장차 무당이 있으면 나를 볼 수 있을 것이다.[⑥]"
이를 허락하자 마침내 (신생이) 보이지 않았다.[⑦]
晉君改葬恭太子申生[①] 秋 狐突之下國[②] 遇申生 申生與載而告之[③]曰
夷吾無禮 余得請於帝[④] 將以晉與秦 秦將祀余 狐突對曰 臣聞神不食非

其宗 君其祀毋乃絶乎 君其圖之 申生曰 諾 吾將復請帝 後十日⑤ 新城
西偏將有巫者見我焉⑥ 許之 遂不見⑦

① 晉君改葬恭太子申生진군개장공태자신생

집해 위소가 말했다. "헌공 때 신생의 장례를 갖추어 치르지 않았기에
고쳐 장례를 치렀다."

韋昭曰 獻公時申生葬不如禮 故改葬之

② 狐突之下國호돌지하국

집해 복건이 말했다. "진晉나라에서 멸망시킨 나라는 하읍下邑이라고
한다. 일설에는 곡옥曲沃에 종묘가 있으므로 나라라고 일컫는다고 한다.
강絳 아래에 있으므로 하국下國이라고 한다."

服虔曰 晉所滅國以爲下邑 一曰曲沃有宗廟 故謂之國 在絳下 故曰下國也

③ 申生與載而告之신생여재이고지

집해 두예가 말했다. "홀연히 꿈과 같은데 서로 만난 것이다. 호돌狐突
은 본래 신생申生의 수레를 몰았으므로 다시 수레에 오르도록 한 것
이다."

杜預曰 忽如夢而相見 狐突本爲申生御 故復使登車

④ 余得請於帝여득청어제

집해 복건이 말했다. "제帝는 천제天帝이다. 죄가 있어 벌을 청한 것
이다."

服虔曰 帝 天帝 請罰有罪

⑤ 後十日후십일

집해 《좌전》에는 7일이라 한다.

左傳曰 七日

신주 '칠七'과 '십十'은 글자가 비슷하여 혼동하여 기록하기 쉬우니《좌전》
의 기록이 타당할 수도 있다.

⑥ 將有巫者見我焉장유무자견아언

집해 두예가 말했다. "장차 무당으로 인해 볼 것이다."

杜預曰 將因巫以見

⑦ 許之 遂不見허지 수불견

집해 두예가 말했다. "호돌이 그의 말을 허락했는데, 신생의 형상이 또
한 없어졌다."

杜預曰 狐突許其言 申生之象亦没

기약한 날에 가서 다시 만났다. 신생이 알려 말했다.

"천제께서 죄가 있는 자를 벌한다고 허락했으니 한韓 땅에서 무
너질 것이다."①

아이들이 이에 노래하여 말했다.

"공태자를 다시 장례 치렀지만② 그 후 14년 동안 진晉나라 또한

창성하지 못하리. 창성하는 것은 형에게 있으리."

及期而往 復見 申生告之曰 帝許罰有罪矣 弊於韓^① 兒乃謠曰 恭太子
更葬矣^② 後十四年 晉亦不昌 呂乃在兄

① 弊於韓폐어한

집해 가규가 말했다. "폐弊는 패敗이다. 한韓은 진晉나라 한원韓原이다."

賈逵曰 弊 敗也 韓 晉韓原

② 更葬矣갱장의

색은 갱更은 작作이다. 경상更喪은 상喪을 고친 것을 이른다. 다음 14년
까지 진晉나라가 창성하지 못할 것을 말한 것이다.

更 作也 更喪謂改喪 言後十四年晉不昌

비정이 진秦나라에 사신으로 갔는데, 이극이 처형되었다는 소식
을 듣고 이에 진목공을 설득해서 말했다.

"여생呂省,^① 극칭郤稱 그리고 기예冀芮는 실제로 따르지 않았습니
다.^② 만약 무거운 뇌물로써 그들과 모의한다면 진晉나라 군주를
쫓아내고 중이重耳를 들이는 일은 반드시 이룩될 것입니다."

진목공은 허락하고 사람을 시켜서 비정과 함께 돌아가 진晉나라
에 보고하게 하고 세 사람에게 후한 뇌물을 주었다. 세 사람이 말
했다.

"폐백이 후하고 말이 달콤하니, 이는 반드시 비정이 우리를 진秦나라에 판 것이다."

마침내 비정과 이극, 비정의 무리인 칠여대부七輿大夫[3]들을 살해했다. 비정의 아들 표豹는 진秦나라로 달아나 진晉나라를 침략하자고 말했는데 진목공이 들어주지 않았다.

邳鄭使秦 聞里克誅 乃說秦繆公曰 呂省[1]郤稱冀芮實爲不從[2] 若重賂與謀 出晉君 入重耳 事必就 秦繆公許之 使人與歸報晉 厚賂三子 三子曰 幣厚言甘 此必邳鄭賣我於秦 遂殺邳鄭及里克邳鄭之黨七輿大夫[3] 邳鄭子豹奔秦 言伐晉 繆公弗聽

① 呂省여생

색은 《좌전》에는 '여생呂甥'으로 되어 있다.

左傳作呂甥

② 呂省郤稱冀芮實爲不從여생극칭기예실불종

집해 두예가 말했다. "세 사람은 진晉나라 대부이다. 부종不從이란 진秦나라의 뇌물과 더불어 하지 않았다는 것이다."

杜預曰 三子 晉大夫 不從 不與秦賂也

색은 여생, 극칭, 기예 세 사람은 진晉 대부이다.

呂省郤稱冀芮三子 晉大夫

신주 세 사람은 진秦에 하서 땅을 주는 것을 반대했으니 진秦의 의중을 따르지 않는 것을 말한다. 《좌전》에도 역시 "진秦에 땅을 주는 것에 따르지 않았다."라고 나온다.

③ 七輿大夫칠여대부

집해 위소가 말했다. "칠여七輿는 태자 신생이 이끄는 하군下軍 무리의 대부이다." 두예가 말했다. "후侯와 백伯은 칠명七命이고 부거副車는 칠승七乘이다."

韋昭曰 七輿 申生下軍之衆大夫也 杜預曰 侯伯七命 副車七乘

혜공이 군주가 되어 진秦나라에 땅을 주겠다는 약속과 이극을 배신하고 칠여대부들을 죽이자 나라 사람들이 따르지 않았다.
2년, 주나라에서 소공召公 과過를 사신으로 보내[1] 진나라 혜공을 예우했는데, 혜공의 예가 거만하자[2] 소공이 나무랐다.

惠公之立 倍秦地及里克 誅七輿大夫 國人不附 二年 周使召公過[1]禮晉惠公 惠公禮倨[2] 召公譏之

① 周使召公過주사소공과

집해 위소가 말했다. "소무공召武公이고 왕의 경사卿士이다."

韋昭曰 召武公 爲王卿士

② 惠公禮倨혜공예거

색은 옥을 받는데 태만하게 한 것을 이른다. 그 사실이 《춘추》 희공 11년에 보인다.

謂受玉惰也 事見僖十一年

4년, 진晉에 기근이 들자 진秦에 곡식을 달라고 빌었다. 목공이 백리해①에게 묻자 백리해가 대답했다.

"하늘의 재앙은 떠돌아다니면서 국가마다 번갈아 드는데 재앙을 구제하고 이웃을 보살피는 것은 국가의 도리입니다. 주십시오."

비정의 아들 표는 말했다.

"정벌하십시오."

목공이 말했다.

"그 군주가 밉다고 하지만 그 백성은 무슨 죄인가?"

마침내 곡식을 옹雍으로부터 넉넉하게 강絳 땅으로 보내주었다.②

四年 晉饑 乞糴於秦 繆公問百里奚① 百里奚曰 天菑流行 國家代有 救菑恤鄰 國之道也 與之 邳鄭子豹曰 伐之 繆公曰 其君是惡 其民何罪 卒與粟 自雍屬絳②

① 百里奚백리해

集解 복건이 말했다. "진秦 대부이다."

服虔曰 秦大夫

② 自雍屬絳자옹속강

新注 이를 '범주지역汎舟之役'이라 하는데, 《좌전》에 나오는 남의 고난을 돕는 거대한 구제 사업을 말하는 고사성어이다. 진秦나라 중심지인 옹雍에서 진晉나라 중심지인 강絳까지, 위수渭水와 하수河水와 분수汾水에 이르는 1,000리 물길에 곡식을 실은 배가 이어져서 고난을 구제했다는 의미이다.

5년, 진秦나라에 기근이 들자 진晉나라에 곡식을 달라고 청했다. 진晉나라 군주가 이 기회를 이용하려고 모의하자 경정慶鄭[1]이 말했다.

"진秦나라 덕분에 군주가 되고는 그 땅을 준다는 약속을 배신했습니다. 진晉나라에 기근이 들자 진秦나라에서 우리에게 곡식을 주었는데 지금 진秦나라에 기근이 들어 곡식을 청하는데 주어야지 어찌 머뭇거립니까? 하물며 모의를 하십니까?"

곡석虢射[2]이 말했다.

"지난날 하늘이 진晉나라를 진秦나라에 주었는데, 진秦나라는 취할 줄을 알지 못하고 우리에게 곡식을 주었습니다. 오늘날 하늘이 진秦나라를 진晉나라에 준 것이니, 진晉나라가 하늘을 거역할 수 있겠습니까? 마침내 그들을 정벌해야 합니다."

혜공은 곡석의 계책을 채용해 진秦나라에 곡식을 주지 않고 군사를 일으켜 장차 진秦나라를 침략하려 했다. 진秦나라는 크게 노여워하고 또한 군사를 일으켜 진晉나라를 침략했다.

五年 秦饑 請糴於晉 晉君謀之 慶鄭[1]曰 以秦得立 已而倍其地約 晉饑而秦貸我 今秦饑請糴 與之何疑 而謀之 虢射[2]曰 往年天以晉賜秦 秦弗知取而貸我 今天以秦賜晉 晉其可以逆天乎 遂伐之 惠公用虢射謀 不與秦粟 而發兵且伐秦 秦大怒 亦發兵伐晉

① 慶鄭경정

집해 두예가 말했다. "경정은 진晉나라 대부이다."

杜預曰 慶鄭 晉大夫

② 虢射곽석

집해 복건이 말했다. "곽석은 혜공의 외삼촌이다."

服虔曰 虢射 惠公舅

신주 射의 음은 오늘날 '사'(쏘다)가 대표적이지만 원래 발음은 '석'(맞히다)이다. '야'(벼슬 이름)로도 발음하는데, 고대 중국의 관직인 상서복야尚書僕射가 대표적이다. 또한 '역'(싫어하다)으로 읽기도 한다.

6년 봄, 진秦 목공은 군사들을 거느리고 진晉나라를 공격했다. 진晉 혜공이 경정에게 일러 말했다.

"진秦나라 군사들이 깊이 들어왔는데① 어찌해야 하겠는가?"

경정이 대답했다.

"진秦나라에서 군주를 들여보냈으나 군주께서는 선물하겠다는 약속을 어겼습니다. 진晉나라에 기근이 들자 진秦나라가 곡식을 보냈지만 진秦나라에 기근이 들자 진晉나라는 배신하고, 곧 그 기근을 기회로 그들을 침략하려 했으니 그들이 깊이 쳐들어온 것이 또한 마땅하지 않겠습니까?"

진晉나라에서 수레의 오른쪽에 탈 사람을 점쳤는데 경정이 모두 길하다는 점괘가 나왔다. 혜공이 말했다.

"경정은 겸손하지 못하다."②

이에 바꾸어 보양步陽에게 융거戎車를 몰게 하고 가복도家僕徒③는 우右가 되게 하여 군대를 나아가게 했다.

六年春 秦繆公將兵伐晉 晉惠公謂慶鄭曰 秦師深矣① 柰何 鄭曰 秦内

君 君倍其賂 晉饑秦輸粟 秦饑而晉倍之 乃欲因其饑伐之 其深不亦宜
乎 晉卜御右 慶鄭皆吉 公曰 鄭不孫^② 乃更令步陽御戎 家僕徒爲右^③
進兵

① 秦師深矣 진사심의
집해 위소가 말했다. "심深은 국경으로 들어오는 것이다. 일설에는 심
深은 중重과 같다고 했다."
韋昭曰 深 入境 一曰深猶重

② 鄭不孫 정불손
집해 복건이 말했다. "손孫은 순順이다."
服虔曰 孫 順

③ 步陽御戎 家僕徒爲右 보양어융 가복도위우
집해 복건이 말했다. "보양과 가복도 두 사람은 진晉 대부이다."
服虔曰 二子 晉大夫也

9월 임술일, 진목공과 진晉혜공은 한원韓原에서 맞붙어 싸웠다.^①
혜공의 말이 수렁에 빠져서 놀라 나아가지 못하자^② 진秦나라 군
사들이 이르렀다. 혜공이 궁지에 몰리자 경정을 불러 수레를 몰게
했다. 경정이 말했다.

"점괘를 쓰지 않았으니 패하는 것이 또한 마땅하지 않겠습니까."

마침내 떠나갔다. 다시 양유미梁繇靡③에게 수레를 몰게 하고 괵석虢射이 우右가 되어 진목공과 맞닥뜨렸다.④ 진목공의 장사壯士들이 (죽음을) 무릅쓰고 진군晉軍을 쳐부수니 진군은 패했다. 마침내 진목공은 잡지 못하고 도리어 진秦이 진晉 혜공을 사로잡아 돌아갔다. 진秦나라는 나아가 상제上帝에게 제사지내려고 했다. 진晉 군주의 누이는 목공의 부인이었는데⑤ 상복을 입고 눈물을 흘렸다.

九月壬戌 秦繆公晉惠公合戰韓原① 惠公馬騺不行② 秦兵至 公窘 召慶鄭爲御 鄭曰 不用卜 敗不亦當乎 遂去 更令梁繇靡③御 虢射爲右 輅秦繆公④ 繆公壯士冒敗晉軍 晉軍敗 遂失秦繆公 反獲晉公以歸 秦將以祀上帝 晉君姊爲繆公夫人⑤ 衰絰涕泣

---

① 合戰韓原합전한원

[색은] 풍익군의 하양夏陽 북쪽 20리에 있다. 지금의 한성현이 이곳이다.
在馮翊夏陽北二十里 今之韓城縣是

[신주] 하수河水와 분수汾水가 만나는 피지현皮氏縣 남쪽에서 하수의 건너편 서쪽에 있으며 당시 진晉나라 하서 땅에 속해 있었다. 한성은 사마천이 태어난 곳이라 한다.

② 惠公馬騺不行혜공마경불행

[색은] 騺의 발음은 '지[竹二反]'이다. 말이 거듭 진창에 빠진 것을 말한다.
騺音竹二反 謂馬重而陷之於泥

③ 梁繇靡양유미

정의 위소가 말했다. "양유미梁由靡이고 대부이다."

韋昭云 梁由靡 大夫也

신주 《사기지의》에서 말한다. "《좌전》과 《국어》에 '양유미는 한간韓簡의 수레를 몰았고 혜공의 수레를 몬 일이 없었다.'라고 한다." 양유미는 한궐의 수레를 몰아 진목공을 잡을 뻔했는데 경정이 혜공을 먼저 구하라는 소리에 놓쳤다.

④ 輅秦繆公로진목공

집해 복건이 말했다. "로輅는 맞이하는 것이다."

服虔曰 輅 迎也

색은 輅의 발음은 '아[五稼反]'인데, 추탄생은 발음을 '액[五額反]'이라고 했다.

輅音五稼反 鄒誕音五額反

신주 輅는 맞이한다는 뜻일 때는 '아', 수레라는 뜻일 때는 '로', 작은 수레란 뜻일 때는 '락', 수레 앞을 가로댄 나무를 뜻할 때는 '핵'이라고 읽는다.

⑤ 晉君姊爲繆公夫人진군자위목공부인

신주 헌공 22년에 진목공에게 시집간 태자 신생의 누이동생을 말한다. 혜공 이오의 친누이는 아니며, 이오보다 어리기 때문에 '姊'(손윗누이 자)가 아니라 '妹'(손아래누이 매)가 되어야 한다.

목공이 말했다.

"진후晉侯를 얻었으니 장차 즐거울 줄 알았는데 지금 이렇게 되다니. 또 내가 듣기로, 기자箕子가 당숙唐叔을 처음 봉하는 것을 보고 '그의 후예는 반드시 마땅히 커질 것이다.[1]'라고 말했다는데 진晉나라가 어찌 멸망하는 것이 옳겠는가?[2]"

이에 진후晉侯와 왕성王城[3]에서 맹약하고 돌아가는 것을 허락했다.

公曰 得晉侯將以爲樂 今乃如此 且吾聞箕子見唐叔之初封 曰 其後必當大矣[1] 晉庸可滅乎[2] 乃與晉侯盟王城[3]而許之歸

① 箕子見唐叔~其後必當大矣기자견당숙지~기후필당대의

신주 기자箕子가 당숙唐叔이 진晉에 봉해진 것을 보거나 들었다는 것이다. 기자가 지금의 요서나 요동, 혹은 한반도의 평양에 봉해졌다면 있을 수 없는 얘기다. 무왕武王이 기자를 조선에 봉했다는 것과도 내용이 다르다. 무왕은 기자를 조선에 봉하지 않았고 봉할 수도 없다. 앞서 기자묘에 대해 신주에서 산서성 태곡현太谷縣에 기자의 성인 기성箕城이 있다고 했는데, 이 기사와 연관시켜 볼 수 있을 것이다.

② 公曰~晉庸可滅乎공왈~진용가멸호

신주 《사기》에서 이 말은 진혜공을 사로잡고 돌려주기 전에 이야기한 것으로 나오지만 《좌전》에서는 혜공이 돌아가고 난 다음, 다시 진晉에 기근이 생기자 진목공이 도와준 후에 이야기한 것으로 나온다. 이야기의 정황으로 보아 《좌전》의 기록이 타당해 보인다.

③ 晉侯盟王城진후맹왕성

[집해] 두예가 말했다. "풍익군 임진현 동쪽에 왕성王城이 있다."
杜預曰 馮翊臨晉縣東有王城

진晉나라 혜공은 또한 여생呂省 등을 시켜서 나라 사람들에게 보고하게 했다.

"내가 비록 돌아갈 수는 있으나, 사직을 볼 낯이 없으니 날을 점쳐서 자어子圉를 군주로 세우도록 하라."

진晉나라 사람들이 듣고 모두 곡을 했다. 진秦나라 목공이 여생呂省에게 물었다.

"진晉나라는 화평한가?"

여생이 대답했다.

"화평하지 못합니다. 소인들은 군주를 잃었으니 부모까지 잃을까① 두려워하면서 자어子圉를 군주로 세운다는 말에 거리낌 없이 '반드시 원수를 갚아야 하니, 차라리 융戎과 적狄을 섬기겠다.②'라고 말합니다. 그 군자君子들은 군주를 아끼고 죄를 알기 때문에 진秦나라의 명을 기다리며 말하기를 '반드시 덕에 보답할 것이다.'라고 합니다. 이 두 가지 이유 때문에 화평하지 못합니다."

이에 진秦목공은 다시 진晉혜공을 놓아주고 칠뢰七牢를 보내주었다.③

晉侯亦使呂省等報國人曰 孤雖得歸 毋面目見社稷 卜日立子圉 晉人聞之 皆哭 秦繆公問呂省 晉國和乎 對曰 不和 小人懼失君亡親① 不憚

立子圉 曰 必報讎 寧事戎狄^② 其君子則愛君而知罪 以待秦命曰 必報
德 有此二故 不和 於是秦繆公更舍晉惠公 餼之七牢^③

① 小人懼失君亡親소인구실군망친

[정의] 군君은 혜공惠公이다. 친親은 부모이다. 군주를 잃고 국가가 어지
러워져 아마 부모까지 잃을까 두려워하기 때문에 자어子圉를 군주로 세
우는 것을 꺼리지 않는다는 말이다.

君 惠公也 親 父母也 言懼失君國亂 恐亡父母 不憚立子圉也

② 必報讎 寧事戎狄필보수 영사융적

[정의] 소인의 말은 자어子圉를 세워 군주로 삼은 뒤에 반드시 진秦나라
에 보복하겠다는 것이다. 마침내 진秦나라를 섬기지 않고, 차라리 융戎
과 적狄을 섬길 뿐이라는 것이다.

小人言立子圉爲君之後 必報秦 終不事秦 寧事戎狄耳

③ 餼之七牢궤지칠뢰

[정의] 餼의 발음은 '궤匱'이다. 소 한 마리, 양 한 마리, 돼지 한 마리가
1뢰牢가 된다.

餼音匱 一牛一羊一豕爲一牢

11월, 진혜공이 돌아왔다. 진혜공은 나라에 도착하자 경정慶鄭을 죽이고 정치와 교화에 힘을 쏟았다. 그리고 모의하여 말했다.

"중이가 밖에 있는데, 제후들은 그가 안에 있는 것이 이로움이 많을 것이라고 한다."

이에 사람을 시켜 중이를 적狄 땅에서 죽이려 했다. 중이가 이를 듣고 제나라로 갔다.[①]

8년, 태자 어圉를 진秦나라에 인질[②]로 보냈다.

당초에 혜공은 도망쳐서 양梁나라에 있었는데, 양나라 백작이 그의 딸을 아내로 삼아 아들 하나와 딸 하나를 낳았다. 양나라 백작이 점을 치니, 아들은 남의 신하가 되고 딸은 남의 첩이 된다고 했다. 그러므로 사내의 이름을 어圉라고 하고 딸을 첩妾이라고 했다.[③]

十一月 歸晉侯 晉侯至國 誅慶鄭 修政教 謀曰 重耳在外 諸侯多利內之 欲使人殺重耳於狄 重耳聞之 如齊[①] 八年 使太子圉質秦[②] 初 惠公亡在 梁 梁伯以其女妻之 生一男一女 梁伯卜之 男爲人臣 女爲人妾 故名男 爲圉 女爲妾[③]

① 重耳聞之 如齊중이문지 여제

신주 중이는 관중과 습붕이 죽었다는 소식을 듣고 제나라로 간 것이지 혜공 때문만은 아니다. 또 이는 혜공 7년의 일이다.

② 圉質秦어질진

정의 質은 '치致'로 발음한다.

質音致

신주 質은 인질의 뜻일 때는 '질', 폐백의 뜻일 때는 '지'로 발음한다.

③ 男爲圉 女爲妾남위어 여위첩

집해 복건이 말했다. "어인圉人은 말을 기르는 것을 관장하는 신하로 천한 자이다. 빙례聘禮를 하지 않는 것을 첩妾이라고 한다."

服虔曰 圉人掌養馬臣之賤者 不聘曰妾

10년, 진秦나라에서 양梁나라를 멸했다. 양나라 백작이 토목공사를 좋아하여 성의 해자를 건설하자① 백성이 힘에 지쳐 원망했다.② 그들이 자주 서로 놀라며 말했다.

"진秦나라 도적이 이를 것이다."

백성들은 두려워하고 의심했는데 진秦나라가 끝내 그들을 멸망시켰다.

十年 秦滅梁 梁伯好土功 治城溝① 民力罷怨② 其衆數相驚 曰秦寇至 民恐惑 秦竟滅之

---

① 治城溝치성구

집해 가규가 말했다. "구溝는 참塹(구덩이나 해자)이다."

賈逵曰 溝 塹也

② 民力罷怨민력피원

정의 罷는 '피皮'로 발음한다.

罷音皮

신주 罷는 고달프다는 뜻일 때는 '피', 마치다는 뜻일 때는 '파', 쪼개다는 뜻일 때는 '벽'이라고 읽는다.

13년, 진晉나라 혜공이 병이 들었는데, 나라 안에 여러 아들이 있었다. (진秦에 인질로 가 있던) 태자 어가 말했다.

"나의 어머니 집안은 양梁나라인데 양나라는 지금 진秦나라에 멸망당했다. 나는 밖으로는 진秦나라에 얕보이고 안으로는 나라의 후원이 없다. 군주께서 곧 일어나시지 못하면 대부들이 얕잡아보고 다시 다른 공자를 군주로 세울까 걱정이다."

이에 그의 아내와 함께 모의해 도망쳐 진晉나라로 돌아가려고 했다. 진秦나라 여자(아내)가 말했다.

"그대는 한 나라의 태자인데, 이곳에 있어 치욕을 당하고 있습니다. 진秦나라에서 비자婢子(저)①에게 모시라고 시킨 것은 그대의 마음을 굳게 하라고 한 것입니다. 그대가 도망친다면 나는 그대를 따르지는 않겠으나 또한 감히 말하지는 않을 것입니다."

자어는 마침내 도망쳐 진晉나라로 돌아갔다.

14년 9월, 혜공이 죽고 태자 어가 군주로 섰으니 이이가 회공懷公이다.

十三年 晉惠公病 内有數子 太子圉曰 吾母家在梁 梁今秦滅之 我外輕於秦而内無援於國 君即不起 病大夫輕 更立他公子 乃謀與其妻俱

亡歸 秦女曰 子一國太子 辱在此 秦使婢子侍^① 以固子之心 子亡矣
我不從子 亦不敢言 子圉遂亡歸晉 十四年九月 惠公卒 太子圉立 是爲
懷公

① 秦使婢子侍진사비자시

집해 복건이 말했다. "《예기》〈곡례〉에서 '세부世婦 이하를 스스로 비
자婢子라고 부른다.'라고 했다. 비자婢子는 부인의 낮은 칭호이다."

服虔曰 曲禮曰 世婦以下自稱婢子 婢子 婦人之卑稱

신주 자기 입으로 자기 이름을 말하므로, 우리말로 번역할 때는 보통
'나'의 낮춤말인 '저'로 번역한다.

자어가 도망치자 진秦나라는 원망하고 곧 공자 중이를 찾아서 들
여보내고자 했다. 자어가 군주로 즉위하자 진秦나라에서 침략할
것을 두려워했다. 이에 나라 안에 명을 내려 중이를 따라 도망한
자들에게 기한을 주고 기약한 날짜가 다했는데도 이르지 않는 자
는 그 가족을 모두 죽일 것이라고 했다. 호돌狐突의 아들 모毛와
언언偃은 중이를 따라 진秦나라에 있었는데, 부름에 수긍하지 않았
다. 회공은 노여워서 호돌을 가두었다. 호돌이 말했다.
"신의 아들이 중이를 모신 지 수년이 되었는데 지금 부른다면 이
는 군주에게 배반하라고 가르치는 것입니다. 제가 어떻게 그들을
가르치겠습니까?"

회공은 끝내 호돌을 살해했다. 진秦나라 목공은 이에 군사를 일
으켜 중이를 진晉나라로 들여보냈는데, 사람을 보내서 난지欒枝와
극곡郤縠[1]의 무리에게 알려 안에서 호응하게 해서 회공을 고량
高梁에서 살해하도록 하고 중이를 맞아들이게 했다. 이이가 문공
文公이다.

子圉之亡 秦怨之 乃求公子重耳 欲内之 子圉之立 畏秦之伐也 乃令國
中諸從重耳亡者與期 期盡不到者盡滅其家 狐突之子毛及偃從重耳在
秦 弗肯召 懷公怒 囚狐突 突曰 臣子事重耳有年數矣 今召之 是教之反
君也 何以敎之 懷公卒殺狐突 秦繆公乃發兵送内重耳 使人告欒郤之
黨[1]爲内應 殺懷公於高梁 入重耳 重耳立 是爲文公

① 使人告欒郤之黨사인고난곡지당

정의 난지와 극곡의 무리이다.

欒枝郤縠之屬也

유랑 공자 중이

진晉문공 중이重耳는 진晉헌공의 아들이다. 어려서부터 사인士人을 좋아해서 열일곱 살 때 현명한 사인 다섯 명을 두었다. 그들이 조사趙衰, 호언구범狐偃咎犯(문공의 외삼촌), 가타賈佗, 선진先軫, 위무자魏武子이다.

헌공이 태자가 되었을 때부터 중이는 이미 성인成人이었다. 헌공이 즉위할 때 중이의 나이가 스물한 살이었다.①

헌공 13년, 여희의 일로 중이는 포성蒲城에서 대비하며 진秦나라를 수비했다.

21년, 헌공은 태자 신생을 살해했는데 여희가 중이를 참소하자 (중이는) 두려워서 헌공에게 사죄하지 않고 포성을 지켰다.

晉文公重耳 晉獻公之子也 自少好士 年十七 有賢士五人 曰趙衰 狐偃 咎犯 文公舅也 賈佗 先軫 魏武子 自獻公爲太子時 重耳固已成人矣 獻公即位 重耳年二十一① 獻公十三年 以驪姬故 重耳備蒲城守秦 獻公二十一年 獻公殺太子申生 驪姬讒之 恐 不辭獻公而守蒲城

① 獻公即位 重耳年二十一헌공즉위 중이년이십일

신주 헌공 원년이라면 중이는 22세이다. 여기서 즉위란 무공이 죽고 헌공이 뒤를 이은 원년 이전의 해를 말한 것으로 보인다.

22년, 헌공은 환관 이제履鞮①를 시켜 달려가서 중이를 죽이라고 했다. 중이가 담을 넘어 도망가자 환관 이제가 쫓아가 그의 옷소매를 잘랐다. 중이는 적狄으로 달아났다. 적狄은 그의 어머니의 나라이다. 이때 중이의 나이가 마흔 셋이었다.

이때부터 다섯 명의 사인이 따랐는데 그 나머지 이름을 기록하지 않은 자를, 수십여 명도 적 땅에 이르렀다.

獻公二十二年 獻公使宦者履鞮①趣殺重耳 重耳踰垣 宦者逐斬其衣袪 重耳遂奔狄 狄 其母國也 是時重耳年四十三 從此五士 其餘不名者數 十人 至狄

---

① 履鞮이제

색은 곧 《좌전》의 발제勃鞮인데, 또한 모시는 사람 피披라고 한다.

即左傳之勃鞮 亦曰寺人披也

적狄에서 고여咎如를 공격해서① 두 여자를 얻었는데, 큰딸을 중이에게 아내로 주어 백조伯儵②와 숙유叔劉를 낳았다. 작은딸은 조쇠趙衰에게 아내로 주어 돈盾을 낳았다.③

적적狄에 거처한 지 5년 만에 진晉나라 헌공이 죽자 이극里克은 해제와 탁자를 죽이고 이에 사람을 시켜 중이를 맞이해 군주로 세우고자 했다. 중이는 죽임을 당할까 두려워해 굳이 사양하고 감히 돌아가지 않았다. 그러자 진晉나라에서는 다시 그의 아우 이오夷吾를 맞이해 군주로 세웠는데 이이가 혜공이다.

혜공 7년, 중이를 두려워하여 환관 이제履鞮와 장사壯士들을 시켜 중이를 죽이고자 했다.

狄伐咎如^① 得二女 以長女妻重耳 生伯儵^②叔劉 以少女妻趙衰 生盾^③居狄五歲而晉獻公卒 里克已殺奚齊悼子 乃使人迎 欲立重耳 重耳畏殺 因固謝 不敢入 已而晉更迎其弟夷吾立之 是爲惠公 惠公七年 畏重耳 乃使宦者履鞮與壯士欲殺重耳

① 狄伐咎如적벌고여

집해 가규가 말했다. "적적赤狄의 별족이며 외성隗姓이다."

賈逵曰 赤狄之別 隗姓

색은 적적의 별종이며 외성隗姓이다. 구咎는 '고高'로 발음한다. 추탄생본에는 '균여菌如'로 되어 있다. 또 다른 판본에는 '수囚'라고 했다.

赤狄之別種也 隗姓也 咎音高 鄒誕本作菌如 又云或作囚

신주 〈조세가〉에는 고여가 장고여廧咎如라고 나오는데, 후대 주석가들은 장고여가 맞다고 한다. 적적赤狄은 적적赤翟이라고도 하는데, 적인狄人의 한 일파이다. 지금의 산서성 장치長治 일대에 진晉나라 사람들과 섞여 살았다. 또한 북적은 정鄭, 동주東周, 제齊 등을 공격했다. 이때까지도 이른바 화華와 이夷를 구분할 수 없음을 말해준다.

② 伯鯈백조

[정의] 鯈의 발음은 '쥬[直留反]'이다.

直留反

③ 以少女妻趙衰 生盾이소녀처조사 생돈

[색은] 《좌전》에는 장고여廧咎如를 침략하고 그 나라의 두 딸을 포로로 잡았는데, 숙외叔隗를 조사의 아내로 삼게 해서 조돈趙盾을 낳았고, 공자(중이)는 계외季隗를 취해서 백조伯鯈와 숙유叔劉를 낳았다고 한다. 곧 숙외는 큰 딸이고 계외는 작은 딸이니 이 기사와 같지 않다.

左傳云伐廧咎如 獲其二女 以叔隗妻趙衰 生盾 公子取季隗 生伯鯈叔劉 則叔隗長而季隗少 乃不同也

중이가 듣고 이에 조사 등과 모의해서 말했다.

"처음에 내가 적으로 달아난 것은 내가 일어서는데 그들을 이용할 수 있기 때문만은 아니다.① 가까이 있으면 통하기가 쉽고 또 휴식하기에 족하고, 휴식하기에 족하니 오래 있을 수 있기 때문이다. 이제 진실로 대국大國으로 옮기기를 원한다. 대체로 제나라 환공은 선善을 좋아하는데 뜻은 패왕覇王에 있어서 제후들을 거두어 보살핀다고 한다. 지금 듣자니 관중과 습붕이 죽고 이에 또한 어진 보좌를 얻고자 한다는데 어찌 가지 않겠는가?"

이에 마침내 길을 나섰다. 중이는 그의 아내에게 일러 말했다.

"나를 기다려 25년이 되도록 오지 않으면 곧 시집을 가시오."

그의 아내가 웃으면서 말했다.

"25년에 가까워지면② 나의 무덤 위에 잣나무가 거대할 것입니다.③ 비록 그렇더라도 첩은 그대를 기다리겠습니다."

중이는 적적狄나라에 거처한 지 무릇 12년 만에 떠났다.

重耳聞之 乃謀趙衰等曰 始吾奔狄 非以爲可用與① 以近易通 故且休足 休足久矣 固願徙之大國 夫齊桓公好善 志在霸王 收恤諸侯 今聞管仲 隰朋死 此亦欲得賢佐 盍往乎 於是遂行 重耳謂其妻曰 待我二十五年 不來 乃嫁 其妻笑曰 犁二十五年② 吾冢上柏大矣③ 雖然 妾待子 重耳居 狄凡十二年而去

① 非以爲可用與비이위가용여

[색은] 與의 발음은 '여余'이다. 제본諸本의 어떤 판본에는 '흥興'으로 되어 있다. 흥興은 기起(일어나다)이다. 일어나는데 적翟을 이용할 수 있기 때문만은 아니다. 그래서 그곳으로 달아난 것이다.

與音余 諸本或爲興 興 起也 非翟可用興起 故奔之也

② 犁二十五年리이십오년

[색은] 리犁는 '비比(견주다)'와 같다

犁猶比也

③ 吾冢上柏大矣오총상백대의

[정의] 두예가 말했다. "장차 죽어서 나무(棺)에 들어가더라도 다시는 시집가지 않겠다는 말이다."

杜預云 言將死入木也 不復成嫁也

위衛나라를 지나는데 위문공은 예로 대우하지 않았다.[①] 떠나서
오록五鹿[②]을 지나는데 배가 고파서 들녘 사람에게 음식을 구걸
했다. 들녘 사람은 그릇에 흙을 가득 담아 바쳤다. 중이는 노했
다. 조사趙衰가 말했다.[③]
"흙이란 토지를 가진다는 뜻이니 주군께서는 절하고 받으십시오."
過衛 衛文公不禮[①] 去 過五鹿[②] 飢而從野人乞食 野人盛土器中進之 重
耳怒 趙衰曰[③] 土者 有土也 君其拜受之

---

① 過衛 衛文公不禮과위 위문공불례

신주 《국어》〈진어〉에서 위나라를 지난 것은 제나라를 떠난 다음이라
고 나온다. 지리상으로도 그것이 맞다. 사마천이 오록을 위나라 땅이라
고 생각하여 여기에 끼워 넣었거나 후대에 잘못 베껴 전한 탓일 것이다.
이때 오록은 이미 적족이 차지하고 있었고 위나라는 남쪽으로 쫓겨난 상
태였다.

② 五鹿오록

집해 가규가 말했다. "위나라 땅이다." 두예가 말했다. "지금의 위현
서북쪽에 오록이란 지명이 있고, 양평군 원성현 동쪽에도 오록이 있다."
賈逵曰 衛地 杜預曰 今衛縣西北有地名五鹿 陽平元城縣東亦有五鹿

③ 趙衰曰조사왈

신주 《사기지의》에는 구범의 말이라고 한다.

> 제나라에 이르자, 제환공이 후하게 예우하여 종실의 딸을 아내로
> 삼아주고① 말 20승(80필)을 소유하게 하자 중이는 편안해졌다. 중
> 이가 제나라에 이른 지 2년, 환공이 죽었다. 때마침 수조豎刁 등
> 이 내란을 일으키고 제효공이 군주로 즉위하자 제후諸侯의 군사
> 들이 자주 이르렀다. 제나라에 머문 지 5년이 되었다.
>
> 중이는 제나라의 여인을 사랑해서 떠날 마음이 없었다. 조사와
> 구범이 뽕나무 아래에서 계책을 세워 행하기로 했다. 제나라 여인
> 의 시녀가 뽕나무 위에 있다가 그들의 계획을 듣고 그의 주인에게
> 알렸다. 그의 주인은 이에 시녀를 살해하고② 중이에게 빨리 떠나
> 도록 권했다. 중이가 말했다.
>
> "인생이 편안하고 안락한데, 누구에게 타지로 간다는 것을 들었
> 소? 반드시 이곳에서 죽지③ 떠나지 않을 것이오."
>
> 至齊 齊桓公厚禮 而以宗女妻之① 有馬二十乘 重耳安之 重耳至齊二歲
> 而桓公卒 會豎刀等爲內亂 齊孝公之立 諸侯兵數至 留齊凡五歲 重耳
> 愛齊女 毋去心 趙衰咎犯乃於桑下謀行 齊女侍者在桑上聞之 以告其
> 主 其主乃殺侍者② 勸重耳趣行 重耳曰 人生安樂 孰知其他 必死於此③
> 不能去

① 以宗女妻之이종녀처지

《사기지의》에 따르면 《좌전》에는 환공의 딸을 주었다고 한다.

② 其主乃殺侍者기주내살시자

집해 복건이 말했다. "효공孝公의 노여움을 두려워했기에 그를 죽여서 말할 입을 없앤 것이다."

服虔曰 懼孝公怒 故殺之以滅口

신주 '주인[主]'은 중이가 제나라로 망명하여 취한 부인 강씨姜氏를 가리킨다. 제효공齊孝公이 중이가 떠난다고 하면 노할 것이 분명했으므로 이를 두려워한 것이다.

③ 人生安樂 孰知其他 必死於此인생안락 숙지기타 필사어비

집해 서광이 말했다. "일설에는 '인생은 한번 사는 것이니 반드시 이곳에서 죽겠소.'라고 한다."

徐廣曰 一云 人生一世 必死於此

제나라 여자가 말했다.

"당신은 한 나라의 공자입니다. 궁색해서 이곳에 왔고, 여러 사인이 그대 때문에 운명을 함께하고 있습니다. 당신께서 빨리 나라로 되돌아가 수고한 신하에게 보답하려 하지 않고 여성의 덕德에 둘러싸여 계신다면 마음속으로 그대를 위한 것을 부끄럽게 여길 것입니다. 또 구하지 않으면 언제 공을 얻겠습니까?"

이에 제나라 여인은 조사 등과 함께 의논하고 중이를 술에 취하게

하여 수레에 싣고 길을 나섰다. 길을 떠나간 지 한참 후에 깨어나자 중이는 크게 노여워하고 창을 끌어당겨 구범[①]을 죽이려고 했다. 구범이 말했다.

"신을 죽여서 공자의 뜻이 성취된다면 제가 원하는 것이오."

중이가 말했다.

"일이 성취되지 않는다면 나는 외삼촌의 살코기를 뜯어 먹겠소."

구범이 말했다.

"일이 성취되지 않아도 제 살코기는 비리고 누린내가 날 것인데 어찌 먹을 수 있겠소?"

이에 그만두고 마침내 길을 갔다.

조曹나라를 지나는데, 조나라 공공共公은 예로써 대우하지 않고 중이의 통갈비뼈[②]를 보고자 했다. 조나라 대부 희부기釐負羈가 말했다.

"진나라 공자는 현명하고 또 동성同姓이며, 궁색해서 와서 우리나라를 지나가는데 어찌 예로써 대하지 않습니까?"

공공은 희부기의 계책을 따르지 않았다. 희부기가 이에 사사로이 중이에게 음식을 보내면서 음식 밑에 구슬을 넣어 보냈다. 그러나 중이는 그 음식만 받고 그 구슬을 돌려보냈다.

齊女曰 子一國公子 窮而來此 數士者以子爲命 子不疾反國 報勞臣 而懷女德 竊爲子羞之 且不求 何時得功 乃與趙衰等謀 醉重耳 載以行 行遠而覺 重耳大怒 引戈欲殺咎犯[①] 咎犯曰 殺臣成子 偃之願也 重耳曰 事不成 我食舅氏之肉 咎犯曰 事不成 犯肉腥臊 何足食 乃止 遂行 過曹 曹共公不禮 欲觀重耳駢脅[②] 曹大夫釐負羈曰 晉公子賢 又同姓 窮來過

> 我 奈何不禮 共公不從其謀 負羈乃私遺重耳食 置璧其下 重耳受其食
> 還其璧

① 咎犯구범

신주 중이의 외삼촌 호언狐偃이다.

② 駢脅병협

신주 《국어國語》〈진어晉語〉에서 공공共公이 공자公子 중이重耳가 통갈 비뼈라는 소문을 듣고 그 모습을 보고자 그가 머무는 객사에 발을 설치 하고 그가 목욕하는 모습을 다가가서 보았다는 기록이 있다.

> 조나라를 떠나 송나라를 지나갔다. 송나라 양공襄公은 새롭게 초 나라와 전쟁하다 곤욕을 당하고 홍수泓水에서 상처를 입었다. 중 이가 현명하다는 소문을 듣고 이에 나라의 예로써 중이를 예우 했다.① 송나라 사마司馬 공손고公孫固가 구범을 잘 대우하며 말 했다.
> "송나라는 작은 나라로 새롭게 곤욕을 겪었고 (진나라로) 돌아가는 것에 힘을 써 주기에는 부족하니 다시 큰 나라로 가십시오."
> 이에 떠나갔다.
> 去 過宋 宋襄公新困兵於楚 傷於泓 聞重耳賢 乃以國禮禮於重耳① 宋
> 司馬公孫固善於咎犯曰 宋小國新困 不足以求入 更之大國 乃去

① 乃以國禮禮於重耳 내이국예예어중이

[색은] 국군의 예로써 중이를 예우한 것이다.

以國君之禮禮之也

정鄭나라를 지나는데, 문공文公은 예로써 대우하지 않았다. 정나라 숙첨叔瞻이 그의 군주에게 간언해서 말했다.

"진晉나라 공자는 현명하고 그를 따르는 자들도 모두 나라의 재상감들이며 또 동성입니다. 정나라는 여왕厲王으로부터 나왔고 진晉나라는 무왕武王으로부터 나왔습니다."

정나라 군주가 말했다.

"제후가 망하고 공자 중에 이곳을 지나가는 자들이 많다. 어찌 예를 다하겠는가."

숙첨이 말했다.

"군주께서 예우하지 않는다면 죽이는 것만 같지 못할 것입니다. 장차 나라의 우환이 될 것입니다."

정나라 군주는 듣지 않았다.

過鄭 鄭文公弗禮 鄭叔瞻諫其君曰 晉公子賢 而其從者皆國相 且又同姓 鄭之出自厲王 而晉之出自武王 鄭君曰 諸侯亡公子過此者衆 安可盡禮 叔瞻曰 君不禮 不如殺之 且後爲國患 鄭君不聽

중이는 정나라를 떠나 초楚나라로 갔다. 초나라 성왕成王이 제후의 예로써 대우하자[①] 중이는 사양하고 감당할 수 없다고 했다. 조사가 말했다.[②]

"공자께서 망명해 밖에 있는 10년 남짓에 작은 나라도 공자를 얕보는데 큰 나라는 오죽하겠습니까? 지금 초나라는 큰 나라인데도 진실로 공자를 대우하니 공자께서는 그것을 사양하지 마십시오. 이는 하늘이 공자에게 열어 주는 것입니다."

마침내 객客의 예로써 만나보았다. 성왕은 중이를 후하게 대우했는데 중이는 매우 자신을 낮췄다. 성왕이 말했다.

"공자께서 진나라로 돌아간다면 무엇으로 과인에게 보답하겠습니까?"

중이가 대답했다.

"우모羽毛와 치각齒角과 옥백玉帛은 군왕께서도 넉넉한 바이니 보답할 것을 알지 못하겠습니다."

왕이 말했다.

"비록 그렇다고는 하나 무엇으로 불곡不穀[③]에게 보답하겠습니까?"

중이가 대답했다.

"부득이 군왕과 함께 병거兵車로써 평원이나 넓은 못에서 마주한다면 왕께 90리쯤 피할 것을 청하옵니다."[④]

重耳去之楚 楚成王以適諸侯禮待之[①] 重耳謝不敢當 趙衰曰[②] 子亡在外十餘年 小國輕子 況大國乎 今楚大國而固遇子 子其毋讓 此天

開子也 遂以客禮見之 成王厚遇重耳 重耳甚卑 成王曰 子即反國 何
以報寡人 重耳曰 羽毛齒角玉帛 君王所餘 未知所以報 王曰 雖然
何以報不穀③ 重耳曰 即不得已 與君王以兵車會平原廣澤 請辟王
三舍④

① 適諸侯禮待之적제후예대지

색은 適의 발음은 '적敵'이다.

適音敵

② 趙衰曰조사왈

신주 《사기지의》에 따르면 "《국어》에는 구범이 말했다."고 한다.

③ 不穀불곡

신주 제후가 자신을 지칭하는 말이다.

④ 三舍삼사

집해 가규가 말했다. "《사마법》에는 '달아나는 것은 삼사三舍를 지나
치지 않는다.'라고 했다. 삼사三舍는 90리이다."

賈逵曰 司馬法 從遯不過三舍 三舍 九十里也

초나라 장수 자옥子玉이 화를 내며 말했다.

"왕께서 진나라 공자를 지극히 후하게 대우하였거늘 지금 중이가 이렇게 불손한 말을 하니 죽일 것을 청합니다."

성왕이 말했다.

"진나라 공자는 현명한데도 밖에서 오래 곤궁했으며 따르는 자도 모두 나라의 그릇들이니, 이것은 하늘이 (뜻을) 둔 바인데 어찌 죽일 수 있겠는가? 또 말을 어찌 바꾸겠는가?[①]"

초나라에 거처한 지 수개월, 진晉나라 태자 어圉가 진秦나라에서 도망치자 진秦나라에서 원망했다. 그래서 중이가 초나라에 있다는 소문을 듣고는 이에 부르자 초성왕이 말했다.

"초나라는 멀고 다시 여러 나라를 거쳐야 진晉나라에 이를 수 있소. 진秦과 진晉은 국경을 접하고 있는데 진秦나라 군주가 현명하니, 공자께서는 부지런히 가시오."

후하게 대우해 중이와 송별했다.

楚將子玉怒曰 王遇晉公子至厚 今重耳言不孫 請殺之 成王曰 晉公子 賢而困於外久 從者皆國器 此天所置 庸可殺乎 且言何以易之[①] 居楚數月 而晉太子圉亡秦 秦怨之 聞重耳在楚 乃召之 成王曰 楚遠 更數國乃 至晉 秦晉接境 秦君賢 子其勉行 厚送重耳

① 且言何以易之차언하이역지

색은 자옥子玉이 중이를 죽일 것을 청했지만 초성왕이 허락하지 않았는데, 사람이 내뱉은 말을 가볍게 바꿀 수 없다는 말이다.

子玉請殺重耳 楚成王不許 言人出言不可輕易之

중이가 진秦나라에 이르자 목공은 종실의 딸 다섯 명을 중이의
처로 삼게 했는데, 옛날 자어子圉의 아내도 딸려 주었다.[1] 중이는
받지 않으려고 했으나 사공계자司空季子[2]가 말했다.

"그 나라도 또한 정벌하는데 하물며 그 옛 아내 정도야 어떠하겠
습니까? 또 받아들여 진秦나라와 친하게 결합해 나라로 돌아가
는 길을 구할 수 있습니다. 공자께서 작은 예에 얽매여 큰 치욕을
잊으시겠습니까?"

마침내 받아들였다. 목공은 크게 기뻐하고 중이와 함께 술을 마
셨다. 조사는 《시경》 서묘黍苗의 시[3]를 노래했다. 목공이 말했다.

"공자께서 급하게 나라로 돌아가고자 하는 것을 알겠소."

조사는 중이와 함께 자리에서 내려와 두 번 절을 올리고 말했다.

"외로운 신하들이 군주를 우러러보는 것은 온갖 곡식이 제때 내
려 주는 비를 바라는 것과 같습니다."

이때가 진晉나라 혜공 14년 가을이었다.

重耳至秦 繆公以宗女五人妻重耳 故子圉妻與往[1] 重耳不欲受 司空季
子[2]曰 其國且伐 況其故妻乎 且受以結秦親而求入 子乃拘小禮 忘大醜
乎 遂受 繆公大歡 與重耳飲 趙衰歌黍苗詩[3] 繆公曰 知子欲急反國矣
趙衰與重耳下 再拜曰 孤臣之仰君 如百穀之望時雨 是時晉惠公十四
年秋

① 故子圉妻與往고자어첩여왕

신주 《국어》〈진어〉에 따르면 진목공의 적녀嫡女라고 한다. 진목공의
부인은 신생의 누이동생이므로 자어의 아내는 중이에게 외조카가 된다.

신생의 누이는 헌공 22년에 시집갔으므로 외조카의 나이는 많아야 10대 후반이다.

② 司空季子사공계자

집해 복건이 말했다. "서신구계胥臣臼季이다."

服虔曰 胥臣臼季也

③ 趙衰歌黍苗詩조사가서묘시

집해 위소가 말했다. "《시경》에서 '무성하게 자라난 기장 싹을 단비가 적셔주네.'라고 하였다."

韋昭曰 詩云 芃芃黍苗 陰雨膏之

신주 서묘黍苗는 서주西周를 도탄에 빠트린 유왕幽王을 노래한 시로 19년 남짓 떠돌이 생활을 하는 중이의 신세를 빗댄 것이다. 큰일을 앞에 두고 향락을 즐기는 중이를 보고 가신들이 고국으로 돌아가고 싶은 마음을 몰라주는 것에 대한 서운한 감정이 묻어 있다. 즉 향연에서 안락한 모습의 중이와 향연을 베풀어 준 진목공秦穆公에게 이럴 때가 아님을 일깨워주는 시이다.

혜공이 9월에 죽고, 아들 어圉가 계승했다.

11월, 혜공을 장사 지냈다.

12월, 진晉나라 대부 난지欒枝와 극곡郤穀 등은 중이가 진秦나라에 있다는 소식을 듣고 모두 몰래 와서 중이와 조사 등에게 나라로 돌아오라고 권하면서 많은 백성들이 내응할 것이라고 했다. 이에 진목공은 군사를 일으켜 중이와 함께 진晉나라로 돌아가게 했다. 진晉에서는 진秦나라 군사들이 온다는 소식을 듣고 또한 군사를 일으켜 막았다. 그러나 모두 암암리에 공자 중이가 돌아온다는 것을 알았다. 오직 혜공의 옛 귀한 신하인 여생呂甥과 극예郤芮[1]의 무리는 중이를 군주로 세우려고 하지 않았다.

중이는 나가서 망명한 지 무릇 19년 만에 돌아왔는데[2] 이때 나이 62세였다. 진晉나라 사람들이 대부분 따랐다

惠公以九月卒 子圉立 十一月 葬惠公 十二月 晉國大夫欒郤等聞重耳在秦 皆陰來勸重耳趙衰等反國 爲内應甚衆 於是秦繆公乃發兵與重耳歸晉 晉聞秦兵來 亦發兵拒之 然皆陰知公子重耳入也 唯惠公之故貴臣呂郤之屬[1]不欲立重耳 重耳出亡凡十九歲而得入[2] 時年六十二矣晉人多附焉

① 呂郤之屬여극지속

[정의] 여생과 극예이다.

呂甥 郤芮也

② 重耳出亡凡十九歲而得入중이출망범십구세이득입

[신주] 적에 거처한 지 12년이고 적을 떠나 유랑한 지 7년이다. 유랑은 '적 → 위 → 제 → 조 → 송 → 정 → 초 → 진秦'을 거쳐 돌아왔다.

문공이 패자가 되다

문공 원년 봄, 진秦나라에서 중이를 보내 하수河水에 이르렀다. 구범이 말했다.

"신이 군주를 따라 천하를 두루 떠돌면서 과실이 또한 많았습니다. 신이 오히려 알고 있는데 하물며 군주는 어떻겠습니까? 청하건대 이곳에서 떠나겠습니다."

중이가 말했다.

"만약 나라로 돌아간다면 자범子犯[①]과 마음을 같이하지 않는 자도 있을 것이나 하백河伯이 돌볼 것이오![②]"

이에 벽옥을 하수 가운데 던져 자범과 맹약했다. 이때 개자추介子推[③]가 따르면서 배 안에 있었는데, 웃으면서 말했다.

"하늘이 실로 공자에게 열어 준 것인데 자범은 자기의 공으로 삼아 군주에게 값을 요구하니 진실로 너무 부끄럽소. 나는 차마 같은 자리에 함께하지 못하겠소."

이에 하수를 건너 자신을 숨겼다.

文公元年春 秦送重耳至河 咎犯曰 臣從君周旋天下 過亦多矣 臣猶知之 況於君乎 請從此去矣 重耳曰 若反國 所不與子犯[①]共者 河伯視之[②]

乃投璧河中 以與子犯盟 是時介子推^③從 在船中 乃笑曰 天實開公子
而子犯以爲己功而要市於君 固足羞也 吾不忍與同位 乃自隱渡河

① 子犯자범

신주 구범咎犯이다.

② 河伯視之하백시지

색은 시視는 견見과 같다.

視猶見也

③ 介子推개자추

신주 춘추시대 진晉나라 사람으로 개지추介之推, 개자介子, 개추介推라
고도 한다. 《좌전左傳》〈노희공魯僖公〉 24년 조에 진문공晉文公이 공자公
子로서 망명하면서부터 19년 동안 따라다녔다고 나온다. 온갖 고생을 다
하며 모셨으나 귀국한 후 면상綿上의 개산介山에 은거하였다. 개자추에
게 포상을 하지 않은 것을 뒤늦게 깨달은 문공이 찾아가 산에서 나오라
고 권유했으나 나오지 않자 산에 불을 지르면 나올 것이라고 여겨 불을
질렀다. 그러나 개자추는 나오지 않고 불에 타 죽어서 이때부터 이날은
찬밥을 먹는 한식寒食이 생기게 되었다는 설이 있다.

진秦나라 병사가 영호令狐를 포위했고 진晉나라는 여유盧柳[1]에
주둔했다.

2월 신축일, 구범은 진秦나라와 진晉나라 대부들과 순郇[2]에서 맹
약했다. 임인일, 중이는 진晉나라 군대로 들어갔다. 병오일, 곡옥
曲沃으로 들어갔다. 정미일, 무궁武宮에서 조회하고[3] 즉위해 진晉
나라 군주가 되었으니 이이가 문공文公이다.

여러 신하들이 모두 회공에게서 떠나가자 회공 어圉는 고량高梁
으로 달아났다. 무신일, 사람을 시켜 회공을 살해했다.

秦兵圍令狐 晉軍于盧柳[1] 二月辛丑 咎犯與秦晉大夫盟于郇[2] 壬寅 重
耳入于晉師 丙午 入于曲沃 丁未 朝于武宮[3] 即位爲晉君 是爲文公 群
臣皆往 懷公圉奔高梁 戊申 使人殺懷公

① 盧柳여유

집해 위소가 말했다. "여유는 진晉나라 땅이다."

韋昭曰 盧柳 晉地也

② 郇순

집해 두예가 말했다. "하동군 해현 서북쪽에 순성이 있다."

杜預曰 解縣西北有郇城

색은 郇은 '순荀'으로 발음한다. 순성郇城은 곧 문왕의 아들을 봉한 곳
이다. 또 '환環'으로도 발음한다.

音荀 即文王之子所封 又音環

③ 朝于武宮조우무궁

집해 가규가 말했다. "문공의 조부 무공武公의 묘당이다."

賈逵曰 文公之祖武公廟也

회공의 옛 대신 여생呂省과 극예郤芮는 본래 문공을 따르지 않았다. 문공이 즉위하자 처형당할까 두려워서 곧 그의 무리와 모의해 공궁公宮을 불사르고 문공을 죽이려 했다. 문공은 알지 못했다.

당초에 일찍이 문공을 죽이려고 했던 환관 이제履鞮가 그 모의를 알고 문공에게 고해서 지난날의 죄를 갚고자 했다. 문공에게 알현을 구했으나 문공은 만나주지 않고 사람을 보내서 꾸짖어 말했다.

"포성蒲城 사건 때 너는 나의 옷소매를 잘랐다. 그 뒤에 내가 적狄의 군주를 따라 사냥할 때 너는 혜공을 위해 나에게 와서 나를 죽이려 했었다. 혜공은 너에게 3일 안에 이르게 했는데 너는 하루 만에 이르렀다. 어찌 그리 빨랐는가? 너는 그것을 생각하라."

懷公故大臣呂省郤芮本不附文公 文公立 恐誅 乃欲與其徒謀燒公宮殺文公 文公不知 始嘗欲殺文公宦者履鞮知其謀 欲以告文公 解前罪求見文公 文公不見 使人讓曰 蒲城之事 女斬予袪 其後我從狄君獵 女爲惠公來求殺我 惠公與女期三日至 而女一日至 何速也 女其念之

환관이 말했다.

"신은 칼로 자른 자국이 몸에 남은 사람이지만[1] 감히 두 마음으로 군주(헌공)를 섬기고 배반하지 않습니다. 그러므로 군주(문공)에게는 죄를 얻었습니다. 군주께서 나라로 돌아오셨지만 어찌 포蒲와 적翟의 일을 잊겠습니까? 그러나 관중管仲은 활을 쏴서 (제환공의 허리띠) 쇠고리를 적중시켰지만 제환공을 패자覇者로 만든 일도 있습니다. 지금 형벌이 몸에 남아 있는 사람이 사태를 알리려 하건만 군주께서는 보지 않으시니 재앙이 또 장차 이를 것입니다."

이에 그를 만나 마침내 여생과 극예 등의 일을 문공에게 알렸다. 문공은 여생과 극예를 부르고자 했으나 여생과 극예 등은 무리가 많았다. 문공은 당초에 진나라로 들어오면서 나라 사람들이 자신을 팔까 두려워하여 미복으로 가서 왕성王城[2]에서 진목공을 만났는데, 나라 사람들은 알지 못하였다.

宦者曰 臣刀鋸之餘[1] 不敢以二心事君倍主 故得罪於君 君已反國 其毋蒲翟乎 且管仲射鉤 桓公以霸 今刑餘之人以事告而君不見 禍又且及矣 於是見之 遂以呂郤等告文公 文公欲召呂郤 呂郤等黨多 文公恐初入國 國人賣己 乃爲微行 會秦繆公於王城[2] 國人莫知

① 刀鋸之餘도거지여

신주 궁형을 받은 사람, 즉 환관을 말한다.

② 王城왕성

색은 두예가 말했다. "풍익군 임진현 동쪽에 옛 왕성王城이 있는데,

지금의 이름은 무향성이라고 한다."

杜預云 馮翊臨晉縣東有故王城 今名武鄉城

신주 색은에 나오다시피, 왕성은 당시 진秦 땅으로 진晉과 가까웠다. 진秦나라 목공이 국경 가까이까지 와서 응원했다는 말이다. 중이가 나라 사람들 몰래 난을 피해 하수 건너 진秦나라로 잠시 피했다는 내용이다.

3월 기축일, 여생과 극예 등이 과연 반역하고 공궁을 불살랐으나, 문공을 잡지 못했다. 문공을 호위하는 무리가 그들과 교전했는데 여생과 극예 등은 군사를 이끌고 달아났다. 진목공이 여생과 극예 등을 유인해 하수 가에서 살해했다. 진晉나라가 회복되자 문공이 돌아왔다.

여름, 부인을 진秦나라에서 맞이했는데① 진秦나라에서 문공에게 준 아내가 마침내 부인夫人이 되었다. 진秦나라에서 3,000명을 보내 호위하여 진晉나라의 난에 대비했다.

三月己丑 呂郤等果反 焚公宮 不得文公 文公之衛徒與戰 呂郤等引兵
欲奔 秦繆公誘呂郤等 殺之河上 晉國復而文公得歸 夏 迎夫人於秦①
秦所與文公妻者卒爲夫人 秦送三千人爲衛 以備晉亂

---

① 夏 迎夫人於秦하 영부인어진

신주 《사기지의》에서 말한다. "《좌전》과 《국어》에 부인을 맞이한 것은 원년 봄 3월이라 하니 여름이 아니다."

문공은 정사를 닦고 백성에게 은혜를 베풀었다. 망명할 때 따른 자들과 공신들에게 상을 주었는데, 공이 큰 자는 읍邑에 봉하고, 작은 자는 작위를 높였다. 상 주는 일을 마치지 못했는데 주나라 양왕襄王이 아우 대帶의 난으로 탈출해 정鄭나라에 거처하고 진晉나라에 위급함을 알렸다.

진晉나라는 이제 막 안정되었으므로 군사들을 출병시키고 싶어도 다른 변란이 일어날까 두려워했다. 이때 망명 때 따랐던 은자隱者 개자추介子推에게까지 상賞이 닿지 못했다. 개자추 또한 녹봉에 대해서 말하지 않아서 이 또한 미치지 못했다. 개자추가 말했다.

"헌공의 아들은 9명인데 오직 군주만 남아 있소. 혜공과 회공은 친한 자가 없어 안팎으로 버려졌소. 하늘이 진晉나라를 끊지 않고 반드시 장차 주인을 둘 것이니, 진晉나라 제사를 주관할 자는 군주가 아니면 누구겠소? 하늘이 실로 열어 주셨는데 두세 명이 자신의 힘이었다고 여기니 또한 속이는 것이 아니겠는가? 남의 재산을 훔치는 자는 도둑과 같거늘 하물며 하늘의 공을 탐해 자신의 힘으로 여기는 사람이겠는가? 아랫사람은 그 죄를 가리고 윗사람은 그 간사한 것을 상을 주며 위아래가 서로 속이니[1] 그들과 더불어 처신하기 어렵구나."

文公修政 施惠百姓 賞從亡者及功臣 大者封邑 小者尊爵 未盡行賞 周襄王以弟帶難出居鄭地 來告急晉 晉初定 欲發兵 恐他亂起 是以賞從亡未至隱者介子推 推亦不言祿 祿亦不及 推曰 獻公子九人 唯君在矣 惠懷無親 外内棄之 天未絶晉 必將有主 主晉祀者 非君而誰 天實開之

> 二三子以爲己力 不亦誣乎 竊人之財 猶曰是盜 況貪天之功以爲己力
> 乎 下冒其罪 上賞其姦 上下相蒙^① 難與處矣

① 上下相蒙상하상몽

[집해] 복건이 말했다. "몽蒙은 기欺(속임)이다."

服虔曰 蒙 欺也

그의 어머니가 말했다.

"어찌 또한 (상을) 요구하지 않느냐? 이러다 죽으면 누구를 원망하
겠느냐?"

개자추가 말했다.

"탓하면서 이를 본받는다면, 죄가 더 심합니다. 또 원망하는 말
을 내뱉었으니 그 녹을 먹지 않겠습니다."

그의 어머니가 말했다.

"모두 알게 하는 것이 어떠하냐?"

개자추가 대답했다.

"말이란 몸을 꾸미는 것입니다. 몸을 숨기려고 하면서 어찌 꾸미
겠습니까? 꾸밈이란 곧 현달顯達(입신 출세함)을 구하는 것입니다."

그의 어머니가 말했다.

"그처럼 할 수 있겠느냐? 너와 함께 숨겠다."

그리하여 죽음에 이르러도 다시 나타나지 않았다.

개자추를 따르는 자가 애처롭게 여기고 이에 글을 써서 궁문에 내걸었는데, 글에서 말했다.

"용이 하늘로 오르고자 하는데 다섯 마리 뱀이 보좌했다.[①] 용은 이미 구름을 타고 올라갔고 네 마리의 뱀은 각각 그 집에 들어갔지만, 한 마리 뱀만 홀로 원망하여 끝내 어느 곳에 있는지 보이지 않는구나."

문공이 나가다 그의 글을 보고 말했다.

"이것은 개자추이다. 나는 마침 왕실을 걱정하다가 그의 공을 헤아리지 못했다."

사람을 시켜서 불렀는데 도망갔다. 마침내 거처하는 곳을 찾았으나 그(개자추)가 면상산緜上山[②] 안으로 들어갔다는 소문을 들었다. 이에 문공은 면상산 안을 둘러 봉해 개추전介推田[③]이라고 하고, 개산介山이라고 부르게 했으며 "내 잘못을 기록하고, 또 선인善人에게 표창한다.[④]"고 했다.

其母曰 盍亦求之 以死誰懟 推曰 尤而效之 罪有甚焉 且出怨言 不食其祿 母曰 亦使知之 若何 對曰 言 身之文也 身欲隱 安用文之 文之 是求顯也 其母曰 能如此乎 與女偕隱 至死不復見 介子推從者憐之 乃懸書宮門曰 龍欲上天 五蛇爲輔[①] 龍已升雲 四蛇各入其宇 一蛇獨怨 終不見處所 文公出 見其書 曰 此介子推也 吾方憂王室 未圖其功 使人召之 則亡 遂求所在 聞其入緜上山中[②] 於是文公環緜上山中而封之 以爲介推田[③] 號曰介山 以記吾過 且旌善人[④]

① 龍欲上天 五蛇爲輔 용욕상천 오사위보

용은 중이를 비유한다. 다섯 뱀은 곧 5명의 신하이니 호언狐偃, 조사趙衰, 위무자魏武子, 사공계자司空季子와 개자추이다. 옛날에는 5명 의 신하에 선진先軫과 전힐顚頡이 있었다고 했는데 지금 아마 두 사람은 그 수에 들어가지 못했을 것이다.

龍喩重耳 五蛇卽五臣 狐偃趙衰魏武子司空季子及子推也 舊云五臣有先軫顚 頡 今恐二人非其數

② 綿上山中면상산중

가규가 말했다. "면상은 진晉나라 땅이다." 두예가 말했다. "서하 의 개휴현 남쪽에 면상이란 지명이 있다."

賈逵曰 綿上 晉地 杜預曰 西河介休縣南有地名綿上

《사기지의》에는 개자추를 봉한 것은 그가 죽은 다음이라고 하면 서 또 다음과 같이 말한다. "(전략) …… 그를 찾으려고 불을 질렀다는 설 은 전국시대에 시작되어 덧붙여 모아진 것이다. 그래서 《장자》〈도척〉에 그것이 있으나 근거는 부족하다. 후인들이 잘못 믿어 서로 전해 서술하 기에 이르렀고 마침내 한식寒食에 그 일을 떠넘겨 불을 금한다고 했다. 또 심하게도 개자추의 누이동생 개산씨 마저 섶을 쌓아 스스로 불을 질 렀다고 하니 어찌 헛된 소리가 아니겠는가?"

　양옥승의 분석처럼 한식이 개자추 때문에 생겼다는 말은 후대에 만들 어졌을 가능성이 높다.

③ 以爲介推田이위개추전

서광이 말했다. "다른 판본에는 '국國' 자로 되어 있다."

徐廣曰 一作國

④ 且旌善人차정선인

가규가 말했다. "정旌은 표창하는 것이다."

賈逵曰 旌 表也

망명을 따랐던 천한 신하 호숙壺叔이 말했다.

"군주께서는 세 번이나 상을 내리셨는데, 상이 신에게는 이르지 않았습니다. 감히 죄를 청합니다."

문공이 보답해서 말했다.

"대저 나를 인의仁義로써 인도하고 나를 덕과 은혜로써 방어한 이들은 최고의 상을 받았다. 나를 행동으로써 돕고 마침내 군주로 서게 한 이들은 그 다음의 상을 받았다. 전쟁터의 어려움과 말을 땀 흘리게 한 공로가 있는 이들은 다시 다음의 상을 받았다. 또한 힘으로써 나를 섬기고 내 흠을 보충해서 없앤 이들은 다시 다음의 상을 받았다. 세 번의 상이 있은 뒤이므로 장차 그대에게 미칠 것이다."

진나라 사람들이 듣고 모두 달가워했다.

從亡賤臣壺叔曰 君三行賞 賞不及臣 敢請罪 文公報曰 夫導我以仁義 防我以德惠 此受上賞 輔我以行 卒以成立 此受次賞 矢石之難 汗馬之勞 此復受次賞 若以力事我而無補吾缺者 此[復]受次賞 三賞之後 故且及子 晉人聞之 皆說

2년 봄, 진秦나라는 하상河上^①에 군사를 주둔시키고 장차 주양왕
周襄王을 돌려보내려고 했다. 조사가 말했다.^②

"패자霸者가 되려면 왕을 돌려보내서 주나라를 높이는 것만한 일
이 없습니다. 주나라와 진晉나라는 동성인데 진晉나라에서 먼저
왕을 돌려보내지 않고 나중에 진秦나라에서 돌려보내면 천하에
명령이 서지 못할 것입니다. 바야흐로 지금 왕을 높이는 것은 진
晉나라의 밑천이 될 것입니다."

3월 갑진일, 진晉나라에서 이에 군사를 일으켜서 양번陽樊^③에 이
르러 온溫 땅을 포위하고 양왕을 주나라로 돌려보냈다.

4월, 왕의 아우 대帶를 살해했다. 주나라 양왕은 진晉나라에 하내
河內의 양번 땅을 하사했다.^④

二年春 秦軍河上^① 將入王 趙衰曰^② 求霸莫如入王尊周 周晉同姓 晉不
先入王 後秦入之 毋以令于天下 方今尊王 晉之資也 三月甲辰 晉乃發兵
至陽樊^③ 圍溫 入襄王于周 四月 殺王弟帶 周襄王賜晉河內陽樊之地^④

① 河上하상

색은 진晉나라 땅이다.

晉地也

② 趙衰曰조사왈

신주 《사기지의》에 따르면 《좌전》과 〈십이제후연표〉에는 구범의 말이
라고 한다. 〈진세가〉에서 구범의 말을 조사의 말로 바꿔치기한 세 번째
사례이다.

③ 陽樊양번

복건이 말했다. "양번陽樊은 주나라 땅이다. 양陽은 읍 이름이다. 번중산樊仲山이 있는 곳이므로 양번이라 했다."

服虔曰 陽樊 周地 陽 邑名也 樊仲山之所居 故曰陽樊

④ 賜晉河內陽樊之地사진하내양번지지

《사기지의》에 따르면《국어》〈진어〉에는 양번을 비롯해 온溫과 원原 등 8곳의 땅을 주었다고 하는데《좌전》에서는 4곳만 기재되었다고 한다.

4년, 초성왕과 제후들이 송나라를 포위하자 송나라 공손고公孫固가 진晉나라로 가서 위급함을 알렸다. 선진先軫이 말했다.

"은혜에 보답하고 패자霸者를 결정하는 것이 지금에 달렸습니다.①"

호언狐偃이 말했다.

"초나라는 새로 조曹나라를 얻고 처음으로 위衛나라와 혼인했는데, 만약 조나라와 위나라를 공격한다면 초나라가 반드시 구제할 것이니 송나라는 벗어날 것입니다."

이에 진晉나라에서 삼군三軍을 만들었다.② 조사趙衰는 극곡郤穀을 추천해 중군을 거느리게 하고 극지郤溱가 보좌케 했다. 호언에게 상군을 거느리게 하고 호모狐毛가 보좌케 했다.③ 조사에게 명해 경卿으로 삼고, 난지欒枝④에게 하군을 거느리게 하고 선진이 보좌케 했다.⑤ 순림보荀林父는 문공의 융거戎車를 몰고 위주魏犨⑥는 우右가 되어 침략하러 갔다.

겨울 12월, 진晉나라 군대는 먼저 산동山東(태항산 동쪽)을 함락하고 원原 땅을 조사에게 봉했다.[7]

四年 楚成王及諸侯圍宋 宋公孫固如晉告急 先軫曰 報施定霸 於今在矣[1] 狐偃曰 楚新得曹而初婚於衛 若伐曹衛 楚必救之 則宋免矣 於是 晉作三軍[2] 趙衰舉郤縠將中軍 郤臻佐之 使狐偃將上軍 狐毛佐之[3] 命趙衰爲卿 欒枝[4]將下軍 先軫佐之[5] 荀林父御戎 魏犫[6]爲右 往伐 冬十二月 晉兵先下山東 而以原封趙衰[7]

① 報施定霸 於今在矣보시정패 어금재의

│집해│ 두예가 말했다. "송나라에서 말을 준 은혜에 보답하는 것이다."

杜預曰 報宋贈馬之施

② 於是晉作三軍어시진작삼군

│집해│ 왕숙이 말했다. "처음으로 나라를 이루는 예를 회복했는데 반은 주나라 군사였다."

王肅曰 始復成國之禮 半周軍也

③ 使狐偃將上軍 狐毛佐之사호언장상군 호모좌지

│신주│ 《사기지의》에 따르면 《좌전》에는 호언이 상군을 거느리게 되었는데 그 형 호모에게 양보하여 위치가 바뀌었다고 한다. 여기서는 그 바뀐 것이 생략되었다.

④ 欒枝난지

집해 가규가 말했다. "난지는 난빈欒賓의 손자이다."

賈達曰 欒枝 欒賓之孫

⑤ 先軫佐之선진좌지

신주 《좌전》에 따르면 이듬해 2월에 중군을 맡은 극곡이 죽자 선진이 중군을 거느렸으며 서신胥臣이 하군을 보좌했다고 한다.

⑥ 魏犨위주

정의 犨의 발음은 '츄[昌由反]'이다. 또 발음은 '수受'이다.

犨 昌由反 又音受

⑦ 原封趙衰원봉조사

집해 두예가 말했다. "하내군 심수현 서북쪽에 원성原城이 있다."

杜預曰 河內沁水縣西北有原城

신주 문공 4년은 노희공 27년에 해당한다. 그런데 《좌전》에 조사를 원에 거처하게 한 것은 희공 25년에 나오니 문공 2년에 해당한다. 즉 앞서 양왕이 하사한 원 땅의 사람들이 복종하지 않아서 그런 것이다. 여기서 산동을 친 것은, 곧 적적狄翟이 차지하고 있던 곳으로 위衛와 조曹나라로 가기 위한 길목을 차지하기 위한 것이다. 이로써 적족은 마침내 약화되기 시작한다. 그리하여 산동을 친 것과 조사를 원에 거처하게 한 것은 별도의 일이 된다.

5년 봄, 진문공은 조曹나라를 정벌하고자 위나라에 길을 빌려 달라고 했지만 위나라 사람들은 허락하지 않았다. 이에 되돌아가 하수河水를 따라 남쪽으로 건너서 조나라를 치고 위나라를 정벌했다.

정월, 오록五鹿을 빼앗았다.

2월, 진나라 후작(문공)은 제나라 후작(소공昭公)과 염우斂盂①에서 맹약했다. 위나라 후작(성공成公)이 진나라와 맹약할 것을 청했으나 진晉나라 사람들은 들어주지 않았다. 위나라 후작이 초나라와 함께하고자 했으나 나라 사람들은 원하지 않았다. 이에 (나라사람들은) 그 군주를 내쫓고 진晉나라를 설득했다. 위나라 후작은 양우襄牛②에 거처하고, 공자 매買가 위나라를 지켰다.③ 초나라가 위나라를 구원하려 했으나 이루지 못했다.④ 진晉나라 후작은 조나라를 포위했다.

五年春 晉文公欲伐曹 假道於衛 衛人弗許 還自河南度 侵曹 伐衛 正月 取五鹿 二月 晉侯齊侯盟于斂盂① 衛侯請盟晉 晉人不許 衛侯欲與楚 國人不欲 故出其君以說晉 衛侯居襄牛② 公子買守衛③ 楚救衛 不卒④ 晉侯圍曹

① 斂盂염우

집해 두예가 말했다. "위衛나라 땅이다."

杜預曰 衛地也

② 襄牛양우

복건이 말했다. "위衛나라 땅이다."

服虔曰 衛地也

③ 公子買守衛공자매수위

《좌전》에 따르면 공자 매는 노나라 공자公子이다. 초나라가 패하자 공자 매를 죽여 진나라를 설득했다고 한다. 노나라는 초나라를 도왔다가 방향을 바꾼 것으로 보인다.

④ 楚救衛不卒초구위불졸

서광이 말했다. "(졸卒 자가) 다른 판본에는 '승勝' 자로 되어 있다."

徐廣曰 一作勝

3월 병오일, 진晉나라 군대가 조나라로 쳐들어가서 누차 그(조백曹伯)가 희부기釐負羈의 말을 듣지 않고 미녀 300명을 화려한 수레에 태워 보낸 것을 꾸짖었다. 진나라 군대에게 희부기의 종가에는 들어가지 말라고 명령했는데 이는 그의 덕에 보답한 것이다.

초나라가 송나라를 포위하자 송나라는 다시 진晉나라에 위급함을 알렸다. 진문공은 (송나라를) 구원하고자 초나라를 공격하려 했으나, 초나라에도 일찍이 덕을 입은 것이 있어서 침략하지 않았다. 송나라를 그냥 놓아두려고 하니 송나라 또한 일찍이 진晉나라에 덕을 베푼 일이 있었으므로 걱정이었다.[1] 이에 선진이 말했다.

"조나라 백작을 체포하고 조나라와 위나라의 땅을 나누어 송나라에 주면, 초나라는 조나라와 위나라를 구하기에 급급하게 되니, 그 형세는 마땅히 송나라의 포위를 풀어야 할 것입니다.②"

이에 문공이 따랐고, 초나라 성왕은 이에 군사를 이끌고 돌아갔다.

三月丙午 晉師入曹 數之以其不用釐負羈言 而用美女乘軒者三百人也 令軍毋入僖負羈宗家以報德 楚圍宋 宋復告急晉 文公欲救則攻楚 爲楚嘗有德 不欲伐也 欲釋宋 宋又嘗有德於晉 患之① 先軫曰 執曹伯 分曹衛地以與宋 楚急曹衛 其勢宜釋宋② 於是文公從之 而楚成王乃引兵歸

① 宋又嘗有德於晉 患之송우상유덕어진 환지

[색은] 진晉나라가 만약 초나라를 공격한다면 초나라 자작이 그를 진秦나라로 보낸 덕을 손상시키는 것이고, 또 송나라를 놓아두고 구제하지 않는다면 이에 송나라 공작이 말을 준 은혜를 저버리는 것이다. 나아가고 물러남에 어려움이 있어서 이를 걱정한 것이다.

晉若攻楚 則傷楚子送其入秦之德 又欲釋宋不救 乃虧宋公贈馬之惠 進退有難 是以患之

② 執曹伯~其勢宜釋宋집조백작~기세의석송

[색은] 초나라에서 처음에 조曹나라를 얻었고 또 위衛나라와 새로 혼인을 했다. 지금 진晉나라에서 조나라 백작을 체포하고 조曹나라와 위衛나라의 땅을 나누어 송나라에 준다면, 초나라는 조나라와 위나라의 일에 급박해져서 그 형세로 마땅히 송나라 포위를 푼다는 것이다.

楚初得曹 又新婚於衛 今晉執曹伯分曹衛之地與宋 則楚急曹衛 其勢宜釋宋

초나라 장수 자옥子玉이 말했다.

"왕께서 진晉나라 공자를 만났을 때 지극히 후하게 대했습니다. 지금 초나라가 조나라와 위나라를 중요하게 여기는 데에도 고의로 그들을 침략했으니, 이는 왕을 얕잡아 본 것입니다."

초왕이 말했다.

"진晉나라 후작은 망명해 밖에 있은 지가 19년으로 곤궁함에 처한 날이 오래 지나서야 과연 나라로 돌아갈 수 있었소. 이에 험악한 일들을 모두 알고 능히 그의 백성을 부릴 줄 알고 있으니, 이는 하늘이 열어 준 것이어서 감당할 수 없을 것이오."

자옥이 청했다.

"감히 반드시 공을 세우자는 것이 아닙니다. 원하건대 이 틈에 헐뜯고 사특한 자의 입을 막아버려야 합니다.[①]"

초왕이 노해서 병사를 조금만 주었다. 이에 자옥은 완춘宛春[②]을 시켜 진晉나라에 알리게 했다.

"청컨대 위나라 후작을 복위시키고 조나라에 천자가 봉한 땅을 돌려준다면 신 또한 송나라의 포위망을 풀겠습니다."

楚將子玉曰 王遇晉至厚 今知楚急曹衛而故伐之 是輕王 王曰 晉侯亡在外十九年 困日久矣 果得反國 險阨盡知之 能用其民 天之所開 不可當 子玉請曰 非敢必有功 願以間執讒慝之口也[①] 楚王怒 少與之兵 於是子玉使宛春[②]告晉 請復衛侯而封曹 臣亦釋宋

① 非敢必有功 願以間執讒慝之口也비감필유공 원이간집참특지구야

[집해] 복건이 말했다. "자옥은 감히 큰 공을 세우는 것을 구하는 것이 아니라 다만 위가蔿賈의 헐뜯고 간사한 입을 막고자 하는 것이며, 자옥이 (융거) 300승이 넘어서 쳐들어가지 못하는 것을 이른 것이다." 두예가 말했다. "집執은 색塞(막음)과 같다."

服虔曰 子玉非敢求有大功 但欲執蔿賈讒慝之口 謂子玉過三百乘不能入也 杜預曰 執猶塞也

② 宛春완춘

[집해] 가규가 말했다. "완춘은 초나라 대부이다."

賈逵曰 宛春 楚大夫

구범이 말했다.

"자옥은 무례합니다. 군주께서는 하나를 취하셨는데 신하가 둘을 취하고 있으니① 허락하지 마십시오."

선진이 말했다.

"백성을 안정시키는 것을 예禮라고 이릅니다. 초나라는 한마디 말로 세 나라를 안정시키려 하는데, 당신께서 한마디 말로 이를 묵살해 버린다면 우리는 예의가 없는 것이 됩니다. 초나라의 요청을 허락하지 않으면 이는 송나라를 버리는 것입니다. 은밀히 조나라와 위나라의 복위를 허락하여 그들을 유인하고, 완춘을 체포해 초나라를 화나게 해서② 싸우게 한 뒤에 도모하는 것만 같지 못합니다."③

진나라 후작은 이에 완춘을 위나라에 가두고, 또 은밀히 조나라와 위나라의 복위를 허락한다고 했다. 조나라와 위나라는 초나라에 단절한다고 알렸다. 초나라 득신得臣[④]이 화가 나서 진晉나라 군대를 공격하자 진나라 군대는 퇴각했다. 군사를 맡은 관리가 물었다.

"왜 퇴각합니까?"

문공이 말했다.

"옛날 초나라에 있을 때 90리를 퇴각하겠다고 약속했는데, 배신할 수 있는가?[⑤]"

초나라 군대는 철수하고자 했으나 득신만이 수긍하지 않았다.

咎犯曰 子玉無禮矣 君取一 臣取二[①] 勿許 先軫曰 定人之謂禮 楚一言定三國 子一言而亡之 我則毋禮 不許楚 是棄宋也 不如私許曹衛以誘之 執宛春以怒楚[②] 旣戰而後圖之[③] 晉侯乃囚宛春於衛 且私許復曹衛 曹衛告絶於楚 楚得臣[④]怒 擊晉師 晉師退 軍吏曰 爲何退 文公曰 昔在楚 約退三舍 可倍乎[⑤] 楚師欲去 得臣不肯

① 君取一 臣取二군취일 신취이

[집해] 위소가 말했다. "군君은 문공이다. 신臣은 자옥이다. 하나는 송나라 포위를 푸는 것이요, 둘은 조曹나라와 위衛나라를 복위시키는 것이다."

韋昭曰 君 文公也 臣 子玉也 一謂釋宋圍 二謂復曹衛

② 執宛春以怒楚집완춘이노초

[집해] 위소가 말했다. "초나라를 노하게 해서 반드시 싸우게 만드는

것이다."

韋昭曰 怒楚 令必戰

③ 旣戰而後圖之기전이후도

집해 두예가 말했다. "모름지기 승부가 결정되면 곧 계획을 정한다."

杜預曰 須勝負決乃定計

④ 得臣득신

집해 득신은 자옥이다.

得臣即子玉

⑤ 昔在楚 約退三舍 可倍乎석재초 약퇴삼사 가배호

신주 《좌전》에 따르면 호언이 한 말로 나온다. 문공이 '호언은 나에게 믿음을 잃지 말라고 설득했다.'라고 했는데, 이것을 말하는 것이라고 《사기 지의》에서 설명했다.

4월 무진일, 송나라 공작①과 제나라 장수②와 진秦나라 장수③가 진晉나라 후작과 함께 성복城濮④에 진을 쳤다.

기사일, 초나라 군대와 어울려 싸웠는데, 초나라 군대가 무너지자 득신은 남은 병사를 거두어 물러갔다.

갑오일, 진晉나라 군대는 돌아와 형옹衡雍⑤에 이르렀고 천토踐土⑥에 왕궁을 지었다.

四月戊辰 宋公^①齊將^②秦將^③與晉侯次城濮^④ 己巳 與楚兵合戰 楚兵敗
得臣收餘兵去 甲午 晉師還至衡雍^⑤ 作王宮于踐土^⑥

① 宋公송공

집해 성공 왕신王臣이다.

成公王臣

② 齊將제장

색은 국귀보이다.

國歸父

③ 秦將진장

색은 작은아들 은慭이다.

小子慭也.

④ 城濮성복

집해 가규가 말했다. "위衛나라 땅이다."

賈逵曰 衛地也

⑤ 衡雍형옹

집해 두예가 말했다. "형옹은 정鄭나라 땅이고 지금 형양군 권현이다."

杜預曰 衡雍 鄭地 今滎陽卷縣也

⑥ 作王宮于踐土작왕궁우천토

집해 복건이 말했다. "초나라 군대를 무찌르고 나자 양왕襄王은 스스로 가서 천토踐土에 이르러 진후晉侯에게 명을 내렸으며 진후가 듣고 궁실을 지었다."

服虔曰 旣敗楚師 襄王自往臨踐土 賜命晉侯 晉侯聞而爲之作宮

색은 두예가 이르기를 천토는 정나라 땅이라고 했다. 그러나 이 문장에 의거하면, 진나라 군대는 돌아와 형옹에 이르렀다고 했는데 형옹은 하남에 있다. 그러므로 유씨가 이르기를 천토는 하남에 있다고 한 것이다. 아래의 문장은 천토는 하수의 북쪽에 있다고 했다. 지금 원성현 서쪽에 천토역踐土驛이 있다고 했으니 의미로 보면 혹 그럴 수도 있겠다.

杜預云踐土 鄭地 然據此文 晉師還至衡雍 衡雍在河南也 故劉氏云踐土在河南
下文踐土在河北 今元城縣西有踐土驛 義或然也

당초에 정나라는 초나라를 도왔는데, 초나라가 패하자 두려워서 사람을 시켜 진나라 후작과 맹약을 청했다. 진晉나라 후작은 정나라 백작(정문공鄭文公)과 맹약했다.

5월 정미일, 초나라 포로①들을 주나라에 바치고 사개駟介 100승乘과 보졸 1,000명②을 바쳤다. 천자는 왕자 호虎③를 시켜 진晉나라 후작을 백伯(패자)으로 삼는다고 명하고 대로大輅, 동궁彤弓과 화살 100개, 노궁旅弓과 화살 1,000개,④ 거창주秬鬯酒 한 통과 규찬珪瓚,⑤ 호분虎賁⑥ 300명을 하사했다. 진晉나라 후작은 세 번 사양한 연후에 머리를 조아리고 받았다.⑦

初 鄭助楚 楚敗 懼 使人請盟晉侯 晉侯與鄭伯盟 五月丁未 獻楚俘^①於
周 駟介百乘 徒兵千^② 天子使王子虎^③命晉侯爲伯 賜大輅 彤弓矢百 旅
弓矢千^④ 秬鬯一卣 珪瓚^⑤ 虎賁^⑥三百人 晉侯三辭 然后稽首受之^⑦

① 獻楚俘헌초부

정의 俘는 '부孚'로 발음한다. 포로이다.

俘音孚 囚也

② 駟介百乘 徒兵千사개백승 도병천

집해 복건이 말했다. "사개駟介는 사마駟馬에 갑옷을 입힌 것이다. 도병
徒兵은 보병이다."

服虔曰 駟介 駟馬被甲也 徒兵 步卒也

③ 王子虎왕자호

집해 가규가 말했다. "왕자 호虎는 주나라 대부이다."

賈逵曰 王子虎 周大夫

④ 大輅 彤弓矢百 旅弓矢千대로 동궁시백 노궁시천

집해 가규가 말했다. "대로는 금로金輅이다. 동궁은 붉은 활이다. 노궁
은 검은 활이다. 제후에게 활과 화살을 내린 연후에 정벌하는 것이다."

賈逵曰 大輅 金輅 彤弓 赤 旅弓 黑也 諸侯賜弓矢 然後征伐

정의 彤의 발음은 '동[徒冬反]'이고 旅의 발음은 '로盧'이다.

彤 徒冬反 旅音盧

⑤ 秬鬯一卣 珪瓚거창일유 규찬

집해 가규가 말했다. "거秬는 검은 기장이다. 창鬯은 향기로운 술이다. 제사에 강신降神을 비는 것이다. 유卣는 그릇의 이름이다. 제후는 규찬珪瓚(홀과 제기)을 하사받은 연후에 창鬯을 만든다."

賈逵曰 秬 黑黍 鬯 香酒也 所以降神 卣 器名 諸侯賜珪瓚 然後爲鬯

⑥ 虎賁호분

집해 가규가 말했다. "천자의 병졸을 호분虎賁이라 한다."

賈逵曰 天子卒曰虎賁

⑦ 稽首受之계수수지

집해 가규가 말했다. "계수稽首는 머리가 땅에 이르는 것이다."

賈逵曰 稽首首至地

주나라에서 〈진문후명晉文侯命〉을 지어 말했다.

"왕께서 이렇게 말씀하셨다. '의화義和 숙부시여,① 크게 빛나신 문왕과 무왕②께서 덕을 삼가 밝히시니 밝게 위에 오르셨으며 세상에 널리 알려졌고,③ 오직 이때에 상제께서 그 명을 문왕과 무왕에게 내리셨던 것이오.④ 짐의 몸을 돌보아 주시오. 그대들이 공을 세우면 나 한 사람은 길이 왕의 자리에 있으면서 선조들의 법을 이을 것이오.⑤'"

이에 진문공을 백伯(패자)이라고 일컬었다. 계해일, 왕자 호는 제후들과 왕정王庭[6]에서 회맹했다.

周作晉文侯命 王若曰 父義和[1] 丕顯文武 能愼明德[2] 昭登於上 布聞在下[3] 維時上帝集厥命于文武[4] 恤朕身繼予一人永其在位[5] 於是晉文公稱伯 癸亥 王子虎盟諸侯於王庭[6]

① 父義和부의화

집해 공안국이 말했다. "동성이므로 '부父'라고 일컬었다." 마융이 말했다. "왕순이 이르기를 '부께서는 능히 의義로써 나의 제후들을 화락하게 했다.'고 한다."

孔安國曰 同姓 故稱曰父 馬融曰 王順曰 父能以義和我諸侯

색은 살펴보니 《상서》〈문후지명〉에서 이것은 평왕平王이 진문후 구仇에게 명한 말이다. 지금 이 문장은 양왕襄王이 문공 중이重耳에게 명한 일이다. 대수代數가 멀리 떨어지고 훈책勳策이 모두 어긋났다. 태사공이 비록 다시 《좌전》을 두루 꿰지 못했는데 세가系家에 자못 시대에 따라 소략하고 틀린 것이 있다.

배인은 집해 에서 공안국과 마융의 주석을 인용했지만 모두 시대가 뒤틀린 것을 말하지 않았으니 무엇 때문에 미혹된 것을 답습하여 똑같이 술에 취했는가? 그러나 평왕에서 양왕襄王에 이르는 것을 계산하면 7대가 되고, 구仇에서 중이重耳에 이르는 것은 11대가 되고 13명의 후작이다. 또 평왕 원년에서 노나라 희공僖公 28년에 이르면 양왕 20년에 해당하니 130여 년이 된다. 학자들이 자못 토론하는 것이 합당하다. 유백장劉莊伯(당나라 사람)은 대개 천자가 진晉에 명한 것이 이 하나의 이야기와 같았을 것이라고 여겼으니, 더욱 잘못되었다.

按 尙書文侯之命是平王命晉文侯仇之語 今此文乃襄王命文公重耳之事 代數
懸隔 勳策全乖 太史公雖復彌縫左氏 而系家頗亦時有疏謬 裴氏集解亦引孔馬
之注 而都不言時代乖角 何習迷而同醉也 然計平王至襄王爲七代 仇至重耳爲
十一代而十三侯 又平王元年至魯僖二十八年 當襄二十年 爲一百三十餘歲矣
學者頗合討論之 而劉伯莊以爲蓋天子命晉同此一辭 尤非也

신주 위 색은 처럼 이는 진문후晉文侯를 문공으로 착각해 사마천이
잘못 적은 것이 분명하다고 보는 견해도 있다.

② 文武 能愼明德문무 능신명덕

집해 공안국이 말했다. "문왕과 무왕은 능히 상세하고 신중히 하여 명
덕明德을 드러냈다."

孔安國曰 文王武王能詳愼顯用明德

③ 昭登於上 布聞在下소등어상 포문재하

집해 마융이 말했다. "소昭는 명明이다. 상上은 하늘을 이르고 하下는
사람을 이른다."

馬融曰 昭 明也 上謂天 下謂人

④ 維時上帝集厥命于文武유시상제집궐명우문무

집해 공안국이 말했다. "이에 그 왕명을 이루도록 모았으므로 덕이 자
손에게 흐를 것이다."

孔安國曰 惟以是故集成其王命 德流子孫

⑤ 恤朕身繼予一人永其在位휼짐신계여일인영기재위

공안국이 말했다. "마땅히 나의 몸을 근심하고 염려하면 나 한 사람은 길이 왕위王位에서 편안할 것이다."

孔安國曰 當憂念我身 則我一人長安王位

⑥ 王庭왕정

복건이 말했다. "왕정王庭이 천토踐土이다."

服虔曰 王庭 踐土也

복건은 왕정을 천토로 알았지만, 《좌전》 희공 28년 5월에 근거하면 "희공은 진후와 만나 천토에서 회맹했다."라고 했다. 또 여기 위 문장에는 "4월 갑오일에 왕궁을 천토에 지었다."라고 했다. 왕정은 곧 왕궁王宮이다.

服氏知王庭是踐土者 據二十八年五月公會晉侯 盟于踐土 又此上文四月甲午作王宮于踐土 王庭即王宮也

> 진晉나라에서 초나라 군대를 불살랐는데 불이 수일간 꺼지지 않았다. 문공이 탄식하자 좌우에서 말했다.
> "초나라를 이겼는데도 군주께서는 오히려 걱정하시니 무슨 일이십니까?"
> 문공이 말했다.
> "내가 듣기로 싸움에서 승리하고 편안한 자는 오직 성인뿐이라고 하니 이 때문에 두려워하는 것이다. 또 자옥이 아직 있는데 어찌 기뻐할 수 있겠는가?"

자옥이 패배하고 돌아가니 초성왕은 노하여 자신의 말을 듣지 않고 진晉나라와 싸우는 것만을 탐했다고 자옥을 꾸짖어 문책하였고 이에, 자옥은 자살했다. 진문공이 말했다.

"우리는 그 바깥을 공격했는데 초나라는 그 안을 죽였으니 안과 밖이 서로 호응했다."

이에 기뻐했다.

6월, 진晉나라 사람이 다시 위나라 후작을 돌아가게 했다. 임오일, 진晉후작은 하수의 북쪽을 건너서 귀국했다. 포상하는데, 호언이 으뜸이었다. 어떤 이가 말했다.

"성복에서 싸운 일은 선진先軫의 계책이었습니다."

문공이 말했다.

"성복의 싸움에서 호언은 나에게 믿음을 잃지 말라고 했다. 선진은 '군사軍事는 이기는 것을 최고로 삼는다.'라고 말했는데 나는 이 말을 듣고 이용하여 이겼다. 그러나 이것은 일시적인 말이지만 호언은 만세의 공을 말한 것이다. 어찌 한때의 이로움이 만세의 공보다 더하겠는가? 이로써 앞세운 것이다."

晉焚楚軍 火數日不息 文公歎 左右曰 勝楚而君猶憂 何 文公曰 吾聞能戰勝安者唯聖人 是以懼 且子玉猶在 庸可喜乎 子玉之敗而歸 楚成王怒其不用其言 貪與晉戰 讓責子玉 子玉自殺 晉文公曰 我擊其外 楚誅其內 內外相應 於是乃喜 六月 晉人復入衛侯 壬午 晉侯度河北歸國 行賞 狐偃爲首 或曰 城濮之事 先軫之謀 文公曰 城濮之事 偃說我毋失信 先軫曰 軍事勝爲右 吾用之以勝 然此一時之說 偃言萬世之功 奈何以一時之利而加萬世功乎 是以先之

겨울, 진晉나라 후작은 제후들과 온溫 땅에서 회맹하고, 그들을 거느리고 주나라에 조회하려 했다. 그러나 능력이 미치지 못하고 배반자가 있을까 두려워 사람을 주나라 양왕에게 보내서 하양河陽에서 사냥하자고 했다. 임신일, 마침내 제후들을 인솔하고 천토踐土로 가서 왕에게 조회했다.[①]

공자孔子가 역사 기록을 읽다가 문공文公에 이르러, "'제후는 왕을 부를 수 없다', '왕이 하양에서 사냥한 것이다'라고 한 것은 《춘추》에서 그 사실을 기피한 것이다."라고 했다.

冬 晉侯會諸侯於溫 欲率之朝周 力未能 恐其有畔者 乃使人言周襄王 狩于河陽 壬申 遂率諸侯朝王於踐土[①] 孔子讀史記至文公 曰諸侯無召 王王狩河陽 者 春秋諱之也

① 率諸侯朝王於踐土솔제후조왕어천토

[색은] 살펴보니 《좌전》에서 "5월에 천토에서 회맹했다. 겨울에 제후들과 온溫 땅에서 회합하고 천왕은 하양河陽에서 사냥했다. 임신일에 공은 왕이 있는 곳에 가서 조회했다."고 한다. 이 문장 또한 겨울에 왕에게 조회했다고 설명했으니 하양河陽의 온溫 땅에서 모였다는 것이 합당하고 5월에 천토에서 모였다는 문장을 취하였으니 합당하지 않다.

按 左氏傳五月 盟于踐土 冬 會諸侯于溫 天王狩于河陽 壬申 公朝于王所 此文 亦說冬朝于王 當合於河陽溫地 不合取五月踐土之文

정축일, 제후들은 허許나라를 포위했다. 조曹나라 백작의 신하인 어떤 사람이 진晉나라 후작을 설득해서 말했다.

"제환공은 제후들을 규합했는데 성姓이 다른 국가들이었습니다. 지금 군주께서는 회맹하면서 동성의 나라를 멸했습니다. 조나라는 숙진탁叔振鐸의 후예이고 진晉나라는 당숙唐叔의 후예입니다. 제후를 규합해 형제를 멸하는 것은 예가 아닙니다."

진晉후작이 달갑게 여기고 조나라 백작을 복귀시켰다.

이에 진晉나라에서 처음으로 삼행三行을 만들었다.[①] 순림보荀林父는 중행을 거느리고, 선곡先縠은 우행을 거느리고,[②] 선멸先蔑은 좌행을 거느렸다.[③]

丁丑 諸侯圍許 曹伯臣或說晉侯曰 齊桓公合諸侯而國異姓 今君爲會而滅同姓 曹 叔振鐸之後 晉 唐叔之後 合諸侯而滅兄弟 非禮 晉侯說 復曹伯 於是晉始作三行[①] 荀林父將中行 先縠將右行[②] 先蔑將左行[③]

① 晉始作三行진시작삼행

[집해] 복건이 말했다. "천자의 육군六軍을 피한 것이다. 그러므로 삼행三行이라고 일렀다."

服虔曰 辟天子六軍 故謂之三行

② 先縠將右行선곡장우행

[색은] 《좌전》에는 도격屠擊이 우행을 거느렸다고 하였는데 이곳과 다르다.

左傳屠擊將右行 與此異

③ 先蔑將左行선멸장좌행

집해 두예가 말했다. "삼행에 보좌하는 사람이 없으니 아마 대부가 참모일 것이다."

杜預曰 三行無佐 疑大夫帥也

색은 《좌전》에 근거하면 순림보苟林父는 아울러 경卿이었는데, 두예가 "대부는 참모일 것이다."라고 한 것은 잘못이다. 보좌를 두지 않는 것은 마땅히 천자를 피한 것이다. 혹은 새로 삼행을 두었지만 관직이 아직 갖추어지지 않았을 뿐이라고 한다.

據左傳 苟林父竝是卿 而云大夫帥者 非也 不置佐者 當避天子也 或新置三行官未備耳

7년, 진晉문공과 진秦목공이 함께 정나라를 포위했다. 문공이 망명해서 정나라를 지날 때 무례했고, 성복의 전투에서 정나라가 초나라를 도왔기 때문이었다. 또 정나라를 포위해 숙첨叔瞻을 사로잡고자 했다. 숙첨은 이 말을 듣고 자살했다.① 정나라에서 숙첨의 시체를 가지고 진晉나라에 알렸다. 진晉나라에서 말했다.

"반드시 정나라 군주를 사로잡아야 마음이 만족할 것이다."

정나라에서 두려워하고 이 틈에 사신을 보내② 진목공에게 일러 말했다.

"정나라를 망하게 해서 진晉나라를 강하게 하면 진晉나라는 이득이지만 진秦나라에는 이롭지 못합니다. 군주께서 어찌 정나라의 포위를 풀지 않고 동쪽 길의 친구③를 사귈 수 있겠습니까?"

진秦나라 백작은 달가워하여 군사를 거두었다. 진晉나라도 군사
를 거두었다.

七年 晉文公秦繆公共圍鄭 以其無禮於文公亡過時 及城濮時鄭助楚也
圍鄭 欲得叔瞻 叔瞻聞之 自殺^① 鄭持叔瞻告晉 晉曰 必得鄭君而甘心
焉 鄭恐 乃間令使^②謂秦繆公曰 亡鄭厚晉 於晉得矣 而秦未爲利 君何
不解鄭 得爲東道交^③ 秦伯說 罷兵 晉亦罷兵

① 叔瞻聞之 自殺숙첨문지 자살

신주 《국어》〈진어〉에 나온 내용은 다르다. 숙첨이 먼저 진나라 진영
으로 갈 것을 청했지만 정나라 문공文公이 반대했다. 그러나 숙첨은 진
나라 진영으로 갔는데 진문공은 그를 죽이려다가 숙첨의 말을 듣고 살려
보낸다. 정나라에서는 숙첨을 장군으로 삼고 있다.

② 乃間令使내간영사

색은 사신은 촉지무燭之武를 일컫는다.

使謂燭之武

③ 東道交동도교

색은 교交는 호好와 같다. 제본諸本과 《좌전》에 모두 '주主'로 되어 있다.

交猶好也 諸本及左傳皆作主

덕을 잃은 군주들

9년 겨울, 진문공이 죽고 아들 양공襄公 환歡이 계승했다. 이해에 정나라 백작(문공)도 죽었다.

정나라의 어떤 사람이 그의 나라를 진秦나라에 팔려고 하자[1] 진 목공이 군사를 일으켜 정나라를 습격하러 갔다.

12월, 진秦나라 군대가 진晋나라 교외를 지나갔다.

양공 원년 봄, 진秦나라 군대가 주周나라를 지나가면서 무례하자 왕손王孫 만滿이 나무랐다. 군대는 활滑 땅에 이르렀는데, 정나라 장사치 현고弦高가 장차 주나라에 장사하러 가다가 길에서 진秦 나라 군대를 만났다. 이때 12마리의 소를 잡아서 진나라 군대를 위문했다.

진秦나라 군사들은 놀라서 돌아가다가 활滑 땅을 멸하고 떠나 갔다.

九年冬 晉文公卒 子襄公歡立 是歲鄭伯亦卒 鄭人或賣其國於秦[1] 秦繆公發兵往襲鄭 十二月 秦兵過我郊 襄公元年春 秦師過周 無禮 王孫滿 譏之 兵至滑 鄭賈人弦高將市于周 遇之 以十二牛勞秦師 秦師驚而還 滅滑而去

① 鄭人或賣其國於秦정인혹매기국어진

[정의] 《좌전》에는 진秦과 진晉이 정鄭나라를 침략했지만, 촉지무燭之武가 진秦나라를 설득하자 군사를 거두었다고 한다. 그리고 기자杞子, 봉손逢孫, 양손楊孫 세 대부를 시켜 정나라에서 수자리하게 했다. 기자杞子가 정나라 사람을 진秦나라에 보내서 보고했다.

"정나라 사람이 나에게 북문의 열쇠를 관장하게 했습니다. 만약 비밀리에 군사를 거느리고 오면 정나라를 얻을 수 있습니다."

左傳云秦晉伐鄭 燭之武說秦 師罷 今杞子逢孫楊孫三大夫戍鄭 杞子自鄭使告於秦曰 鄭人使我掌其北門之管 若潛師以來 國可得也

[신주] 〈정세가〉에는 사성司城 증하繒賀가 진秦에게 정나라를 팔았다고 한다.

진晉나라 선진先軫이 말했다.

"진秦 백작은 건숙蹇叔의 말을 쓰지 않았고 백성들의 마음이 이반되었으니 이로써 공격할 수 있습니다."

난지欒枝가 말했다.

"선군先君께서는 진秦나라에서 베푼 것에 보답하지 못했는데 공격하는 것은 옳지 못합니다."

선진이 말했다.

"진秦나라에서는 우리의 군주를 모멸하고 우리의 동성을 침략했는데 무슨 덕을 보답합니까?"

마침내 공격했다. 양공은 검은 상복을 입었다. ①

4월, 진秦나라 군대를 효산殽山에서 무찌르고 진秦나라의 세 장수 맹명시孟明視, 서걸출西乞秫, 백을병白乙丙을 포로로 잡아서 돌아왔다. 마침내 검은 상복을 입고 문공을 장사지냈다.[2]

문공의 부인은 진秦나라 여인인데, 양공에게 일러 말했다.

"진秦나라에서는 그 세 장수를 얻어 주륙하고 싶어합니다."

양공은 허락하고 돌려보냈다. 선진이 듣고 양공에게 일러 말했다.

"우환이 생길 것입니다."

선진은 이에 진秦나라 장수들을 추격했다.[3] 진秦나라 장수들은 하수를 건너서 이미 배 안에 있으면서 머리를 조아려 사례하고 끝내 돌아오지 않았다.

晉先軫曰 秦伯不用蹇叔 反其衆心 此可擊 欒枝曰 未報先君施於秦 擊之 不可 先軫曰 秦侮吾孤 伐吾同姓 何德之報 遂擊之 襄公墨衰絰[1] 四月 敗秦師于殽 虜秦三將孟明視西乞秫白乙丙以歸 遂墨以葬文公[2] 文公夫人秦女 謂襄公曰 秦欲得其三將戮之 公許 遣之 先軫聞之 謂襄公曰 患生矣 軫乃追秦將[3] 秦將渡河 已在船中 頓首謝 卒不反

① 襄公墨衰絰양공묵쇠질

집해 가규가 말했다. "묵墨은 흉凶하게 변한 것이다." 두예가 말했다. "흉복凶服으로 군사를 따르게 했으므로 묵墨이라 했다."

賈逵曰 墨 變凶 杜預曰 以凶服從戎 故墨之

② 遂墨以葬文公수묵이장문공

집해 복건이 말했다. "예가 아니라는 것이다." 두예가 말했다. "예가 바꿰게 된 연유를 기록한 것이다."

服虔曰 非禮也 杜預曰 記禮所由變也

③ 軫乃追秦將진내추진장

신주 《사기지의》에 따르면 《좌전》에는 양공이 양처보陽處父를 시켜 추격하게 했다고 한다.

3년 뒤, 진秦나라는 과연 맹명시孟明視를 시켜 진晉나라를 침략하게 하여 효산殽山의 패배를 보복하고 진晉의 왕汪 땅을 빼앗아 돌아갔다.[1]

4년, 진秦나라 목공은 크게 군사를 일으켜 진晉나라를 침략하려고 하수를 건넜다. 왕관王官을 취하고,[2] 효산에서 전사한 시체들을 묻고 떠나갔다. 진晉나라는 두려워 감히 나가지 못하고 오로지 성을 지킬 뿐이었다.

5년, 진晉나라에서 진秦나라를 침략하여 신성新城[3]을 빼앗고 왕관 전투에 대해 보복했다.

後三年 秦果使孟明伐晉 報殽之敗 取晉汪以歸[1] 四年 秦繆公大興兵伐我 度河 取王官[2] 封殽尸而去 晉恐 不敢出 遂城守 五年 晉伐秦 取新城[3] 報王官役也

---

① 取晉汪以歸취진왕이귀

색은 살펴보니 《좌전》 문공 2년에 진秦나라 맹명시孟明視가 진晉나라를 침략해 효산 전투에 대한 보복을 했는데 진晉나라 왕汪 땅을 빼앗은 일은 없다고 했다. 또 그해 겨울 진晉나라 선저거先且居 등이 진秦나라를 침략하고 왕汪과 팽아彭衙를 빼앗아 돌아갔다고 했다. 이는 곧 왕汪 땅이 진秦나라 읍이고 진晉나라가 진秦나라를 침략하고 빼앗은 것인데, 어찌 진秦나라가 진晉나라를 침략하고 왕 땅을 빼앗았다고 했을까? 어떤 이는 진晉나라가 먼저 진秦나라에서 빼앗았는데 지금 진晉나라를 공격하고 왕 땅을 수복했으니 이 왕 땅은 진晉나라에서 온 것이다. 그러므로 진晉나라 왕 땅을 빼앗아 돌아갔다고 이른 것이다. 팽아彭衙는 합양郃陽의 북쪽에 있는데 왕汪은 어디에 있는지 모르겠다.

按 左傳文二年 秦孟明視伐晉 報殽之役 無取晉汪之事 又其年冬 晉先且居等 伐秦 取汪彭衙而還 則汪是秦邑 止可晉伐秦取之 豈得秦伐晉而取汪也 或者晉 先取之秦 今伐晉而收汪 是汪從晉來 故云取晉汪而歸也 彭衙在郃陽北 汪不知 所在

신주 【색은】의 주석은 진秦나라의 왕 땅을 겨울에 진晉나라가 빼앗았다가 봄에 다시 진秦나라가 되찾아갔다는 말이다.

② 取王官취왕관

【정의】《괄지지》에서 말한다. "왕관王官 고성은 동주 징성현 서북쪽 60리에 있다."《좌전》에서 문공 3년에 진秦나라에서 진晉나라를 침략해 왕관 땅을 빼앗았다고 한 것이 곧 이것이다. 먼저 하수를 건넜다고 말한 것은 역사의 문장이 뒤바뀐 것일 따름이다.

括地志云 王官故城在同州澄城縣西北六十里 左傳文公三年 秦伐晉 取王官 即此 先言度河 史文顚倒耳

③ 新城신성

집해 복건이 말했다. "진읍秦邑이고 새로이 성을 쌓은 것이다."

服虔曰 秦邑 新所作城也

6년, 조사성자趙衰成子, 난정자欒貞子, 구계咎季, 자범子犯, 곽백霍伯①
이 모두 죽었다. 조돈趙盾이 조사趙衰를 대신해 정사를 집행했다.
7년 8월, 양공이 죽었다. 태자 이고夷皋는 어렸다. 진晉나라 사람
들은 환난을 겪은 까닭에② 성장한 군주를 세우고자 했다. 조돈
이 말했다.

"양공의 아우 옹雍을 군주로 세웁시다. 선행을 좋아하고 나이도
많으며 선군께서 아끼셨습니다. 또 진秦나라와 가까운데 진秦나
라와 옛날부터 사이가 좋았습니다. 선한 이를 군주로 세우면 굳건
할 것이고, 장성한 이를 섬기면 순조로울 것이고, 사랑받은 이를
받들면 효도할 것이고, (진秦과) 옛날부터 사이가 좋았으니 편안할
것입니다."

가계賈季가 말했다.

"그의 아우 낙樂만 못합니다. 진영辰嬴은 두 군주에게 총애를 받았
으니③ 그의 아들을 군주로 세우면 백성이 분명 편안할 것입니다."

六年 趙衰成子欒貞子咎季子犯霍伯①皆卒 趙盾代趙衰執政 七年八月
襄公卒 太子夷皋少 晉人以難故② 欲立長君 趙盾曰 立襄公弟雍 好善
而長 先君愛之 且近於秦 秦故好也 立善則固 事長則順 奉愛則孝 結舊
好則安 賈季曰 不如其弟樂 辰嬴嬖於二君③ 立其子 民必安之

① 欒貞子咎季子犯霍伯난정자구계자범곽백

[집해] 가규가 말했다. "난정자는 난지欒枝이다. 곽백은 선저거先且居이다."

賈逵曰 欒貞子 欒枝也 霍伯 先且居也

[신주] 구계는 서신胥臣이다. 《좌전》과 〈십이제후연표〉에는 자범을 제외하고 4인이 기록되어 있으니 이것이 맞을 것이다. 자범(구범)은 호언으로 문공의 외삼촌이다. 《사기지의》에서는 문공보다도 앞서 죽었다고 고증하고 있는데 그 말이 맞을 것이다.

② 晉人以難故진인이난고

[집해] 복건이 말했다. "진晉나라에 자주 환난이 있었다."

服虔曰 晉國數有患難

③ 辰嬴嬖於二君진영폐어이군

[집해] 복건이 말했다. "진영辰嬴은 회영懷嬴이다. 두 군주란, 회공懷公과 문공文公이다."

服虔曰 辰嬴 懷嬴也 二君 懷公文公

조돈이 말했다.

"진영辰嬴은 천하고 그 반열이 아홉 부인 중 아래에 있는데,① 그의 아들이 어떻게 위엄②을 가지겠습니까? 또 두 군주에게 총애를 받았지만 음란합니다. 선군의 아들이 되어③ 큰 나라의 도움도 구하지 못하고 작은 나라에 나가 궁벽한 곳에 있습니다. 어머니는 음란하고 자식은 궁벽한 곳에 있으니 위엄이 없습니다.④ 진陳나라는 작고 멀어 원조도 없을 것인데 장차 무엇을 할 수 있겠습니까?"

사회士會를 시켜 진秦나라에 가서 공자 옹雍을 맞이하게 했다. 가계賈季도 사람을 시켜 공자 낙樂을 진陳나라에서 불렀다. 조돈이 가계를 폐하자 (가계는) 양처보陽處父를 살해했다.⑤

10월, 양공을 장사 지냈다.

11월, 가계는 적적翟으로 달아났다. 이해에 진秦나라 목공도 죽었다.

趙盾曰 辰嬴賤 班在九人下① 其子何震之有② 且爲二君嬖 淫也 爲先君子③ 不能求大而出在小國 僻也 母淫子僻 無威④ 陳小而遠 無援 將何可乎 使士會如秦迎公子雍 賈季亦使人召公子樂於陳 趙盾廢賈季 以其殺陽處父⑤ 十月 葬襄公 十一月 賈季奔翟 是歲 秦繆公亦卒

① 班在九人下반재구인하

집해 복건이 말했다. "반班은 차례이다."

服虔曰 班 次也

신주 진영辰嬴은 중이重耳가 진秦에 있을 때 목공이 그에게 아내로 삼아 준 다섯 여인 가운데 하나인데 원래 혜공惠公 이오夷吾의 아들 어圉의 아내이고, 어는 중이의 조카이다. 어가 진으로 도망하자 중이를 군주로 옹립했다.

중이의 처는 적적狄에서 맞이한 계외季隗, 제환공의 딸, 그리고 진목공이 준 다섯 아내가 있다. 나머지 두 명은 중이의 나이로 보아 적적狄으로 도망가기 전에 본국에서 맞이했을 것이다. 뒤에 나오지만, 성공成公 역시 중이의 아들인데, 어머니는 주나라 여자라고 한다.

② 何震之有하진지유

[집해] 가규가 말했다. "진震은 위엄이다."

賈逵曰 震 威也

③ 爲先君子위선군자

[정의] 낙樂인데 문공의 아들이다.

樂 文公子也

④ 母淫子僻 無威모음자벽 무위

[정의] 僻은 '펵[匹亦反]'으로 발음한다. 낙樂이 벽지에 숨어 진陳나라에 있으니 멀어서 원조가 없는 것을 말한다.

僻 匹亦反 言樂僻隱在陳 而遠無援也

⑤ 趙盾廢賈季 以其殺陽處父조돈폐가계 이기살양처보

[집해] 살펴보니 《좌전》에는 이때 가타賈佗는 태사太師였고 양처보는 태부라고 했다.

案 左傳 此時賈佗爲太師 陽處父爲太傅

[신주] 《좌전》에 따르면 가계는 원한 때문에 속국거續鞫居를 시켜 양처보를 살해했고, 속국거가 살해당하자 가계는 적적翟으로 달아났다고 한다. 본문 번역은 이에 따랐다.

영공靈公(태자 이고) 원년 4월, 진秦나라 강공이 말했다.

"옛날 문공文公이 돌아갈 때에는 호위하는 자가 없었기에 여생呂省과 극예郤芮의 우환이 있었다."

이에 공자 옹雍에게 호위병을 많이 주었다. 태자의 어머니 목영繆嬴은 낮밤으로 태자를 보듬고 조정에서 울부짖으면서 말했다.

"선군先君께서 무슨 죄입니까? 그의 후사가 또한 무슨 죄입니까? 적자를 놓아두고 밖에서 군주를 찾으니 장차 이 아이를 어디에 두시렵니까?[①]"

조회에 나와서 아이를 껴안고 조돈이 있는 곳으로 가서 머리를 조아리고 말했다.

"선군先君께서는 이 아들을 받들어 그대에게 부탁하기를 '이 아들이 재목(군주감)이면 나는 그 은혜를 받은 것이요, 재목이 아니면 나는 그대를 원망하겠다.[②]'라고 말씀하셨소. 지금 군주께서 돌아가셨지만 말씀은 오히려 귀에 남아 있는데[③] 그대가 버리면 어떻게 합니까?"

靈公元年四月 秦康公曰 昔文公之入也無衛 故有呂郤之患 乃多與公子雍衛 太子母繆嬴日夜抱太子以號泣於朝 曰 先君何罪 其嗣亦何罪 舍適而外求君 將安置此[①] 出朝 則抱以適趙盾所 頓首曰 先君奉此子而屬之子曰 此子材 吾受其賜 不材 吾怨子[②] 今君卒 言猶在耳[③] 而棄之 若何

---

① 將安置此장안치차

[집해] 복건이 말했다. "차此는 태자이다."

服虔曰 此 太子

② 吾受其賜 ~ 吾怨子오수기사~오원자

집해 왕숙이 말했다. "그가 가르쳐 인도한 것이 이르지 못함을 원망하는 것이다."

王肅曰 怨其教導不至也

③ 今君卒 言猶在耳금군졸 언유재이

집해 두예가 말했다. "선자宣子의 귀에 있다는 것이다."

杜預曰 在宣子之耳

조돈과 여러 대부들은 모두 목영繆嬴을 근심하고 또 죽임을 당할까 봐 두려워했다. 이에 맞이하겠다던 옹을 등지고 태자 이고夷皋를 군주로 세웠는데 이이가 영공靈公이다. 군사를 일으켜 진秦나라에서 공자 옹을 보내는 것을 막았다. 조돈은 장수가 되어 진秦나라를 치러가서 영호令狐에서 패퇴시켰다. 선멸先蔑과 수회隨會(사회士會)는 도망쳐 진秦나라로 달아났다.

가을에 제齊, 송宋, 위衛, 정鄭, 조曹, 허許 나라 군주가 모두 조돈과 회합하고 호扈①에서 맹약했는데, 이는 영공을 처음 군주로 세웠기 때문이다.

趙盾與諸大夫皆患繆嬴 且畏誅 乃背所迎而立太子夷皋 是爲靈公 發兵以距秦送公子雍者 趙盾爲將 往擊秦 敗之令狐 先蔑隨會亡奔秦 秋齊宋衛鄭曹許君皆會趙盾 盟於扈① 以靈公初立故也

① 扈호

[집해] 두예가 말했다. "정나라 땅이다. 형양군 권현 서북쪽에 호정扈亭
이 있다."

杜預曰 鄭地 滎陽卷縣西北有扈亭

[신주] 《사기지의》에 따르면 회맹국에 진陳나라를 포함해야 한다고 했다.

4년, 진秦나라를 공격해 소량少梁을 빼앗았다. 진秦나라도 또한
진晉나라 효殽 땅을 빼앗았다.①

6년, 진강공秦康公은 진晉나라를 공격해 기마羈馬를 빼앗았다.
진晉후는 노하여 조돈, 조천趙穿 그리고 극결郤缺을 시켜 진秦나
라를 공격하게 해 하곡河曲에서 크게 싸웠는데 조천에게 최고의
공이 있었다.②

7년, 진晉나라의 6경들은 진秦나라에 있는 수회隨會가 항상 진晉나
라를 어지럽힐까 근심하여 위수여魏壽餘에게 거짓으로 진晉나
라를 배반하고 진秦나라에 항복하게 했다. 진秦나라는 수회를 위
魏 땅으로 가게 했는데, 이때 수회를 잡아서 진晉나라로 돌아왔다.

四年 伐秦 取少梁 秦亦取晉之郩① 六年 秦康公伐晉 取羈馬 晉侯怒 使
趙盾趙穿郤缺擊秦 大戰河曲 趙穿最有功② 七年 晉六卿患隨會之在秦
常爲晉亂 乃詳令魏壽餘反晉降秦 秦使隨會之魏 因執會以歸晉

---

① 取晉之郩취진지효

[집해] 서광이 말했다. "〈십이제후연표〉에는 북징北徵이라 했다."

徐廣曰 年表云北徵也

색은 서광이 이르기를 "〈십이제후연표〉에는 징徵이라 한다."고 했다.
그러나 《좌전》에 근거하니, 노문공 10년 봄에 진晉나라 사람이 진秦나라
를 침략해 소량少梁을 취하고 여름에 진秦 백작이 진晉나라를 침략해
북징을 빼앗았다고 했으니 북징은 곧 〈십이제후연표〉의 징徵이다. 지금
효都라고 이른 것은 글자가 잘못된 것이다. 徵은 '징懲'으로 발음하는
데 또한 풍익군의 현 이름이다.

徐云年表曰徵 然按左傳 文十年春 晉人伐秦 取少梁 夏 秦伯伐晉 取北徵 北徵
即年表之徵 今云都者 字誤也 徵音懲 亦馮翊之縣名

② 大戰河曲 趙穿最有功대전하곡 조천최유공

신주 《좌전》 문공 15년 조에 자세하게 기록하고 있다. 양군이 크게 어
울려 싸운 것이 아니라 서로 물러나는데 진秦이 먼저 밤에 철수한다. 조
천이 먼저 싸움을 걸었다.

8년, 주나라 경왕頃王이 붕어했는데, 공경公卿들이 정권을 다투었
으므로 부고를 알리지 않았다.[①] 진晉나라는 조돈으로 하여금 수
레 800대로 주나라의 난亂을 평정하게 하고 광왕匡王을 군주로
세우게 했다.[②] 이해에 초나라 장왕莊王이 처음으로 즉위했다.
12년, 제나라 사람이 그의 군주 의공懿公을 시해했다.

八年 周頃王崩 公卿爭權 故不赴[①] 晉使趙盾以車八百乘平周亂而立匡
王[②] 是年 楚莊王初即位 十二年 齊人弑其君懿公

---

① 周頃王崩 公卿爭權 故不赴주경왕붕 공경쟁권 고불부

[색은] 살펴보니《좌전》노나라 문공 12년에 "경왕頃王이 붕어하자 주공周公 열閱과 왕손王孫 소蘇가 정권을 다투어서 부고를 알리지 않았다."고 한 것이 이것이다.

按 春秋魯文十二年頃王崩 周公閱與王孫蘇爭政 故不赴 是也

② 晉使趙盾以車八百乘平周亂而立匡王진사조돈이거팔백승평주난이입광왕

[색은]《좌전》문공 14년에 또 이르기를 "진晉나라 조돈은 제후들의 군사와 전차 800대를 주邾나라의 첩치捷菑로 들여보내려고 했는데, 이기지 못하고 이에 돌아갔다."고 한다. 그리고 "주공 열과 왕손 소가 진晉나라에 소송하자, 조선자(조돈)가 왕실을 화평하게 하고 양편의 지위를 회복하도록 했다."고 한다. 곧 전차 800대는 조선자가 주邾의 첩치를 들이려는 것에서 비롯된 것이지 왕실의 일과는 관련이 없다. 다만 문장이 서로 연결되었을 뿐이지만 이는 아마 잘못된 것이 많은 것 같다.

文十四年傳又云晉趙盾以諸侯之師八百乘納捷菑于邾 不克 乃還 而周公閱與王孫蘇訟于晉 趙宣子平王室而復之 則以車八百乘 自是宣子納邾捷菑 不關王室之事 但文相連耳 多恐是誤也

14년, 영공은 장성하자 사치스러웠고 세금을 무겁게 거두고 담에 그림을 그렸다.① 또 대臺 위에 올라 사람에게 탄환을 쏘고 그 탄환을 피하는 것을 관찰했다. 요리사 이膾가 곰 발바닥을 익히지 않고 올리자② 영공은 노하여 요리사를 죽이고 그 부인婦人으로

하여금 시체를 가지고 나가서 버리는데 조정을 지나가게 했다. 조돈과 수회가 지난날 자주 간언했지만 듣지 않았다. 이미 또 죽은 사람의 손을 보고 두 사람이 앞에서 간언했다. 수회가 먼저 간언했는데 듣지 않았다. 영공이 꺼려하고 서예鉏麑③에게 조돈을 찔러 죽이라고 했다. 조돈의 집에는 규문閨門이 열려 있었고, 거처하는데 절도가 있어 서예가 물러나며 탄식해 말했다.

"충성스런 신하를 죽이는 죄나 군주의 명령을 저버리는 죄는 하나이다."

마침내 나무에 머리를 부딪쳐 죽었다.④

十四年 靈公壯 侈 厚斂以彫牆① 從臺上彈人 觀其避丸也 宰夫胹熊蹯
不熟② 靈公怒 殺宰夫 使婦人持其屍出棄之 過朝 趙盾隨會前數諫 不
聽 已又見死人手 二人前諫 隨會先諫 不聽 靈公患之 使鉏麑③刺趙盾
盾閨門開 居處節 鉏麑退 歎曰 殺忠臣 棄君命 罪一也 遂觸樹而死④

① 彫牆조장

집해 가규가 말했다. "조彫는 화畫(그리는 것)이다."

賈逵曰 彫 畫也

② 宰夫胹熊蹯不熟재부이웅번불숙

집해 복건이 말했다. "번蹯은 곰 발바닥인데 그 고기는 익히기 어렵다."

服虔曰 蹯 熊掌 其肉難熟

정의 胹는 '이而'로 발음하고, 蹯은 '번樊'으로 발음한다.

胹音而 蹯音樊

③ 鉏麑서예

[집해] 가규가 말했다. "서예는 진晉나라 역사力士이다."

賈逵曰 鉏麑 晉力士

[정의] 鉏의 발음은 '서鋤'이고, 麑의 발음은 '미迷'이다.

鉏音鋤 麑音迷

④ 觸樹而死촉수이사

[집해] 두예가 말했다. "조돈의 정원에 있는 나무이다."

杜預曰 趙盾庭樹也

당초에 조돈은 항상 수산首山①에서 사냥을 했는데 뽕나무 아래에 굶주린 사람이 있는 것을 발견했다. 굶주린 사람은 시미명示眯明②이었다. 조돈은 그에게 먹을 것을 주었는데 절반만 먹었다. 그 까닭을 물으니 말했다.

"관직의 일을 배운 지 3년,③ 어머니께서 살아 계실지 아니 계실지를 알지 못하겠습니다. 원컨대 어머니께 보내려고 합니다."

조돈은 의롭게 여기고 밥과 고기를 더 주었다. 이윽고 진晉나라 요리사가 되었는데 조돈은 알지 못했다.

初 盾常田首山① 見桑下有餓人 餓人 示眯明也② 盾與之食 食其半 問其故曰 宦三年③ 未知母之存不 願遺母 盾義之 益與之飯肉 已而爲晉宰夫 趙盾弗復知也

① 首山수산

집해 서광이 말했다. "(하동군) 포판현에 뇌수산雷首山이 있다."

徐廣曰 蒲阪縣有雷首山

② 示眯明也시미명야

색은 추탄생은 시미示眯를 기미祁彌라 했고, 곧《좌전》의 시미명提彌 明이라고 했다. 유흠도 '기祁'를 '시提'로 발음한다고 했으니, 기祁와 시 提 두 글자는 발음이 같다. 여기《사기》에서 '시示'로 기록했는데 시示는 곧《주례》의 고본古本에서 "지신地神을 기祇라고 한다."라고 했으니 모 두 '시示' 자라고 썼다. '추鄒'가 '기祁'가 되는 것은 아마도 기祇와 시提는 발음이 서로 비슷한 것에서 연유하는데 글자가 마침내 변화해서 기祁가 된 것이다. '미眯'가 '미彌'가 되는 것도 발음이 서로 비슷할 따름이다. 또 《좌전》에는 뽕나무 아래에 굶주린 사람은 영첩靈輒이라고 했다. 그 시미 명은 곧 사나운 개를 부추긴 자인데(실제는 개를 죽인 자), 그 영첩은 싸우다 죽었다. 지금 두 사람을 합해서 한 사람으로 만들었으니 잘못이다.

鄒誕云示眯爲祁彌也 即左傳之提彌明也 提音市移反 劉氏亦音祁爲時移反 則 祁提二字同音也 而此史記作示者 示即周禮古本地神曰祇 皆作示字 鄒爲祁者 蓋由祇提音相近 字遂變爲祁也 眯音米移反 以眯爲彌 亦音相近耳 又左氏桑下 餓人是靈輒也 其示眯明 是嗾獒者也 其人鬪而死 今合二人爲一人 非也

③ 宦三年환삼년

집해 복건이 말했다. "환宦은 관직의 일을 배우는 것이다."

服虔曰 宦 宦學事也

9월, 진영공이 조돈에게 술을 먹이고 갑옷 입은 장수를 매복시켜 조돈을 공격하려 했다. 영공의 요리사인 시미명이 이를 알아차리고 조돈이 취해서 일어나지 못할 것을 두려워서 나아가서 말했다. "군주께서 신하에게 술잔을 내릴 때 세 순배가 오가면[①] 파한다고 했습니다."

조돈이 먼저 자리를 뜨도록 선수를 쳐서 난難이 미치지 않게 했다. 조돈이 이미 떠나자, 영공은 매복시켜둔 장수들을 마침내 모이게 했고 이에 앞서 사나운 개를 풀어[②] 놓았다. 그 개의 이름은 오敖[③]였다. 시미명은 조돈을 위해 개를 때려죽였다. 조돈이 말했다. "사람을 버리고 개를 쓰니 용맹하다 한들 무슨 소용이겠는가?"

그러나 (조돈은) 시미명이 몰래 베푼 덕임을 알아차리지 못했다. 잠시 후에 영공은 매복시킨 병사들을 풀어 조돈을 쫓게 했는데 시미명이 영공의 병사들에게 반격을 하자 병사들이 더는 나아갈 수 없었고 마침내 조돈은 탈출할 수 있었다. 조돈이 그 까닭을 묻자 (시미명이) 말했다.

"내가 뽕나무 아래에서 굶주려 있던 사람입니다."

그의 이름을 물으니 알려주지 않았다.[④] 시미명도 이 일로 인해 달아났다.[⑤]

九月 晉靈公飲趙盾酒 伏甲將攻盾 公宰示眯明知之 恐盾醉不能起 而進曰君賜臣 觴三行[①]可以罷 欲以去趙盾 令先 毋及難 盾旣去 靈公伏士未會 先縱[②]齧狗名敖[③] 明爲盾搏殺狗 盾曰 棄人用狗 雖猛何爲 然不知明之爲陰德也 已而靈公縱伏士出逐趙盾 示眯明反擊靈公之伏士 伏士不能進 而竟脫盾 盾問其故 曰 我桑下餓人 問其名 弗告[④] 明亦因亡去[⑤]

① 觸三行_{상삼행}

색은 行행은 가정 통상적인 발음으로 읽는다.

如字

② 先縱_{선종}

색은 縱의 발음은 '종[足用反]'이다. 또 다른 판본에는 '주嗾(부추김)'로 되어 있고 또 '축蹴(걷어차다)'으로 되어 있다.

縱 足用反 又本作嗾 又作蹴 同素后反

③ 獒狗名敖_{설구명오}

집해 하휴가 말했다. "개가 4척인 것을 오敖라고 한다."

何休曰 犬四尺曰敖

④ 問其名 弗告_{문기명 불고}

집해 복건이 말했다. "보답을 바라지 않은 것이다."

服虔曰 不望報

⑤ 明亦因亡去_{명역인망거}

신주 《좌전》에서 시미명은 조돈의 우右(돕는 자)이며 개를 죽이고 호위무사들과 싸우다 죽었다고 했다. 영첩은 영공의 호위무사가 되었다가 조돈을 탈출시키고 달아났다고 한다.

조돈은 마침내 달아났으나 미처 진晉나라 국경을 나가지 못했다. 을축일, 조돈의 친척 동생인 장군 조천趙穿이 도원桃園[①]에서 영공을 습격해 죽이고 조돈을 맞이했다. 조돈은 평소에 존경을 받았고 민심을 얻었으나 영공은 어리석고 사치스러워서 백성이 따르지 않았다. 이 때문에 시해弑害하기 쉬웠다.[②] 조돈이 복위되자 진晉나라 태사太史 동호董狐가 글을 써서 말했다.

"조돈이 그의 군주를 시해했다."

이 글을 조정에 보이자 조돈이 말했다.

"시해한 자는 조천趙穿이다. 나는 죄가 없다."

태사가 말했다.

"그대는 정경正卿이 되어 도망했으나 국경을 나가지 못했고 돌아와서도 나라를 어지럽힌 자를 죽이지 않은 것이 그대가 아니고 누구이겠는가?[③]"

공자孔子가 듣고 말했다.

"동호董狐는 옛날의 훌륭한 사관이었다. 법대로 기록해 숨기지 않았다.[④] 조선자는 훌륭한 대부였다. 법을 위해 악명을 받아들였다.[⑤] 애석하구나, 국경을 나갔다면 벗어났을 터인데.[⑥]"

盾遂奔 未出晉境 乙丑 盾昆弟將軍趙穿襲殺靈公於桃園[①]而迎趙盾 趙盾素貴 得民和 靈公少 侈 民不附 故爲弑易[②] 盾復位 晉太史董狐書曰 趙盾弑其君 以視於朝 盾曰 弑者趙穿 我無罪 太史曰 子爲正卿 而亡不出境 反不誅國亂 非子而誰[③] 孔子聞之 曰 董狐 古之良史也 書法不隱[④] 宣子 良大夫也 爲法受惡[⑤] 惜也 出疆乃免[⑥]

① 桃園도원

집해 우번이 말했다. "원圍의 이름이다."

虞翻曰 園名也

② 弑易시이

색은 易의 발음은 '오[以豉反]'이다.

以豉反

③ 反不誅國亂 非子而誰반불주국란 비자이수

신주 고사성어 '동호직필董狐直筆'의 어원이다. 어떠한 경우에든 역사
는 있는 그대로 바로 써야지 권력자의 입맛에 맞게 왜곡 변조되어서는
안 된다는 뜻이다.

④ 書法不隱서법불은

집해 두예가 말했다. "조돈의 죄를 숨기지 않았다."

杜預曰 不隱盾之罪

⑤ 爲法受惡위법수악

집해 복건이 말했다. "의로운 소리를 듣고 복종한 것이다." 두예가 말
했다. "그가 법을 위해 굴욕을 받아들인 것을 좋게 여긴 것이다."

服虔曰 聞義則服 杜預曰 善其爲法受屈也

정의 爲의 발음은 '위[于僞反]'이다.

爲 于僞反

⑥ 出疆乃免출강내면

집해 두예가 말했다. "국경을 넘었다면 군신의 의가 단절된 것이니 역적으로 성토되지 않았을 것이다."

杜預曰 越境則君臣之義絶 可以不討賊也

조돈은 조천에게 양공의 아우 흑둔黑臀을 주周나라에서 맞이해 군주로 세우게 했는데 이이가 성공成公이다. 성공은 문공의 작은 아들이고 그의 어머니는 주나라 딸이었다. 임신일, 무궁武宮에서 조회했다.

성공 원년, 조씨趙氏에게 공족公族의 작위를 하사했다.① 정나라를 침략했는데, 정나라가 진晉나라를 배신했기 때문이다.

3년, 정나라 백작(양공襄公)이 처음 즉위해서 진晉나라에 붙고 초나라를 버렸다. 초나라에서 노여워해서 정나라를 침략하자 진晉나라가 가서 구원했다.

趙盾使趙穿迎襄公弟黑臀于周而立之 是爲成公 成公者 文公少子 其母周女也 壬申 朝于武宮 成公元年 賜趙氏爲公族① 伐鄭 鄭倍晉故也 三年 鄭伯初立 附晉而棄楚 楚怒 伐鄭 晉往救之

① 賜趙氏爲公族사조씨위공족

집해 복건이 말했다. "공족은 대부이다."

服虔曰 公族大夫也

신주 《좌전》에 따르면 진성공은 경卿의 적장자嫡長子에게 벼슬과 토지를 주어 공족으로 삼았다. 또 적장자 외의 아들에게는 벼슬을 주어 여자餘子라고 했으며 서자庶子들은 공행公行이라 했다.

6년, 진秦나라를 공격하고, 진秦나라 장수 적赤을 사로잡았다.[①]
7년, 성공은 초장왕과 강력함을 다투어 제후들을 호扈 땅에서 회맹케 했다. 진陳나라는 초나라를 두려워해 회맹에 참여하지 않았다. 진晉나라에서 중항환자中行桓子[②]를 보내 진陳나라를 침략했다. 이를 계기로 정나라를 구원하고 초나라와 싸워서 초나라 군대를 무찔렀다.[③]
이해에 성공이 죽고 아들 경공景公 거據가 계승했다.

六年 伐秦 虜秦將赤[①] 七年 成公與楚莊王爭彊 會諸侯于扈 陳畏楚 不會 晉使中行桓子[②]伐陳 因救鄭 與楚戰 敗楚師[③] 是年 成公卒 子景公據立

---

① 虜秦將赤노진장적

색은 적赤은 곧 척斥이고 척후斥候(적의 형편을 몰래 정찰하고 탐색함)하는 사람을 이른다. 살펴보니 《좌전》 노선공 8년 조에는 "진晉나라에서 진秦나라를 침략하고 진秦나라의 첩자를 잡아서 강絳의 저잣거리에서 죽였다."라고 한다. 아마 그곳의 첩자가 곧 이곳의 적赤일 것이다. 진성공晉成公 6년은 노선공 8년과 바로 같으므로 그러한 것을 알 수 있다.

赤即斥 謂斥候之人也 按 宣八年左傳晉伐秦 獲秦諜 殺諸絳市 蓋彼諜即此赤也 晉成公六年爲魯宣八年 正同 故知然

② 中行桓子중항환자

　색은　순림보이다.

荀林父也

③ 救鄭 與楚戰 敗楚師구정 여초전 패초사

　신주　《사기지의》에서 말한다. "정나라를 구원한 것은 극결郤缺이지 환자가 아니다. 진陳나라를 침략하고 정나라를 구원한 것은 각각 다른 사건이며, 또 정나라가 초나라 군대를 무찌른 것이지 진晉나라 군대가 무찌른 것이 아니다."

경공 원년 봄,① 진陳나라 대부 하징서夏徵舒가 그의 군주 영공靈公을 시해했다.

2년, 초장왕은 진陳나라를 정벌하고 하징서를 처단했다.

3년, 초장왕이 정나라를 포위하자 정나라에서 위급함을 진晉나라에 알렸다. 진晉나라에서 순림보荀林父를 시켜 중군의 장군으로 삼고, 수회를 상군의 장군으로 삼고, 조삭趙朔을 하군의 장군으로 삼고, 극극郤克, 난서欒書, 선곡先縠, 한궐韓厥 그리고 공삭鞏朔을 보좌로 삼았다.②

景公元年春① 陳大夫夏徵舒弑其君靈公 二年 楚莊王伐陳 誅徵舒 三年 楚莊王圍鄭 鄭告急晉 晉使荀林父將中軍 隨會將上軍 趙朔將下軍 郤克欒書先縠韓厥鞏朔佐之②

① 春춘

신주 《사기지의》에서 《춘추》에 의거하여 하夏(여름)라고 해야 한다고 했다.

② 郤克欒書先縠韓厥鞏朔佐之극극란서선곡한궐공삭좌지

신주 《좌전》 선공 12년 조에서 말한다. "순림보는 중군장이고 선곡은 보좌시키고, 사회는 상군장이고 극극은 보좌시키고, 조삭은 하군장이고 난서는 보좌시키고, 조괄趙括과 조영제趙嬰齊는 중군 대부, 공삭과 한천韓穿은 상군 대부, 순수荀首와 조동趙同은 하군 대부, 한궐은 사마司馬가 되었다."

6월에 하수河水에 이르렀다. 초나라가 이미 정나라를 항복시켜 정나라 백작이 한쪽 어깨를 드러내 맹약을 하고 초나라 군대가 물러갔다는 소식을 듣고 순림보가 돌아오려고 했다. 선곡이 말했다. "대저 정나라를 구원하러 왔다가 이르지 않으면 옳지 않습니다. 장수들이 통솔하는데 마음이 흩어질 것입니다."

마침내 하수를 건넜다. 초나라는 이미 정나라를 정복하고서 하수에서 말에게 물을 먹이고 이름을 떨치면서 떠나가려 했다. 초나라와 진晉나라 군사들이 크게 싸웠다. 정나라는 새로 초나라에게 복속되어 그들을 두려워하면서도 도리어 초나라를 도와 진나라를 공격했다. 진나라 군대는 무너져서 하수로 달아났으며 앞다투어 강을 건너려고 했는데, 배 안에 사람들의 잘린 손가락이 매우 많았다. 초나라는 진晉나라 장수 지앵智罃을 포로로 잡았다.①

六月 至河 聞楚已服鄭 鄭伯肉袒與盟而去 荀林父欲還 先縠曰 凡來救
鄭 不至不可 將率離心 卒度河 楚已服鄭 欲飲馬于河爲名而去 楚與晉
軍大戰 鄭新附楚 畏之 反助楚攻晉 晉軍敗 走河 爭度 船中人指甚衆 楚
虜我將智罃[1]

① 楚虜我將智罃초노아장지앵

신주 이때 싸운 곳은 정나라 필邲 땅이다. 초나라는 옛날 진晉나라 문공
에게 성복城濮에서 진 것을 복수했으며, 초나라 장왕莊王은 패권을 쥔다.

돌아와서 순림보가 말했다.
"신은 독장督將이 되어 군사들을 패하게 했으니 죽임을 당해야
마땅합니다. 죽음을 청합니다."
경공이 허락하려고 하자 수회가 말했다.
"옛날 문공께서 초나라와 함께 성복城濮에서 싸웠는데, 초성왕이
돌아가 자옥子玉을 죽이자 문공께서 기뻐했습니다. 지금 초나라
가 이미 우리의 군사들을 무너뜨렸는데 또 그 장수까지 처벌한다
면, 이것은 초나라를 도와 초나라의 원수를 죽이는 것입니다."
이에 중지했다.
歸而林父曰 臣爲督將 軍敗當誅 請死 景公欲許之 隨會曰 昔文公之與
楚戰城濮 成王歸殺子玉 而文公乃喜 今楚已敗我師 又誅其將 是助楚
殺仇也 乃止

4년, 선곡이 맨 먼저 계책을 세웠는데 진晉나라 군대가 하수에서 패전했다. 처벌될까 두려워서 이에 적翟으로 달아나 적과 함께 진나라 침략을 꾀했다. 진晉나라에서 깨닫고 이에 선곡의 가족을 죽였다. 선곡은 선진先軫의 아들이다.

5년,[①] 정나라를 침략하였는데, 초나라를 도왔기 때문이다. 이때 초장왕이 강성하여 진나라 군대를 하수에서 무너뜨렸었다.

6년, 초나라가 송나라를 침략하자 송나라가 위급함을 진晉나라에 알렸다.[②] 진나라에서 구원하고자 하니 백종伯宗[③]이 계책을 내어 말했다.

"초나라는 하늘에서 열어 주었으니 당해내지 못할 것입니다."

이에 해양解揚[④]을 시켜서 송나라를 구원한다는 거짓말을 퍼뜨리게 했다. 정나라 사람이 체포해 해양을 초나라로 보냈다. 초나라에서 그에게 후하게 선물을 주고, 반대로 보고하게 하여 송나라가 빨리 항복하게 하려 했다. 해양은 그렇게 하겠다고 허락했지만, 끝내 진晉나라 군주의 말을 하기에 이르렀다. 초나라에서 죽이려 하다가 어떤 이가 간언하니 곧 해양을 돌려보냈다.

四年 先縠以首計而敗晉軍河上 恐誅 乃奔翟 與翟謀伐晉 晉覺 乃族縠縠 先軫子也 五年[①] 伐鄭 爲助楚故也 是時楚莊王彊 以挫晉兵河上也 六年 楚伐宋 宋來告急晉[②] 晉欲救之 伯宗[③]謀曰楚 天方開之 不可當 乃使解揚[④]紿爲救宋 鄭人執與楚 楚厚賜 使反其言 令宋急下 解揚紿許之 卒致晉君言 楚欲殺之 或諫 乃歸解揚

① 五年오년

신주 〈노주공세가〉에 따르면 이해에 적적翟을 침략하여 로路를 멸망시켰다고 한다. 《좌전》에도 자세하게 기록하였다. 그리하여 진나라는 위衛나라 하북 옛 땅을 거의 차지하여 더욱 강대해진다.

② 六年 楚伐宋 宋來告急晉육년 초벌송 송래고급진

신주 〈송미자세가〉, 〈초세가〉 그리고 《좌전》 선공 15년 등의 기록을 보면 실제 초나라가 송나라를 포위한 것은 진경공 5년이다. 송문공 17년이고 초장왕 20년이기도 하다. 아마 송나라에서 진나라에 알리고 진나라에서 해양을 보낸 것이 6년일 것이다. 송나라는 곤경에 빠져 뼈를 쪼개 땔감으로 쓰고 자식을 바꿔 먹는 지경에 이른다. 6년 5월에 초장왕은 송나라와 화평을 맺고 포위를 푼다. 이를 둘러싼 여러 일화는 역사에서 자주 언급되는 유명한 사건이다.

③ 伯宗백종

집해 가규가 말했다. "백종은 진晉나라 대부이다."

賈逵曰 伯宗 晉大夫

④ 解揚해양

집해 복건이 말했다. "해양解揚은 진晉나라 대부이다."

服虔曰 解揚 晉大夫

7년, 진晉나라에서 수회隨會를 시켜 적적赤狄을 멸했다.[①]

8년, 극극郤克을 제나라에 사신으로 보냈다.[②] 제나라 경공頃公의 어머니가 누대 위에서 살피다가 깔깔대고 웃었다. 그런 까닭은 극극은 척추장애인이고 노나라 사신은 한쪽 다리가 짧았으며 위衛나라 사신은 한 눈이 멀었기 때문이다. 그래서 제나라는 또한 그런 사람을 보내서 객客들을 인도하게 했다. 극극이 이에 돌아와 분노하고 하수에 이르러 말했다.

"제나라에 복수하지 않는다면 하백河伯이 살펴볼 것이다!"

진晉나라에 이르러 군주에게 제나라를 정벌하자고 청했다. 경공이 그 까닭을 알고 물었다.

"그대의 원망 때문에 어찌 나라를 어지럽게 할 수 있겠소?"

들어주지 않았다. 위문자魏文子가 늙었다는 핑계로 휴식을 청하고[③] 극극을 피하자 극극이 정사를 잡았다.

9년, 초장왕이 죽었다. 진晉나라가 제나라를 침략했다. 제나라에서 태자[④] 강彊을 진晉나라에 인질로 삼게 하자 진나라 군대는 철수했다.

七年 晉使隨會滅赤狄[①] 八年 使郤克於齊[②] 齊頃公母從樓上觀而笑之 所以然者 郤克僂 而魯使蹇 衛使眇 故齊亦令人如之以導客 郤克怒 歸至河上 曰 不報齊者 河伯視之 至國 請君 欲伐齊 景公問知其故 曰 子之怨 安足以煩國 弗聽 魏文子請老休[③] 辟郤克 克執政 九年 楚莊王卒 晉伐齊 齊使太子[④]彊爲質於晉 晉兵罷

① 七年 晉使隨會滅赤狄 칠년 진사수회멸적적

신주 《좌전》 선공 16년에 진나라가 적적을 멸망시킨 기록이 자세한데, 그때는 진경공 6년이다. 여기 기록이 잘못된 것으로 보인다. 앞선 해에 진나라는 적을 쳐서 로路 땅을 차지하게 되자 이로써 춘추시대 중원을 휩쓸었던 적狄이 쇠퇴하게 된 것이다.

② 八年 使郤克於齊팔년 사극극어제

신주 〈제태공세가〉에는 제나라 경공頃公 6년인데, 진나라 경공 7년에 해당한다. 《좌전》과 〈십이제후연표〉 기록들과 비교하면 〈진세가〉 기록이 타당하다.

③ 魏文子請老休위문자청로휴

신주 《사기지의》에서 말한다. "《좌전》에서 늙었다고 청한 것은 범무자范武子 사회士會이니 위문자가 늙었다고 휴식을 청했다고 한 것은 잘못되었다. 위문자는 곧 위힐魏頡이며 도공悼公 때 있었고 경공 때는 아직 그 사람이 없었다."

④ 太子태자

신주 당연히 공자公子라고 해야 한다. 〈제태공세가〉에도 그렇다.

11년 봄, 제나라가 노나라를 침략하여 융隆을 빼앗았다.① 노나라에서 위급함을 위衛나라에 알리자 위나라와 노나라는 모두 극극과의 인연으로 위급함을 진晉나라에 알렸다. 진晉나라는 극극,

난서欒書, 한궐韓厥을 시켜 전차 800대를 이끌고 노나라, 위나라와 함께 제나라를 침략케 했다.

여름, 제나라 경공頃公과 안鞍 땅에서 싸웠는데 제경공이 곤경에 빠지고 상처를 입었다. 경공은 그의 오른쪽 호위와 자리를 바꾸어 수레에서 내려서 물 뜨러 가는 척하다가 탈출했다. 제나라 군사들이 무너져 달아나자 진晉나라에서 북쪽으로 추격해 제나라에 이르렀다. 경공은 보기寶器를 바치고 화평할 것을 청했으나 들어주지 않았다. 극극이 말했다.

"반드시 소동질자蕭桐姪子[2]를 체포해서 인질로 삼겠다."

제나라 사신이 말했다.

"소동질자는 경공의 어머니입니다. 경공의 어머니는 진晉나라 군주의 어머니와 같거늘 어찌 반드시 그를 인질로 하려고 하십니까? 의롭지 못한 것이니, 다시 싸우기를 청하겠습니다."

진晉나라는 이에 화평을 허락하고 물러났다.

十一年春 齊伐魯 取隆[1] 魯告急衛 衛與魯皆因郤克告急於晉 晉乃使郤克欒書韓厥以兵車八百乘與魯衛共伐齊 夏 與頃公戰於鞍 傷困頃公 頃公乃與其右易位 下取飲 以得脫去 齊師敗走 晉追北至齊 頃公獻寶器以求平 不聽 郤克曰 必得蕭桐姪子[2]爲質 齊使曰 蕭桐姪子 頃公母 頃公母猶晉君母 奈何必得之 不義 請復戰 晉乃許與平而去

① 齊伐魯 取隆제벌노 취융

색은 유씨는 말했다. "융隆은 곧 용龍이다. 노나라의 북쪽에 용산龍山이 있다." 또 이해는 노성공 2년에 해당한다. 《춘추》 경문에서 말한다.

"제나라 후작이 우리 노나라의 북쪽 변방을 침벌했다."《좌전》에서 말한다. "용龍을 포위했다." 또 추탄생 및 별본에는 '연傊' 자로 되어 있는데 연은 '운鄆'으로 되어야 마땅하다. 문공 12년에 "계손행보가 군사를 거느리고 제諸와 운鄆에 성을 쌓았다."라고 했고, 주석에서 "연은 곧 운鄆이다. 글자가 변화했을 따름이다."라고 했다. 〈지리지〉에서는 동완현 동쪽이라고 했다.

劉氏云隆即龍也 魯北有龍山 又此年當魯成二年 經書齊侯伐我北鄙 傳曰圍龍 又鄒誕及別本作傊字 傊當作鄆 文十二年季孫行父帥師城諸及鄆 注曰傊即鄆也 字變耳 地理志云在東莞縣東也

② 蕭桐姪子소동질자

색은 《좌전》에는 숙자叔子로 되어 있다.

左傳作叔子

신주 〈제태공세가〉에 나왔듯이, 소동숙자蕭桐叔子이다. 소蕭나라 군주 동숙桐叔의 자식이라는 것이다. 가규의 의견대로라면 소나라 성은 자씨子氏일 수도 있다.

초나라 신공무신申公巫臣은 하희夏姬를 훔쳐서 진晉나라로 달아났다.① 진晉나라에서는 신공무신을 형邢 땅의 대부②로 삼았다.

12년 겨울, 제경공은 진晉나라로 가서 진晉나라 경공景公을 위의 왕王으로 받들고자 했으나③ 진경공은 감당할 수 없다고 사양했다.

진晉나라는 비로소 6군六軍[4]을 일으켜 한궐韓厥, 공삭鞏朔, 조천 趙穿, 순추荀騅[5], 조괄趙括, 조전趙旃을 모두 경卿으로 삼았다.[6] (포로로 잡혔던) 지앵智罃이 초나라에서 돌아왔다.

楚申公巫臣盜夏姬以奔晉[1] 晉以巫臣爲邢大夫[2] 十二年冬 齊頃公如 晉 欲上尊晉景公爲王[3] 景公讓不敢 晉始作六(卿)[軍][4] 韓厥鞏朔趙穿 荀騅[5]趙括趙旃皆爲卿[6] 智罃自楚歸

① 楚申公巫臣盜夏姬以奔晉초신공무신도하희이분진

신주 하희는 정목공鄭穆公의 딸로 진陳나라로 시집갔다. 하희는 하어 숙夏御叔의 아내였으며 하징서夏徵舒의 어머니이다. 진경공陳景公 원년, 하징서가 자기를 모욕한 진영공陳靈公을 시해하자 그 다음해에 초장왕 楚莊王이 진陳을 침략하여 하징서를 주살했다. 하희는 이때 초나라로 갔다가 고국인 정나라로 돌려보냈었다. 무신은 제나라에 사신으로 가는 길에 정나라에 들러서 하희를 꾀어내 진晉나라로 달아났다. 원래부터 하희 에게 마음이 있었는데 이에 이르러 실행한 것이다.

② 邢大夫형대부

집해 가규가 말했다. "형邢은 진晉나라 읍이다."

賈逵曰 邢 晉邑

③ 欲上尊晉景公爲王욕상존진경공위왕

신주 〈제태공세가〉에서 이미 살펴본 대로 허황된 일이었다.

④ 晉始作六軍진시작육군

[집해] 가규가 말했다. "당초에 6군을 일으킨 것은 왕을 참칭한 것이다."

賈逵曰 初作六軍 僣王也

⑤ 荀騅순추

[색은] 騅의 발음은 '가佳'이다. 시호는 문자文子이다.

音佳 謚文子

⑥ 趙括趙旃皆爲卿조괄조전개위경

[신주] 〈조세가〉에는 경공 3년에 도안고屠岸價라는 인물이 수작을 꾸며 조씨를 멸족한 것으로 되어 있고, 경공 17년에 조씨의 후사가 될 고아 조무趙武가 찾은 것으로 나온다. 하지만 이런 중요한 사건이 《좌전》에도 전혀 언급이 없고, 경공 3년에 오히려 조삭趙朔은 초나라와 전쟁을 위해 출전한다. 그리고 이 기록처럼 조천趙穿, 조괄趙括, 조전趙旃 등 조씨 일족이 대거 등장하고, 또 뒤에 보면 경공 17년에 조괄 등이 살해당하는 것으로 나온다. 〈조세가〉의 기록이 잘못되었다는 증거이다. 《좌전》 노성공 3년 기록에는 조천趙穿 대신에 한천韓穿이라고 나온다.

13년, 노나라 성공成公이 진晉나라에 조회하러 갔는데 진나라에서 공경하게 대우하지 않았다. 노성공은 노하며 떠나와 진晉나라를 배신했다.① 진晉나라에서 정나라를 침략하고 범氾 땅을 빼앗았다.

14년, 양산梁山이 무너졌다.[2] 백종伯宗에게 물었으나 백종은 괴이한 일은 아니라고 여겼다.[3]

十三年 魯成公朝晉 晉弗敬 魯怒去 倍晉[1] 晉伐鄭 取氾 十四年 梁山崩[2] 問伯宗 伯宗以爲不足怪也[3]

① 魯怒去 倍晉노노거 배진

신주 〈노주공세가〉에서는 진나라를 배신하려 했는데 계문자가 간언해서 그만두었다고 했다.

② 梁山崩양산붕

집해 《공양전》에서 말한다. "양산梁山은 하수 가의 산이다." 두예가 말했다. "풍익군 하양현 북쪽에 있다."

公羊傳曰 梁山 河上山 杜預曰 在馮翊夏陽縣北也

③ 伯宗以爲不足怪也백종이위부족괴야

집해 서광이 말했다. "〈십이제후연표〉에는 백종伯宗이 그 사람을 숨기고 그 사람의 말을 채용한 것이다."

徐廣曰 年表云伯宗隱其人 用其言

16년, 초나라 장군 자반子反은 무신巫臣을 원망하고 그의 가족을 몰살했다. 무신이 노여워하며 자반에게 글을 보내서 말했다.

"반드시 네 놈을 군명軍命만 분주하게 따르다 죽게 하리라."

이에 오吳나라에 사신으로 가기를 청하고 그의 아들에게 오나라로 가는 행인行人이 되게 하여 오나라의 전차 모는 법과 용병술을 교육받게 했다. 오나라와 진晉나라가 처음으로 교류하고 초나라를 침벌侵伐하기로 약속했다.

17년, 조동趙同과 조괄趙括을 죽이고 일족을 멸했다. 한궐이 말했다.

"조사趙衰와 조돈趙盾의 공로를 어찌 잊을 수 있습니까? 어찌 제사를 단절시킵니까?"

이에 다시 명령해 조씨의 서자庶子 무武를 조씨의 후사로 삼고 다시 읍邑을 주었다.

19년 여름, 경공이 병이 들자 그의 태자 수만壽曼을 세워 군주로 삼았는데 이이가 여공厲公이다. 한 달 남짓 뒤에 경공이 죽었다.

十六年 楚將子反怨巫臣 滅其族 巫臣怒 遺子反書曰 必令子罷於奔命 乃請使吳 令其子爲吳行人 敎吳乘車用兵 吳晉始通 約伐楚 十七年 誅趙同趙括 族滅之 韓厥曰 趙衰趙盾之功豈可忘乎 奈何絶祀 乃復令趙庶子武爲趙後 復與之邑 十九年夏 景公病 立其太子壽曼爲君 是爲厲公 後月餘 景公卒

시해된 여공

여공 원년, 처음 제후가 되어 제후들과 화해하고자 진秦나라 환공
桓公과 하수를 끼고 맹약했다. 돌아가서는 진秦나라가 맹약을 배신
하고 적翟과 함께 진晉나라를 침략을 모의했다.

3년, 여상呂相[1]을 사신으로 보내서 진秦나라를 힐책하고 제후
들과 함께 진秦나라를 침략했다. 경수涇水에 이르러 진秦나라를
마수麻隧에서 무찌르고 그 장수 성차成差를 사로잡았다.

5년, 세 극씨[2]가 백종伯宗을 헐뜯고 살해했다. 백종은 올곧게 간언
하기를 좋아해서 이런 재앙을 얻었는데 나라사람들은 이 때문에
여공을 따르지 않았다.

厲公元年 初立 欲和諸侯 與秦桓公夾河而盟 歸而秦倍盟 與翟謀伐晉
三年 使呂相[1]讓秦 因與諸侯伐秦 至涇 敗秦於麻隧 虜其將成差 五年
三郤[2]讒伯宗 殺之 伯宗以好直諫得此禍 國人以是不附厲公

① 呂相여상

집해 가규가 말했다. "여상은 진晉나라 대부이다."

賈逵曰 呂相 晉大夫

② 三郤삼극

가규가 말했다. "세 극씨는 극기, 극주, 극지이다."

賈逵曰 三郤 郤錡郤犫郤至也

6년 봄, 정나라가 진晉나라를 배신하고 초나라와 맹약하자 진晉 나라가 노했다. 난서가 말했다.

"우리 세대에 맡아서 하지 않으면 (맹약한) 제후를 잃을 것입니다." 이에 군사를 일으켰다. 여공은 스스로 장수가 되어 5월에 하수를 건넜다. 초나라 군대가 와서 구원한다는 소식을 듣고 범문자范文 子가 공에게 돌아오도록 청했다. 극지가 말했다.

"군사를 일으켰으면 역적을 주류해야지, 강한 것을 보고 피한다 면 제후들을 호령할 수가 없습니다."

마침내 초나라와 싸웠다.

(6월) 계사일,① 초나라 공왕의 눈을 쏘아 맞히자 초나라 군대가 언릉鄢陵②에서 무너졌다. 자반子反이 남은 군사들을 거두고 따라 붙어 다시 싸우고자 했다. 진晉나라가 이를 걱정했다.

공왕이 자반子反을 불렀으나 자반이 그 시종 수양곡豎陽穀이 올린 술을 마시고 취해서 공왕을 만나지 못했다. 공왕이 노하여 자반 을 힐난하자 자반이 죽었다. 공왕은 마침내 군사를 이끌고 돌아 갔다. 진晉나라는 이로 말미암아 제후들에게 위엄을 떨쳐 천하의 패권을 구하려 했다.

六年春 鄭倍晉與楚盟 晉怒 欒書曰 不可以當吾世而失諸侯 乃發兵 厲

> 公自將 五月度河 聞楚兵來救 范文子請公欲還 郤至曰 發兵誅逆 見彊
> 辟之 無以令諸侯 遂與戰 癸巳^① 射中楚共王目 楚兵敗於鄢陵^② 子反收
> 餘兵 拊循欲復戰 晉患之 共王召子反 其侍者豎陽穀進酒 子反醉 不能
> 見 王怒 讓子反 子反死 王遂引兵歸 晉由此威諸侯 欲以令天下求霸

① 癸巳계사

신주 앞에 '6월六月'이 탈락되었다. 《좌전》성공 16년 조의 기록에서
볼 수 있듯이 이 전투는 진문공이 초성왕을 무찌른 성복 전투만큼이나
거대한 전투였으며 진晉나라가 다시 패권국가로 올라서는 계기가 된다.
하지만 문제는 진나라 공실이 무너져가는 데 있었다.

② 鄢陵언릉

집해 서광이 말했다. "언鄢은 다른 판본에는 '언焉'으로 되어 있다." 복건
이 말했다. "언릉은 정나라 동남쪽 땅이다."

徐廣曰 鄢 一作焉 服虔曰 鄢陵 鄭之東南地也

색은 鄢은 '언偃'으로 발음하고. 또 '연[於連反]'으로도 발음한다.

鄢音偃 又於連反

> (7년) 여공은 밖으로 총애하는 여인들이 많아^① 돌아와서 여러 대
> 부를 다 제거하고 그 여인들의 형제들을 세우고자 했다. 총애하는
> 여인의 오라비가 서동胥童인데 일찍이 극지郤至와 원한이 있었다.

난서 또한 극지가 그의 계책을 채용하지 않고 마침내 초나라를 무찌른 것을 원망했다.② 이에 사람을 보내서 이간책으로 초나라에 사과하게 했다. 초나라에서 와서 여공을 속여서 말했다.

"언릉의 전쟁은 실제로는 (극지가) 초나라를 불러들인 것으로, 난을 일으켜서 공자 주周를 불러들여 군주로 세우려고 한 것입니다. 그러나 회맹해서 함께할 나라를 갖추지 못했기에 일이 성사되지 못한 것입니다."

여공은 이를 난서에게 알렸다. 난서가 말했다.

"거의 그럴 것입니다. 원컨대 공께서 시험 삼아 사람을 주나라③에 보내 몰래 살펴보게 하십시오."

마침내 극지郤至를 주나라에 사신으로 보냈다. 난서는 또 공자 주周에게 극지를 만나보게 했는데 극지는 속았다는 것을 알지 못했다. 여공이 시험해 보고 그렇다고 믿어 마침내 극지를 원망하여 죽이려 했다.

厲公多外嬖姬① 歸 欲盡去群大夫而立諸姬兄弟 寵姬兄曰胥童 嘗與郤至有怨 及欒書又怨郤至不用其計而遂敗楚② 乃使人間謝楚 楚來詐厲公曰 鄢陵之戰 實至召楚 欲作亂 內子周立之 會與國不具 是以事不成 厲公告欒書 欒書曰 其殆有矣 願公試使人之周③微考之 果使郤至於周 欒書又使公子周見郤至 郤至不知見賣也 厲公驗之 信然 遂怨郤至 欲殺之

① 厲公多外嬖姬여공다외폐희

신주 《좌전》 성공 17년 조에서 "진여공은 사치로운 데다가 총애하는 대부가 많아 언릉에서 돌아오면서 여러 대부를 다 없애고 그의 측근들을 세우려고 했다.[晉厲公侈 多外嬖 反自鄢陵 欲盡去群大夫 而立其左右]"라고 하여 '외폐外嬖'를 '총애하는 신하 또는 대부'라는 의미로 표현했다. 그러나 〈진세가〉는 '외폐희外嬖姬'라고 하고서 "여공은 밖으로 총애하는 여인들이 많아 돌아와서 여러 대부를 다 제거하고 그 여인들의 형제들을 세우고자 했다.[厲公多外嬖姬 歸 欲盡去群大夫 而立諸姬兄弟]"라 했는데 문맥상 '외폐희外嬖姬'를 총애하는 여인이라는 의미로 보는 것이 타당할 것이다.

② 郤至不用其計而遂敗楚극지불용기계이수패초

집해 《좌전》에서 말한다. "난서는 초나라 군대가 퇴각하는 것을 기다려 공격하고자 했다. 극지가 이르기를 '초나라 군대에는 여섯 가지 흠이 있으니 그것을 놓쳐서는 안 됩니다.'라고 했다."
左傳曰 欒書欲待楚師退而擊之 郤至云 楚有六間 不可失也

③ 之周지주

집해 우번이 말했다. "주나라 경사京師이다."
虞翻曰 周京師
신주 공자 주周가 주나라에 거처하고 있어서이다.

> 8년,① 여공은 사냥을 나가 총애하는 희姬와 술을 마시는데 극지가 죽인 멧돼지를 받들어 올리자 내시②가 빼앗았다. 극지는 내시를 활로 쏘아 죽였다. 여공이 (극지가 멧돼지를 빼앗은 것으로 여겨서)

노하여 말했다.

"계자季子(극지)가 나를 속이다니!③"

그래서 장차 세 극씨郤氏를 죽이려 하였지만 미처 실행하지는 못했다.

극기郤錡가 여공을 공격하고자 해서 말했다.

"내가 비록 죽더라도 여공도 재앙이 있을 것이다."

극지가 말했다.

"믿음이란 군주를 배신하지 않는 것이고 지혜란 백성을 해치지 않는 것이며 용기란 난亂을 일으키지 않는 것이다. 이 세 가지를 잃어버렸으니 누가 나와 함께할 것인가? 내게는 죽음만이 있을 뿐이다."

八年① 厲公獵 與姬飲 郤至殺豕奉進 宦者②奪之 郤至射殺宦者 公怒 曰 季子欺予③ 將誅三郤 未發也 郤錡欲攻公 曰 我雖死 公亦病矣 郤至曰 信不反君 智不害民 勇不作亂 失此三者 誰與我 我死耳

① 八年팔년

신주 《좌전》에 따르면 여공이 체포되고 12월 윤달에 서동胥童이 살해되기까지는 모두 여공 7년의 일이다. '8년八年'은 당연히 뒤의 문장 '정월 경신正月庚申' 앞으로 옮겨져야 한다. 《사기지의》 역시 그렇게 주장하고 있다.

② 宦者환자

색은 환자는 맹장孟張이다.

宦者孟張也

③ 季子欺予계자기여

집해 두예가 말했다. "여공은 도리어 극지郤至가 멧돼지를 빼앗은 것으로 여겼다."

杜預曰 公反以爲郤至奪豕也

12월 임오일, 여공은 서동胥童을 시켜 군사 800명으로 세 극씨를 습격해 살해케 했다. 서동은 이를 계기로 난서와 중항언中行偃을 조정에서 겁박하며 말했다.

"두 사람을 죽이지 않으면 우환이 반드시 공에게 미칠 것입니다."

여공이 말했다.

"하루아침에 세 경卿을 살해했는데 과인은 차마 더 못하겠다."

서동이 대답해 말했다.

"이들이 장차 군주께 차마 못할 일을 할 것입니다.①"

여공은 허락하지 않고 난서 등에게 세 극씨의 죄를 처벌한 것을 사과하며 말했다.

"대부들의 직위를 회복시키겠다."

두 사람(난서와 중항언)이 머리를 조아려 말했다.

"매우 다행입니다. 매우 다행입니다."

여공은 서동을 경卿으로 삼았다.

十二月壬午 公令胥童以兵八百人襲攻殺三郤 胥童因以劫欒書 中行偃

于朝 曰 不殺二子 患必及公 公曰 一旦殺三卿 寡人不忍益也 對曰 人
將忍君① 公弗聽 謝欒書等以誅郤氏罪 大夫復位 二子頓首曰 幸甚幸甚
公使胥童爲卿

① 人將忍君인장인군

집해 두예가 말했다. "인人은 난서와 중항언中行偃을 이른 것이다."
杜預曰 人 謂書偃

윤달 을묘일,① 여공은 장려씨匠驪氏②의 집에 놀러 갔는데 난서와
중항언은 그 무리로써 여공을 습격해 체포해 가두고 서동을 죽였
다. 사람을 시켜 공자 주周③를 주周나라에서 맞이해 군주로 세웠
다. 이이가 도공悼公이다.④
閏月乙卯① 厲公游匠驪氏② 欒書中行偃以其黨襲捕厲公 囚之 殺胥童
而使人迎公子周③于周而立之 是爲悼公④

① 閏月乙卯윤월을묘

신주 《좌전》에 따르면 여공은 12월에 체포되고 서동만이 윤달에 살해
당한다.

② 匠驪氏장려씨

집해 가규가 말했다. "장려씨는 진晉나라 밖에서 총애 받은 대부로

익翼에 있었다."

賈逵曰 匠驪氏 晉外嬖大夫在翼者

③ 公子周공자주

집해 서광이 말했다. "다른 판본에는 '규糾' 자로 되어 있다."

徐廣曰 一作糾

④ 而使人迎公子周于周而立之 是爲悼公이사인영공자주우주이립지 시위도공

신주 이 문장은 뒤에 오는 문장과 중복되므로 덧붙여진 것이다.

도공 원년, 정월 경신일에 난서와 중항언은 여공을 시해하고 장례를 치르는데① 한 대의 수레뿐이었다.② 여공은 갇혔다가 엿새 만에 죽었다.③ 죽은 지 열흘 만인 경오일에 지앵智罃이 공자 주를 맞이했다. 강絳 땅에 이르러서④ 닭을 잡아⑤ (피로써) 대부들과 맹약하고 군주로 세웠는데 이이가 도공悼公이다. 신사일에 무궁武宮에 조알했다.⑥

2월 을유일에 즉위했다.

悼公元年正月庚申 欒書中行偃弒厲公 葬之①以一乘車② 厲公囚六日死③ 死十日庚午 智罃迎公子周來 至絳④ 刑雞⑤與大夫盟而立之 是爲悼公 辛巳 朝武宮⑥ 二月乙酉 卽位

---

① 葬之장지

집해 《좌전》에서 말한다. "익翼 땅의 동쪽 문 밖에다 장사했다."

左傳曰 葬之于翼東門之外也

② 一乘車일승거

집해 두예가 말했다. "군주의 예로써 장례를 치르지 않은 것을 말한다. 제후는 수레 7대로 장례를 치른다."

杜預曰 言不以君禮葬也 諸侯葬車七乘

③ 厲公囚六日死여공수육일사

신주 《사기지의》에 따르면 언제 잡혔는지 모르기 때문에 날짜를 알 수 없다고 한다.

④ 智罃迎公子周來 至絳지앵영공자주래 지강

신주 《좌전》에 따르면 맞이하러 간 사람은 순앵荀罃과 사방士魴이며 여러 대부들이 청원淸原에서 만났다고 한다.

⑤ 刑雞형계

신주 고대의 맹세 의식으로 닭의 목을 베어 피를 받아서 맹세한다.

⑥ 朝武宮조무궁

신주 무궁은 무공武公의 사당이다.

도공 주周의 할아버지는 첩捷이고 진양공晉襄公의 막내아들이다.
그는 제후의 지위를 얻지 못해서 호를 환숙桓叔이라고 했는데,
(진양공에게) 가장 사랑받았다. 환숙은 혜백惠伯 담談을 낳았고, 담談
은 도공 주周를 낳았다. 주周는 즉위할 때 나이가 열네 살이었다.
도공이 말했다.

"조부와 부친은 모두 제후가 되지 못하고 난리를 피해 주周나라
로 가서 객사했소. 과인은 이로부터 공실과 멀어져 군주가 될 것
을 바라지 않았소.[①] 지금 대부들께서 문공文公과 양공襄公의 뜻
을 잊지 않고 환숙의 후예를 군주로 세워주는 은혜를 베풀고, 종
묘와 대부들의 영령에 힘입어 진晉나라 제사를 받들게 되었으니
어찌 감히 두려워하고 두려워하지 않겠소? 대부들도 또한 과인을
도와주시오."

이에 신하답지 않은 자 7인을 축출하고, 옛날의 공을 닦아 덕과
은혜를 베풀고 문공이 귀국할 당시 공신들의 후예를 거두었다.
(도공 원년) 가을,[②] 정나라를 침략했다. 정나라 군대를 무너뜨리고,
마침내 진陳나라에 이르렀다.[③]

悼公周者 其大父捷 晉襄公少子也 不得立 號爲桓叔 桓叔最愛 桓叔生
惠伯談 談生悼公周 周之立 年十四矣 悼公曰 大父父皆不得立而辟難
於周 客死焉 寡人自以疏遠 毋幾爲君[①] 今大夫不忘文襄之意而惠立桓
叔之後 賴宗廟大夫之靈 得奉晉祀 豈敢不戰戰乎 大夫其亦佐寡人 於
是逐不臣者七人 修舊功 施德惠 收文公入時功臣後 秋[②] 伐鄭 鄭師敗
遂至陳[③]

① *毋幾爲君*무기위군

색은 幾는 '기冀'로 발음하는데 망望(바라다)을 말하는 것이다.

幾音冀 謂望也

② 秋추

신주 《좌전》에는 여름이라고 한다.

③ *伐鄭 鄭師敗 遂至陳*벌정 정사패 수지진

신주 이때는 초나라 공왕共王 19년, 정나라 성공成公 13년, 송나라 평공平公 4년에 해당하며 《좌전》에서는 양공 원년이다. 이는 진晉과 초楚의 패권 다툼에서 벌어진 전투이다.

3년, 진晉나라에서 제후들과 회맹했다.① 도공이 여러 신하들에게 누구를 등용하면 좋을지 묻자 기해祁傒는 해호解狐를 천거했다. 해호는 기해의 원수였다. 다시 묻자 그의 아들 기오祁午를 천거했다. 군자君子가 말했다.

"기해는 당파를 만들지 않는다고 말할 수 있다. 밖에서 천거하는데 원수라 해서 감추지 않았고 안에서 천거하는데 아들이라 해서 숨기지 않았다."

마침 제후들이 회맹하는데, 도공의 아우 양간楊干이 진영을 어지럽히자② 위강魏絳이 양간 마부를 죽였다.③ 도공이 노하자 어떤 이가 공에게 간언했다. 이에 도공은 위강을 현명하다고 여기고 정사를 맡겨 융戎과 화합하도록 하니 융이 매우 친하게 따랐다.

11년, 도공이 말했다.

"나는 위강을 등용하고 나서 제후들을 아홉 번 회합시켰고,④ 융戎

과 적翟을 화합시킨 것도 위자魏子의 힘이다."

이에 위강에게 악기樂器를 하사하자 세 번 사양하고 받았다.⑤

겨울, 진秦나라에서 진晉나라 역櫟 땅을 빼앗았다.⑥

三年 晉會諸侯① 悼公問群臣可用者 祁傒擧解狐 解狐 傒之仇 復問 擧

其子祁午 君子曰 祁傒可謂不黨矣 外擧不隱仇 內擧不隱子 方會諸侯

悼公弟楊干亂行② 魏絳戮其僕③ 悼公怒 或諫公 公卒賢絳 任之政 使和

戎 戎大親附 十一年 悼公曰 自吾用魏絳 九合諸侯④ 和戎翟 魏子之力

也 賜之樂 三讓乃受之⑤ 冬 秦取我櫟⑥

① 晉會諸侯진회제후

색은 계택鷄澤 땅에서 (회맹을) 했다.

於雞澤也

② 楊干亂行양간난행

집해 가규가 말했다. "행行은 진陳(진영)이다."

賈逵曰 行 陳也

③ 戮其僕류기복

집해 가규가 말했다. "복僕은 어御(마부)이다."

賈逵曰 僕 御也

④ 九合諸侯구합제후

집해 복건이 말했다. "구합九合은 첫째는 척戚에서 회합했고, 둘째는 성채城棣에서 회합해 진陳을 구원했고, 셋째는 언鄢에서 회합했고, 넷째는 형구邢丘에서 회합했고, 다섯째는 희戱에서 동맹했고, 여섯째는 사柤에서 회합했고, 일곱째는 정나라 호뢰虎牢를 지켰고, 여덟째는 박성毫城의 북쪽에서 동맹했고, 아홉째는 소어蕭魚에서 회합했음을 이른 것이다."

服虔曰 九合 一謂會于戚 二會城棣救陳 三會于鄢 四會于邢丘 五同盟于戱 六會于柤 七戍鄭虎牢 八同盟于亳城北 九會于蕭魚

⑤ 三讓乃受之삼양내수지

신주 진晉나라와 초나라 사이에서 괴로워하던 정나라는 일부러 송나라를 쳐서 진이 이끄는 제후국들의 공격을 유발시킨다. 그리고 진나라와 화평하여 뇌물을 바치는데, 그 일부를 위강에게 주었다. 이때는 노나라 양공襄公 11년으로《좌전》에 그 내막이 자세하게 나온다.

⑥ 櫟역

색은 櫟은 '역歷'으로 발음한다.《이아》〈석례〉에는 하수 북쪽에 있는데 지명이 빠졌다고 한다.

音歷 釋例云在河北 地關

신주《좌전》에는 진晉이 역에서 패했다고만 했다. 진秦이 정나라를 구원해달라는 초나라 요청으로 출동한 군대이니《좌전》의 기록이 타당하다.

14년, 진晉나라는 6경을 시켜 제후들을 인솔하고 진秦나라를 공격하게 했다. 경수涇水를 건너 진秦나라 군대를 크게 무너뜨리고 역림棫林에 이르렀다가 철수했다.

15년, 도공은 국가를 다스리는 방법을 사광師曠에게 물었다. 사광이 대답했다.

"오직 인의仁義를 근본으로 삼는 것입니다."

겨울, 도공이 죽고 아들 평공 표彪가 계승했다.

평공平公 원년,[①] 제나라를 공격해서 제영공齊靈公과 미하靡下[②]에서 싸웠는데 제나라 군대가 무너져 달아났다. 안영晏嬰이 말했다.

"군주께서는 또한 용감하지 않으신데 왜 전쟁을 그만두지 않으십니까?[③]"

마침내 떠나갔다. 진晉나라에서 추격해 마침내 임치臨菑를 포위해서 그 성안을 모두 불사르고 도살했다. 동쪽으로는 교膠 땅에 이르고[④] 남쪽으로는 기沂에 이르렀는데, 제나라에서 모든 성을 수비하자 진晉나라는 군사를 이끌고 돌아왔다.

十四年 晉使六卿率諸侯伐秦 度涇 大敗秦軍 至棫林而去 十五年 悼公問治國於師曠 師曠曰 惟仁義爲本 冬 悼公卒 子平公彪立 平公元年[①] 伐齊 齊靈公與戰靡下[②] 齊師敗走 晏嬰曰 君亦毋勇 何不止戰[③] 遂去 晉追 遂圍臨菑 盡燒屠其郭中 東至膠[④] 南至沂 齊皆城守 晉乃引兵歸

① 平公元年평공원년

신주 〈십이제후연표〉에는 평공 원년에 초나라와 심판湛坂에서 싸우고, 3년에 노, 송, 정, 위나라를 거느리고 제나라를 친다. 〈제태공세가〉에서 영공 27년이라 하며 또한 진평공 3년에 해당한다.

② 靡下미하

[집해] 서광이 말했다. "미靡는 다른 판본에는 '역歷'으로 되어 있다."
徐廣曰 靡 一作歷

[색은] 유씨는 "靡의 발음은 '미[眉綺反]'이다."라고 했다. 곧 미계靡筓이다.
劉氏靡音眉綺反 即靡筓也

[신주] 靡는 쓰러진다는 뜻일 때는 '미'이고 갈다는 뜻일 때는 '마'이다.

③ 君亦毋勇 何不止戰군역무용 하불지전

[신주] 《좌전》과 〈제태공세가〉에 따르면 이는 제영공에게 싸움을 부추기는 말이 아니라 영공의 비겁함을 안타까워하는 말이다. 또 말의 내용도 《좌전》과는 약간 다르다.

④ 東至膠동지교

[신주] 《좌전》에는 동쪽으로 유滺에 이르렀다고 한다.

6년, 노나라 양공襄公이 조회하러 진晉나라에 왔다.

(7년) 진晉나라 난영欒逞은 죄가 있어서 제나라로 달아났다.①

8년, 제장공齊莊公은 몰래 난영을 곡옥으로 보내며 군사들을 따르게 했다. 제나라 군대가 태항산太行山으로 올라가니 난영은 곡옥 안에서 반란을 일으키고 강絳 땅을 습격해 쳐들어갔다. 강 땅은

경계하고 있지 않았고, 평공이 자살하고자 했는데 범헌자范獻子가 평공의 자결을 말리고[2] 그의 무리로 난영을 공격했다. 난영은 패하여 곡옥으로 달아났다. 곡옥에서 난영을 공격했다. 난영이 죽고 마침내 난씨의 종족을 멸했다. 난영[3]은 난서欒書의 손자이다. 그는 강 땅으로 쳐들어가 위씨魏氏와 함께 모의했었다.

제장공은 난영이 실패했다는 것을 듣고 돌아가다가 진晉나라 조가朝歌를 빼앗고 떠나갔는데, 이는 임치 전투에 대한 보복이었다.

六年 魯襄公朝晉 晉欒逞有罪 奔齊[1] 八年 齊莊公微遣欒逞於曲沃 以兵隨之 齊兵上太行 欒逞從曲沃中反 襲入絳 絳不戒 平公欲自殺 范獻子止公[2] 以其徒擊逞 逞敗走曲沃 曲沃攻逞 逞死 遂滅欒氏宗 逞者[3] 欒書孫也 其入絳 與魏氏謀 齊莊公聞逞敗 乃還 取晉之朝歌去 以報臨菑之役也

① 奔齊분제

신주 〈십이제후연표〉와 《좌전》에 따르면 난영이 제나라로 달아난 것은 평공 7년이다. 원문에 '칠년七年'이 탈락되었다. 그때가 노양공 22년이고 제장공 3년이다. 안영이 들이지 말 것을 요구했으나 제장공은 그 청을 들어주지 않았다.

② 平公欲自殺 范獻子止公평공욕자살 범헌자지공

신주 《사기지의》에서 말한다. "이것은 그 사실이 없다. 《좌전》과 《국어》에는 단지 범선자范宣子가 평공을 받들어 단단한 궁궐로 갔다고 했을

뿐이다." 즉 평공의 자살 의도와 범헌자라고 쓴 것은 잘못일 것이라는
얘기이다.

③ 逞者영자

집해 《좌전》에서 영逞은 '영盈'으로 되어 있다.

左傳逞 作盈

10년, 제나라 최저崔杼가 그의 군주 장공을 시해했다. 진晉나라는
제나라의 난리를 기회 삼아 침략하여 제나라를 고당高唐에서 무
찌르고 떠나왔는데, 이는 태항산 전투에 대한 보복이다.

14년, 오吳나라 연릉계자延陵季子가 사신으로 와서 조문자趙文子,
한선자韓宣子 그리고 위헌자魏獻子와 이야기를 나누었다.

연릉계자가 말했다.

"진晉나라 정사는 끝내 이 세 집안으로 돌아갈 것이다."

19년, 제나라에서 안영晏嬰을 사신으로 진晉나라에 보냈는데, 숙
향叔嚮과 더불어 이야기했다. 숙향이 말했다.

"진晉나라는 말세입니다. 공公이 세금을 무겁게 부과해서 누대와
연못을 만들고 구휼하는 정사가 없어서 정사가 개인 가문들에 있
게 되었는데, 그것이 오래 갈 수 있겠습니까!"

안자晏子가 그럴 것이라고 했다.

22년, 연燕나라를 공격했다.①

26년, 평공이 죽고 아들 소공昭公 이이夷가 계승했다.

소공이 6년 만에 죽었다. 6경^②이 강성해지고 공실은 비천해졌다. 아들 경공頃公 거질去疾이 계승했다.

十年 齊崔杼弑其君莊公 晉因齊亂 伐敗齊於高唐去 報太行之役也 十四年 吳延陵季子來使 與趙文子韓宣子魏獻子語 曰 晉國之政 卒歸 此三家矣 十九年 齊使晏嬰如晉 與叔嚮語 叔嚮曰 晉 季世也 公厚賦爲 臺池而不恤政 政在私門 其可久乎 晏子然之 二十二年 伐燕^① 二十六 年 平公卒 子昭公夷立 昭公六年卒 六卿^②彊 公室卑 子頃公去疾立

① 伐燕벌연

신주 이 연나라는 소공 석의 후예인 '북연北燕'이다. 경공 9년에 제나라로 도망친 연나라 군주 관款을 다시 들이기 위해 제나라에서 진나라에 협력을 요청했다. 이 사실은 〈제태공세가〉와 〈연소공세가〉에 연이어 나온다. 〈연소공세가〉에서는 연나라 혜공惠公을 다시 들이는 것으로 나오지만, 《좌전》에서는 그 이듬해 제나라 경공이 연나라의 뇌물을 받고 돌아온 것으로 나온다. 또 《좌전》에서는 이때 연나라 군주를 혜공이 아니라 간공簡公이라 한다.

이 일로 인해 당시 연나라의 위치를 가늠할 수 있다. 이때 진나라 동북쪽에는 강력한 백적白狄의 국가인 중산국中山國이 이미 태동하고 있었고, 훗날 연나라와의 접경이 되는 대代 땅은 아직 진나라 소유가 아니었다. 연나라는 제나라와 진나라 사이에 있었는데 제나라의 북쪽, 진나라의 동쪽, 백적의 동남쪽 방향에 존재하고 있었다고 보여진다.

② 六卿육경

색은 한씨, 조씨, 위씨, 범씨, 중항씨, 지씨가 6경이 되었다. 뒤에 한씨, 조씨, 위씨가 3경이 되어 진晉나라 정치를 분리했다. 그러므로 '삼진三晉' 이라고 한다.

韓趙魏范 中行及智氏爲六卿 後韓趙魏爲三卿 而分晉政 故曰三晉

불분명한 최후

경공 6년, 주나라 경왕景王이 붕어하자 왕자들이 왕이 되려고 다투었다. 진晉나라 6경들이 왕실의 난리를 평정하고 경왕敬王을 군주로 세웠다.

9년, 노나라 계씨季氏가 그의 군주 소공昭公을 쫓아내자 소공은 건후乾侯 땅에서 거처했다.①

11년, 위衛나라와 송宋나라에서 사신을 보내 진晉나라에 노나라 군주를 돌려보낼 것을 청했다. 노나라 계평자季平子가 사사로이 범헌자에게 뇌물을 보내자 범헌자가 받고 이에 진나라 군주에게 일러 말했다.

"계씨에게는 죄가 없습니다."

과연 노나라 군주를 돌려보내지 않았다.

頃公六年 周景王崩 王子爭立 晉六卿平王室亂 立敬王 九年 魯季氏逐其君昭公 昭公居乾侯① 十一年 衛宋使使請晉納魯君 季平子私賂范獻子 獻子受之 乃謂晉君曰 季氏無罪 不果入魯君

---

① 昭公居乾侯소공거건후

〈노주공세가〉와 《좌전》에 따르면 노나라 소공이 쫓겨난 섯은 진경공 9년이지만, 진나라 건후에 거처한 것은 3년 후인 경공 12년이다. 그 과정을 매우 자세하게 기록하고 있다. 여기서는 총괄적인 기록으로 보인다. 소공은 결국 복귀하지 못하고 진나라 건후 땅에서 죽었다.

12년, 진晉나라 종가宗家인 기해祁傒의 손자와 숙향叔嚮의 아들이 서로 군주에게 미움을 받았다.[1] 6경은 공실을 약하게 하고자 마침 내 법으로 그들 가족을 모두 멸족시키고, 그들 읍을 10개의 현縣 으로 나누어 각각 그 아들들을 임명해 대부로 삼았다.[2] 진晉나라 는 더욱 허약해졌고 6경은 다 커졌다.

14년, 경공이 죽고 아들 정공定公 오午가 계승했다.

정공 11년, 노나라 양호陽虎가 진晉나라로 달아났는데 조앙간자 趙鞅簡子가 머무르게 했다.

12년, 공자孔子가 노나라를 도왔다.

十二年 晉之宗家祁傒孫 叔嚮子 相惡於君[1] 六卿欲弱公室 乃遂以法盡 滅其族 而分其邑爲十縣 各令其子爲大夫[2] 晉益弱 六卿皆大 十四年 頃公卒 子定公午立 定公十一年 魯陽虎奔晉 趙鞅簡子舍之 十二年 孔 子相魯

---

① 叔嚮子 相惡於君숙향자 상오어군

《좌전》에 따르면 기해의 손자는 기영祁盈이고 숙향의 아들은 양사 아楊食我라고 한다. 기해와 숙향 일족은 진晉의 공족인데 이들이 6경에게 제거되면서 진나라 공실은 급격히 무너졌다. 양楊은 숙향의 봉읍封邑이고, 사아食我는 숙향의 아들 이름이며, 사아의 자는 백석伯石이다.

숙향의 아내는 진나라로 도망친 초나라 신공무신의 아내 하희夏姬의 딸이었다. 무신이 하희와 진나라로 도망쳤을 때 하희의 나이가 50세를 넘겼을 것이므로 하희의 친딸이지만 무신에게는 의붓딸이라고 생각된다. 당초에 숙향이 그녀와 결혼하려고 하자 그의 어머니가 말리면서 "하희는 세 남편과 한 아들을 죽게 만들었고, 한 나라와 경卿의 두 집안을 멸망케 했다."며 반대했다. 또한 숙향이 아들 백석을 낳자 양설씨羊舌氏 집안을 멸망시킬 것이라며 바로 보지 않았다고 한다. 숙향의 씨氏가 양설羊舌이다.

하희는 정목공鄭穆公(서기전 627~606)의 딸이며 세 남편은 정영공鄭靈公 자이子夷(자만子蠻), 진하어숙陳夏御叔 그리고 초나라 양로襄老이다. 혹 정영공 대신 초나라 혹요黑要를 넣을 수도 있다. 한 아들은 하징서夏徵舒이다. 망친 나라는 진陳이고 망친 경의 두 집안은 진공녕陳孔寧과 의행보儀行父이다.

② 各令其子爲大夫각영기자위대부

신주 멸망당한 것은 기씨祁氏와 양설씨洋舌氏로 공족으로, 경공의 미움을 받은 결과였다. 멸망 후 그들의 봉지를 10읍으로 나누어 여러 대부를 임명했는데 6경 소속은 4명이다. 이로써 약했던 공실이 더욱 약해진 것은 사실이다. 《좌전》에 그 내용이 나오며《사기지의》에서도 논했다.

15년, 조앙趙鞅은 한단의 대부 오午를 사신으로 보냈으나 믿지 못해 오를 죽이고자 했다. 이에 오는 중항인中行寅[1]과 범길역范吉射[2]과 더불어 직접 조앙을 공격했다.③ 조앙은 달아나 진양晉陽을 지켰다. 정공은 진양을 포위했다.

순역荀櫟, 한불신韓不信 그리고 위치魏侈는 범길역, 중항인과 원수가 되었으며 이에 군사를 옮겨 범길역과 중항인을 쳤다. 범길역과 중항인이 배반하자 진晉나라 군주가 그들을 쳤는데, 범길역과 중항인이 패배했다. 범길역과 중항인은 조가朝歌로 달아나 그곳을 지켰다. 한불신과 위치가 조앙을 위해 진晉나라 군주에게 사죄하자 이에 조앙을 용서하고 복위시켰다.

22년, 진晉나라에서 범길역과 중항인을 무찌르자 두 사람은 제나라로 달아났다.

30년, 정공은 오왕 부차夫差와 함께 황지黃池에서 회합하고 장자長者를 다투었다. 조앙은 이때 따라갔지만 끝내 오나라가 장자가 되었다.④

十五年 趙鞅使邯鄲大夫午 不信 欲殺午 午與中行寅①范吉射②親攻趙鞅③ 鞅走保晉陽 定公圍晉陽 荀櫟韓不信魏侈與范中行爲仇 乃移兵伐范中行 范中行反 晉君擊之 敗范中行 范中行走朝歌 保之 韓魏爲趙鞅謝晉君 乃赦趙鞅 復位 二十二年 晉敗范中行氏 二子奔齊 三十年 定公與吳王夫差會黃池 爭長 趙鞅時從 卒長吳④

① 中行寅중항인

색은 인은 순언荀偃의 손자이다.

寅 荀偃之孫也

② 范吉射범길역

색은 射은 '역亦'으로 발음한다. 범헌자范獻子이고 사앙士鞅의 아들이다.
音亦 范獻子 士鞅之子

신주 射는 쏘다라는 뜻일 때는 '사', 맞히다라는 뜻일 때는 '석', 음률의
이름일 때는 '석'으로 발음한다.

③ 親攻趙鞅친공조앙

신주 대부 오午는 조앙에게 살해당한다. 그 경과는 〈조세가〉에 자세하
게 기록되어 있다.

④ 爭長 趙鞅時從 卒長吳쟁장 조앙시종 졸장오

집해 서광이 말했다. "〈오태백세가〉에는 황지黃池의 맹약을 설명해서
이르기를 '조앙이 노하여 장차 싸우려고 하는데 오나라는 진晉나라 정공
보다 나이가 어른이었다.'라고 했다. 《좌전》에서는 '이에 진晉나라 사람이
선행先行했다.'라고 했다. 《국어》에서는 '오나라 공작이 먼저 희생의 피를
마시고 진나라 공작이 다음에 했다.'라고 한다."
徐廣曰 吳世家說黃池之盟云 趙鞅怒 將戰 吳乃長晉定公 左氏傳云 乃先晉人
外傳云 吳公先歃 晉公次之

31년, 제나라 전상田恒이 그 군주 간공簡公을 시해하고 간공의 아
우 오鰲를 군주로 세우니 이이가 평공平公이다.
33년(서기전 479), 공자孔子가 세상을 떠났다.

37년, 정공이 죽고 아들 출공出公 착鑿이 계승했다.

출공 17년,[1] 지백이 조앙, 한불신, 위치와 함께 범길역과 중항인의 땅을 나누어 읍邑으로 삼았다. 출공이 노하여 제나라와 노나라에 알려서 4경[2]을 치려고 했다. 4경은 두려워했지만 마침내 도리어 출공을 공격했다. 출공은 제나라로 달아나다가 길에서 죽었다. 그러자 지백은 이에 소공昭公의 증손 교驕를 진군晉君으로 세웠는데 이이가 애공哀公이다.[3]

三十一年 齊田常弑其君簡公 而立簡公弟驁爲平公 三十三年 孔子卒 三十七年 定公卒 子出公鑿立 出公十七年[1] 知伯與趙韓魏共分范中行地以爲邑 出公怒 告齊魯 欲以伐四卿[2] 四卿恐 遂反攻出公 出公奔齊 道死 故知伯乃立昭公曾孫驕爲晉君 是爲哀公[3]

① 出公十七年출공십칠년

집해 서광이 말했다. "〈육국연표〉에는 출공 18년이라고 한다. 혹은 20년이라고 한다."

徐廣曰 年表云出公立十八年 或云二十年

② 四卿사경

색은 당시 조씨, 위씨, 한씨가 함께 범씨范氏와 중항씨中行氏를 멸족시키고 그들의 땅을 나누었는데 지씨智氏와 삼진三晉이 있는 것과 같았다. 그러므로 '사경四卿'(조씨, 위씨, 한씨, 지씨)이라고 했다.

時趙魏韓共滅范氏及中行氏 而分其地 猶有智氏與三晉 故曰四卿也

③ 立昭公曾孫驕爲晉君 是爲哀公입소공증손교위진군 시위애공

[색은] 살펴보니 〈조세가〉에서 교驕를 가리켜 이를 의공懿公이라고 했다. 또 〈육국연표〉에는 출공出公 18년이라 하고, 다음은 애공哀公 기忌 2년이며, 다음은 의공懿公 교驕 17년이라고 한다.[1] 《죽서기년》에서 또 출공이 23년에 초나라로 달아나자 이에 소공의 손자를 세웠는데, 이를 경공敬公이라 한다. 《세본》에서 또한 소공昭公은 환자桓子 옹雍을 낳고, 옹은 기忌를 낳았으며, 기는 의공懿公 교를 낳았다고 한다. 그러니 진, 조의 세가와 〈육국연표〉마저 각각 같지 않은데, 어찌 하물며 《죽서기년》을 설명하겠는가![2]

按 趙系家云驕是爲懿公 又年表云出公十八年 次哀公忌二年 次懿公驕十七年 紀年又云出公二十三年奔楚 乃立昭公之孫 是爲敬公 系本亦云昭公生桓子雍 雍生忌 忌生懿公驕 然晉趙系家及年表各各不同 何況紀年之說也

[신주] 1 위 [색은]의 '의공懿公 교驕 17년'의 내용은 사마천의 〈육국연표〉에는 없는 내용이다. 다만 〈육국연표〉《정의》 주석에서 그런 내용이 있다. 거기서 '표운表云'이라 하여 이런 주석을 달고 있다. "주나라 정왕定王 15년, 위표魏表에서 '진의공교원년晉懿公驕元年'이란 글자가 있었는데 각 본에서 모두 탈락했다고 《사기지의》에서 지적했다."

2 춘추시대 말기부터 전국시대 초기까지 《사기》에서 각국 군주의 명칭과 재위 연도에 대해서는 정확하지 않은 기록이 적지 않은데 오늘날 《사기》 연구자들은 대부분 당시 기록인 《죽서기년》에 맞추어 기년을 수정하고 있다. 그에 따르면 진晉의 말기는 출공出公 23년~경공敬公 (의공) 18년~유공幽公 18년~열공烈公 27년~환공桓公(효공) 20년이다. 환공 13년(서기전 376)에 진晉이 공식적으로 망했다고 한다. 그 뒤 정공靜公이 있었다고 보이지만 명목상의 군주였고 나중에 한韓나라에서 살해당했다.

애공의 조부 옹雍은 진소공의 막내아들이며 대자戴子라고 불렀다.[1] 대자는 기忌를 낳았고 기는 지백과 잘 지냈으나 일찍 죽었다. 그러자 지백은 진晉을 다 합치려고 했다. 그러나 아직은 감히 그러지 못하고 이에 기의 아들 교驕를 세워 군주로 삼았다.

이때 진晉의 국정은 모두 지백이 결정했지만 진애공은 제어할 수 없었다. 지백이 마침내 범씨와 중항씨의 땅을 소유하게 되어 가장 강성해졌다

애공 4년, 조양자趙襄子(조무휼趙無恤), 한강자韓康子(한호韓虎), 위환자魏桓子(위구魏駒)가 함께 지백을 살해하고 그의 땅을 모두 병합했다.[2]

哀公大父雍 晉昭公少子也 號爲戴子[1] 戴子生忌 忌善知伯 蚤死 故知伯欲盡幷晉 未敢 乃立忌子驕爲君 當是時 晉國政皆決知伯 晉哀公不得有所制 知伯遂有范中行地 最彊 哀公四年 趙襄子韓康子魏桓子共殺知伯 盡幷其地[2]

① 號爲戴子호위대자

[집해] 서광이 말했다. "《세본》에서 '상자相子 옹雍'이라 하고 주석에서 '대자戴子'라고 일렀다."

徐廣曰 世本作相子雍 注云戴子

② 哀公四年~盡幷其地애공사년~진병기지

[색은] 《죽서기년》의 설과 같다면 이는 출공 22년의 일이다.

如紀年之說 此乃出公二十二年事

[신주] 오늘날 《중국역사기년표》에서 지백의 멸망 역시 진출공 22년

(서기전 453)으로 삼아 《죽서기년》에 맞추고 있다. 이때 삼진三晉의 지배자
는 조양자趙襄子, 위환자魏桓子, 한강자韓康子였다.

18년, 애공이 죽고 아들 유공幽公 유柳가 계승했다.[①] 유공 때에는
진晉나라의 권신을 두려워했고 도리어 한, 조, 위의 군주에게 조회
했다.[②] 오직 강絳과 곡옥曲沃만을 소유했고, 나머지는 모두 삼진
으로 들어갔다.

十八年 哀公卒 子幽公柳立[①] 幽公之時 晉畏 反朝韓趙魏之君[②] 獨有絳
曲沃 餘皆入三晉

---

① 哀公卒 子幽公柳立애공졸 자유공유립

신주 〈육국연표〉에는 애공이 19년 재위한 것으로 나온다. 이는 앞서
지적한 대로 주나라 정왕定王 15년, 위표魏表에 '진의공교원년晉懿公驕
元年'이란 글자가 있었는데 각 판본에서 모두 탈락했기 때문이다. 이를
《사기지의》에서 지적했다. 따라서 〈육국연표〉《정의》 주석에 나온 것처
럼 애공 2년이고, 의공 17년이다.

② 幽公之時~反朝韓趙魏之君유공지시~반조한조위지군

색은 외畏는 두려워하는 것이다. 쇠약한 국가가 되었으므로 도리어
한, 조, 위에 조회했다. 송충이 말했다. "이곳의 주석은 《세본》을 인용한
다면 '외畏' 자는 '쇠衰' 자가 되어야 한다."

畏 懼也 爲衰弱故 反朝韓趙魏也 宋忠引此注系本 而畏字爲衰

15년, 위魏나라 문후文侯가 처음으로 즉위했다.①

18년, 유공幽公이 부녀자들과 간음하여 밤에 몰래 읍 안으로 나갔다가 유공이 도적에게 살해되었다.② 위문후는 군사를 이끌고 진晉나라의 내란內亂을 진압하고 유공의 아들 지止를 군주로 세웠는데 이이가 열공烈公이다.③

十五年 魏文侯初立① 十八年 幽公淫婦人 夜竊出邑中 盜殺幽公② 魏文侯以兵誅晉亂 立幽公子止 是爲烈公③

---

① 十五年 魏文侯初立십오년 위문후초립

색은 《죽서기년》을 살펴보니 위문후가 처음 선 것은 경공敬公 18년에 있다.

按紀年 魏文侯初立在敬公十八年

신주 위문후는 총 50년 동안 재위했다. 자작子爵에서 후작侯爵 칭호를 받았을 때가 12년이었으니 이후 38년을 후작으로 재위했다. 그러므로 사마천은 위문후가 후작侯爵이라고 일컬은 다음 해부터 원년으로 삼아 38년이라고 기록했을 것이다.

위 색은 에서 '경공敬公 18년'이란 주석은 잘못이라고 한다. 《고본죽서기년집증》에 따르면 이는 원래 '육六' 자인데 뒤에 잘못 표기되어 '십팔十八'로 바뀌었다고 한다. 《고본죽서기년집증》에 있는 진몽가陳夢家의 《육국기년표고증》에 있는 말을 아래에 덧붙인다.

"위사魏斯는 재위 50년인데 즉위 12년에 스스로 후侯라고 일컬었으므로, 색은 에서 '《죽서기년》을 살펴보니 문후가 처음 옹립된 해가 경공 18년이다.'라고 했다. 《죽서기년》에 근거하면 경공 18년은 주고왕周考王 7년에 해당하는데 위사魏斯가 이미 선 지 12년이다. 그 다음해 주고왕 8년, 진 유공晉幽公 원년에 문후가 개원하여 원년元年이라 일컫고 아래로 주안왕 周安王 6년에 이르렀으니 후작이라 일컬은 지 38년이요, 재위는 50년이 다. 이로 말미암아 위로 50년을 추산하면 주정왕周定王 24년에 이르러 위 사魏斯 원년이 된다. 이는 고찰하여 정정한 바이며, 본래 《죽서기년》에 서 위사魏斯는 재위 50년에 죽었다는 것을 기재하면서 앞에 12년은 아직 후작이라고 일컫지 않은 것이고 뒤에 38년은 후작이라 일컬어 개원한 것 을 나눈 것이다. 후작이라 일컬어 개원한 년도는 또 색은에서 인용한 《죽서기년》의 문장에 근거했는데 이 '문후가 처음 옹립되었다'는 응당 후작이라 일컬어 개원한 그 앞 1년에 두어야 한다."

② 盜殺幽公도살유공

색은 《죽서기년》에서 말한다. "부인 진영秦嬴이 공을 고침高寢 위에서 해쳤다."

紀年云夫人秦嬴賊公於高寢之上

③ 是爲烈公시위열공

색은 《세본》에서 말한다. "유공幽公이 열공 지止를 낳았다." 또 〈육국 연표〉에서 말한다. "위魏나라에서 유공幽公을 죽이고 그의 아우 지止를 세웠다."

系本云幽公生烈公止 又年表云魏誅幽公 立其弟止

열공 19년, 주나라 위열왕은 조趙, 한韓, 위魏에게 모두 제후로 명을 내렸다.[①]

27년, 열공이 죽고 아들 효공孝公 기頎[②]가 계승했다.

烈公十九年 周威烈王賜趙韓魏皆命爲諸侯[①] 二十七年 烈公卒 子孝公頎立[②]

① 趙韓魏皆命爲諸侯조한위개명위제후

신주 이때는 서기전 403년으로 주나라 위열왕 23년이다. 사마천의 〈진세가〉로 따져도 열공 19년이 아니라 17년이라 해야 하며 〈육국연표〉에는 정확히 17년에 있다. 하지만 《죽서기년》에 따라 수정한 기년으로 하면 열공 13년이 된다.

② 孝公頎立효공기립

색은 《세본》에서 효공 경傾이라고 한다. 《죽서기년》에서 효공을 환공桓公이라고 했으므로 《한비자》에 '진환후'가 있다.

系本云孝公傾 紀年以孝公爲桓公 故韓子有晉桓侯

효공 9년, 위魏나라 무후武侯가 처음 즉위하고 (조나라) 한단을 습격했는데 승리하지 못하고 물러났다.[①]

17년, 효공이 죽고[②] 아들 정공靜公 구주俱酒[③]가 계승했다. 이해는 제나라 위왕威王 원년이다.[④]

孝公九年 魏武侯初立 襲邯鄲 不勝而去^① 十七年 孝公卒^② 子静公俱酒
立^③ 是歲 齊威王元年也^④

① 孝公九年~不勝而去효공구년~불승이거

신주 위무후 원년은 사마천의 〈진세가〉 기록으로 따져도 효공 9년이
아니라 7년이라 해야 한다. 《사기》 기년의 오류에 따른 기록으로《죽서
기년》에 근거하면, 이때는 위무후 10년이 되며 진환공 3년(서기전 386)
이다. 실제 위무후 원년은 열공 21년(사마천 기록으로는 열공 25년)이며, 서기전
395년이다.

② 十七年 孝公卒십칠년 효공졸

색은 《죽서기년》에서 환공桓公 20년, 조성후趙成侯와 한공후韓共侯(의후
懿侯)가 환공을 둔류屯留로 옮겼다고 한다. 그런 이후로 다시 진晉나라 사
적이 없다.

紀年云桓公二十年趙成侯韓共侯遷桓公於屯留 已後更無晉事

신주 《죽서기년》에는 효공孝公 대신에 환공桓公이라고 했다. 같은 군주
를 달리 표기했을 것이다.

③ 子静公俱酒立자정공구주립

색은 《세본》에서 정공 구俱라고 한다.

系本云静公俱

④ 齊威王元年也제위왕원년야

신주　〈육국연표〉에는 효공(환공)의 죽음을 15년이라 하고, 또 사마천은 그때를 제위왕 원년이라고 기록하였다. 만약 효공이 17년에 죽었다면 그때는 제위왕 3년이 된다.

정공 2년, 위무후, 한애후, 조경후가 진晉의 후계자를 없애고 그 땅을 셋으로 나누었다.① 정공은 쫓겨나서 평민이 되었으며 진晉은 단절되어 제사를 올리지 못했다.

靜公二年 魏武侯韓哀侯趙敬侯滅晉後而三分其地① 靜公遷爲家人 晉 絶不祀

---

① 靜公二年~三分其地정공이년~삼분기지¹

색은　살펴보니《죽서기년》에서 위무후는 환공 19년에 죽었고, 한애후와 조경후는 나란히 환공 15년에 죽었다고 한다.² 또 〈조세가〉에서 열후烈侯 16년에 한나라와 더불어 진晉을 나누었고, 진군晉君을 단지端氏에 봉했다고 하고 그 뒤 10년(숙후 원년), 숙후肅侯가 진군晉君을 둔류屯留로 옮겼다고 하니 같지 않다.³

按 紀年魏武侯以桓公十九年卒 韓哀侯趙敬侯竝以桓公十五年卒 又趙系家烈 侯十六年與韓分晉 封晉君端氏 其後十年 肅侯遷晉君於屯留 不同也

신주　1 〈조세가〉에 따르면 이때는 조경후 11년(서기전 376)으로 〈진세가〉에서 진晉이 망했다고 한 때이다. 수정된 기년으로 진나라 환공 13년이다.
2 지금은《죽서기년》단일본이 남아있지 않아서 확인할 길이 없지만 어쩌면《색은》의 저자가 잘못 인용했을 수도 있다.《죽서기년》에 근거

하면 한애후는 진환공 15년에 죽은 것이 맞지만 여러 정황으로 따지면 조경후는 환공 15년이 아니라 14년에 죽었다는 것이 맞을 것이다. 《죽서기년》에 근거하면 한나라 의후懿侯는 애후를 시해하고 그해를 원년으로 삼았다.

3 열후烈侯라고 한 것은 성후成侯를 잘못 쓴 것이다. 그 뒤 10년 숙후肅侯 때라고 한 것이 그 증거다. 〈조세가〉에도 역시 성후 16년이라고 나온다. 후세에 잘못 베껴 전했을 것이다. 또 〈조세가〉에 근거하면 조성후 16년에 정공靜公을 단지에 유치한 것으로 보인다. 참고로 단지는 한나라 땅이므로 조나라와 한나라가 협의하에 이루어졌을 것으로 보인다.

사마천의 기록으로 조숙후 원년은 한소후 10년에 해당한다. 〈육국연표〉와 〈한세가〉에 보면 이때 한나라에서 그 군주 도공悼公을 시해했다는데, 한나라에는 도공은 없으니 《사기지의》의 저자 양옥승은 이를 진나라 정공이라 주장한다. 이에 대해 〈육국연표〉와 〈한세가〉를 〈조세가〉와 비교하면 타당성이 있다. 그러한즉, 한나라와 조나라가 정공을 둔류에 유치留置했다가 살해하고 한나라에서 도공이라고 시호했을 가능성도 배제할 수 없다.

태사공은 말한다.
진문공은 옛날에 이른바 현명한 군주였다. 망명해 밖에 거주한 것이 19년으로 지극한 곤란을 겪었다. 그런데도 즉위해 상을 주었는데 오히려 개자추를 잊고 있었다고 교만한 군주에 견주어서야 되겠는가? 영공靈公은 이미 시해되었고 그 후계자 성공成公과

경공景公은 지나치게 엄격해졌다. 여공에 이르러서는 더 각박해 대부들이 처벌될까 두려워했으니 끝내 재앙이 일어났다. 도공悼公 이후로 (진나라는) 날로 쇠퇴해져, 6경이 권력을 멋대로 했다. 그래서 군주의 도道로써 그 신하들을 부리는 것은 진실로 쉽지 않았을 것이다!

太史公曰 晉文公 古所謂明君也 亡居外十九年 至困約 及卽位而行賞 尙忘介子推 況驕主乎 靈公旣弑 其後成景致嚴 至厲大刻 大夫懼誅 禍 作 悼公以後日衰 六卿專權 故君道之御其臣下 固不易哉

사마정이 펼쳐서 밝히다.

하늘이 숙우叔虞에게 명을 내려 끝내 당唐에 봉해졌다. 오동잎 홀은 이미 다듬어졌지만, 하수河水와 분수汾水 사이 땅은 거칠었다. 문후文侯는 비록 후계자가 되었으나 곡옥曲沃은 날마다 강해졌다. 줄기와 가지를 알지 못했으니 복조는 환백桓伯과 장백莊伯에게 기울었다. 헌공은 어둡고 미혹되어 태자가 재앙을 당했다. 중이重耳는 패자에 이르렀고, 하양河陽에서 주周에 조알했다. 영공은 이미 덕을 잃었는데 여공도 방비가 없었다. 4경이 침벌하고 업신여기니 진나라 복이 갑자기 사라졌다.

天命叔虞 卒封於唐 桐珪旣削 河汾是荒 文侯雖嗣 曲沃日彊 未知本末 祚傾桓 莊 獻公昏惑 太子罹殃 重耳致霸 朝周河陽 靈旣喪德 厲亦無防 四卿侵侮 晉祚 遽亡

[지도 2] 진세가

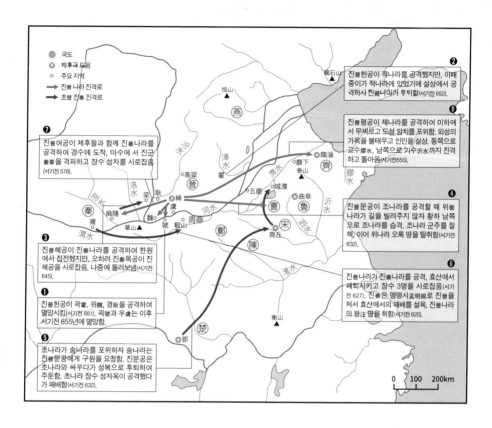

❷ 진晉헌공이 적나라를 공격했지만, 이때 중이가 적나라에 있었기에 설상에서 공격하자 진晉나라가 후퇴함(서기전 652).

❽ 진晉평공이 제나라를 공격하여 미하에서 무찌르고 도성 임치를 포위함. 외성의 가옥을 불태우고 인민을 살상. 동쪽으로 교수膠水, 남쪽으로 기수沂水까지 진격하고 돌아옴(서기전555).

❼ 진晉여공이 제후들과 함께 진秦나라를 공격하여 경수에 도착, 마수에서 진군秦軍을 격파하고 장수 성차를 사로잡음(서기전 578).

❹ 진晉문공이 조나라를 공격할 때 위衛나라가 길을 빌려주지 않자 황하 남쪽으로 조나라를 습격, 조나라 군주를 질책, 이어 위나라 오록 땅을 탈취함(서기전 632).

❸ 진晉혜공이 진秦나라를 공격하여 한원에서 접전했지만, 오히려 진秦목공이 진혜공을 사로잡음. 나중에 돌려보냄(서기전 645).

❻ 진晉나라가 진秦나라를 공격, 효산에서 패퇴시키고 장수 3명을 사로잡음(서기전 627). 진秦은 맹명시孟明視로 진晉를 쳐서 효산에서의 패배를 설욕, 진晉나라의 왕汪 땅을 취함(서기전 625).

❶ 진晉헌공이 곽霍, 위魏, 경耿을 공격하여 멸망시킴(서기전 661). 괵虢과 우虞는 이후 서기전 655년에 멸망함.

❺ 초나라가 송나라를 포위하자 송나라는 진晉문공에게 구원을 요청함. 진문공은 초나라와 싸우다가 성복으로 후퇴하여 주둔함. 초나라 장수 성자옥이 공격했다가 패배함(서기전 632).

[지도 3] 진세가(진문공 중이重耳의 제후 열국 유랑)

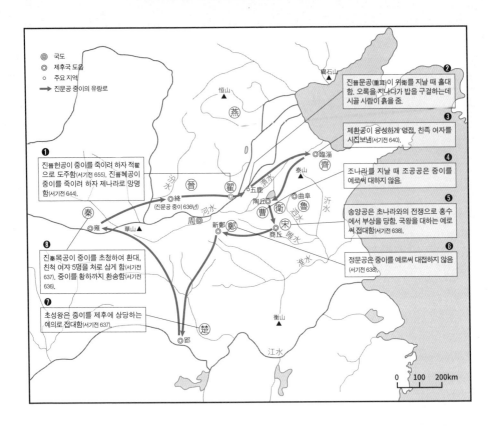

① 진晉헌공이 중이를 죽이려 하자 적翟으로 도주함(서기전 655). 진晉혜공이 중이를 죽이려 하자 제나라로 망명함(서기전 644).

② 진晉문공(重耳)이 위衛를 지날 때 홀대함. 오록을 지나다가 밥을 구걸하는데 시골 사람이 흙을 줌.

③ 제환공이 융성하게 영접, 친족 여자를 시집보냄(서기전 640).

④ 조나라를 지날 때 조공공은 중이를 예로써 대하지 않음.

⑤ 송양공은 초나라와의 전쟁으로 홍수에서 부상을 당함. 국왕을 대하는 예로써 접대함(서기전 638).

⑥ 정문공은 중이를 예로써 대접하지 않음(서기전 638).

⑦ 초성왕은 중이를 제후에 상당하는 예의로 접대함(서기전 637).

⑧ 진秦목공이 중이를 초청하여 환대, 친척 여자 5명을 처로 삼게 함(서기전 637). 중이를 황하까지 환송함(서기전 636).

인명

《신주 사마천 사기》〈세가〉를 만든 사람들

한가람역사문화연구소 사기연구실

이덕일(한가람역사문화연구소 소장, 문학박사)

김명옥(문학박사)

송기섭(문학박사)

이시율(고대사 및 역사고전 연구가)

정　암(지리학박사)

최원태(고대사 연구가)

한가람역사문화연구소는 1998년 창립된 이래 한국 사학계에 만연한 중화사대주의 사관과 일제식민 사관을 극복하고 한국의 주체적인 역사관을 세우려 노력하고 있는 학술연구소이다. 독립운동가들의 역사관 계승 작업을 꾸준히 진행하는 한편 《사기》 본문 및 '삼가주석'에 한국 고대사의 진실을 말해주는 수많은 기술이 있음을 알고 연구에 몰두했다. 지난 10여 년간 '《사기》 원전 및 삼가주석 강독(강사 이덕일)'을 진행하는 한편 사기연구실 소속 학자들과 《사기》에 담긴 한중고대사의 진실을 찾기 위한 연구 및 답사도 계속했다. 《신주 사마천 사기》는 원전 강독을 기초로 여러 연구자들이 그간 토론하고 연구한 결과의 집대성이라고 할 수 있다. 한가람역사문화연구소는 《신주 사마천 사기》 출간을 시작으로 역사를 바로세우기 위해 토대가 되는 문헌사료의 번역 및 주석 추가 작업을 꾸준히 이어갈 계획이다.

한문 번역 교정

박종민 유정님 오선이 김효동 이주은 김현석

《사기》를 지은 사람들

본문_ 사마천

사마천은 자가 자장子長으로 하양(지금 섬서성 한성시) 출신이다. 한 무제 때 태사공을 역임하다가 이릉 사건에 연루되어 궁형을 당했다. 기전체 사서이자 중국 25사의 첫머리인 《사기》를 집필해 역사서 저술의 신기원을 이룩했다. 후세 사람들이 태사공 또는 사천이라고 높여 불렀다. 《사기》는 한족의 시각으로 바라본 최초의 중국 민족사라고 할 수 있는데 여기서 사마천은 동이족의 역사를 삭제하거나 한족의 역사로 바꾸기도 했다.

삼가주석_ 배인 · 사마정 · 장수절

《집해》 편찬자 배인은 자가 용구龍駒이며 남북조시대 남조 송(420~479)의 하동 문희(현 산서성 문희현) 출신이다. 진수의 《삼국지》에 주석을 단 배송지의 아들로 《사기집해》 80권을 편찬했다.

《색은》 편찬자 사마정은 자가 자정子正으로 당나라 하내(지금 하남성 심양) 출신인데 굉문관 학사를 역임했다. 사마천이 삼황을 삭제한 것을 문제로 여겨서 〈삼황본기〉를 추가했으며 위소, 두예, 초주 등 여러 주석자의 주석을 폭넓게 모으고 자신의 견해를 덧붙여 《사기색은》 30권을 편찬했다.

《정의》 편찬자 장수절은 당나라의 저명한 학자로, 개원 24년(736) 《사기정의》 서문에 "30여 년 동안 학문을 섭렵했다"고 썼을 정도로 《사기》 연구에 몰두했다. 그가 편찬한 《사기정의》에는 특히 당나라 위왕 이태 등이 편찬한 《괄지지》를 폭넓게 인용한 것을 비롯해서 역사지리에 관한 내용이 풍부하다.